图像与交易区的双重变奏
——彼得·伽里森科学编史学研究

Dual Variations of Image and Trading Zone:
A Historiographical Study of Peter Galison's Research in History of Science

董丽丽 著

中国社会科学出版社

图书在版编目（CIP）数据

图像与交易区的双重变奏：彼得·伽里森科学编史学研究/董丽丽著.
—北京：中国社会科学出版社，2014.11
ISBN 978-7-5161-5029-0

Ⅰ.①图… Ⅱ.①董… Ⅲ.①伽里森，P.—科学哲学—哲学思想—研究 Ⅳ.①B712.6 ②N02

中国版本图书馆 CIP 数据核字（2014）第 247444 号

出 版 人	赵剑英
选题策划	王　曦
责任编辑	韩国茹
责任校对	石春梅
责任印制	王　超

出　　版	中国社会科学出版社
社　　址	北京鼓楼西大街甲 158 号（邮编　100720）
网　　址	http://www.csspw.cn
	中文域名：中国社科网　010-64070619
发 行 部	010-84083635
门 市 部	010-84029450
经　　销	新华书店及其他书店
印刷装订	北京君升印刷有限公司
版　　次	2014 年 11 月第 1 版
印　　次	2014 年 11 月第 1 次印刷
开　　本	710×1000　1/16
印　　张	14.5
字　　数	238 千字
定　　价	45.00 元

凡购买中国社会科学出版社图书，如有质量问题请与本社发行部联系调换
电话：010-64009791
版权所有　侵权必究

编委会及编辑部成员名单

（一）编委会
主　任：李　扬　王晓初
副主任：晋保平　张冠梓　孙建立　夏文峰
秘书长：朝　克　吴剑英　邱春雷　胡　滨（执行）
成　员（按姓氏笔画排序）：

卜宪群　王　巍　王利明　王灵桂　王国刚　王建朗　厉　声
朱光磊　刘　伟　杨　光　杨　忠　李　平　李　林　李　周
李　薇　李汉林　李向阳　李培林　吴玉章　吴振武　吴恩远
张世贤　张宇燕　张伯里　张昌东　张顺洪　陆建德　陈众议
陈泽宪　陈春声　卓新平　罗卫东　金　碚　周　弘　周五一
郑秉文　房　宁　赵天晓　赵剑英　高培勇　黄　平　曹卫东
朝戈金　程恩富　谢地坤　谢红星　谢寿光　谢维和　蔡　昉
蔡文兰　裴长洪　潘家华

（二）编辑部
主　任：张国春　刘连军　薛增朝　李晓琳
副主任：宋　娜　卢小生　姚冬梅
成　员（按姓氏笔画排序）：

王　宇　吕志成　刘丹华　孙大伟　曲建君　陈　颖　曹　靖
薛万里

序 一

博士后制度是19世纪下半叶首先在若干发达国家逐渐形成的一种培养高级优秀专业人才的制度，至今已有一百多年历史。

20世纪80年代初，由著名物理学家李政道先生积极倡导，在邓小平同志大力支持下，中国开始酝酿实施博士后制度。1985年，首批博士后研究人员进站。

中国的博士后制度最初仅覆盖了自然科学诸领域。经过若干年实践，为了适应国家加快改革开放和建设社会主义市场经济制度的需要，全国博士后管理委员会决定，将设站领域拓展至社会科学。1992年，首批社会科学博士后人员进站，至今已整整20年。

20世纪90年代初期，正是中国经济社会发展和改革开放突飞猛进之时。理论突破和实践跨越的双重需求，使中国的社会科学工作者们获得了前所未有的发展空间。毋庸讳言，与发达国家相比，中国的社会科学在理论体系、研究方法乃至研究手段上均存在较大的差距。正是这种差距，激励中国的社会科学界正视国外，大量引进，兼收并蓄，同时，不忘植根本土，深究国情，开拓创新，从而开创了中国社会科学发展历史上最为繁荣的时期。在短短20余年内，随着学术交流渠道的拓宽、交流方式的创新和交流频率的提高，中国的社会科学不仅基本完成了理论上从传统体制向社会主义市场经济体制的转换，而且在中国丰富实践的基础上展开了自己的伟大创造。中国的社会科学和社会科学工作者们在改革开放和现代化建设事业中发挥了不可替代的重要作用。在这个波澜壮阔的历史进程中，中国社会科学博士后制度功不可没。

值此中国实施社会科学博士后制度20周年之际，为了充分展示中国社会科学博士后的研究成果，推动中国社会科学博士后制度进一步发展，全国博士后管理委员会和中国社会科学院经反复磋商，并征求了多家设站单位的意见，决定推出《中国社会科学博士后文库》（以下简称《文库》）。作为一个集中、系统、全面展示社会科学领域博士后优秀成果的学术平台，《文库》将成为展示中国社会科学博士后学术风采、扩大博士后群体的学术影响力和社会影响力的园地，成为调动广大博士后科研人员的积极性和创造力的加速器，成为培养中国社会科学领域各学科领军人才的孵化器。

创新、影响和规范，是《文库》的基本追求。

我们提倡创新，首先就是要求，入选的著作应能提供经过严密论证的新结论，或者提供有助于对所述论题进一步深入研究的新材料、新方法和新思路。与当前社会上一些机构对学术成果的要求不同，我们不提倡在一部著作中提出多少观点，一般地，我们甚至也不追求观点之"新"。我们需要的是有翔实的资料支撑，经过科学论证，而且能够被证实或证伪的论点。对于那些缺少严格的前提设定，没有充分的资料支撑，缺乏合乎逻辑的推理过程，仅仅凭借少数来路模糊的资料和数据，便一下子导出几个很"强"的结论的论著，我们概不收录。因为，在我们看来，提出一种观点和论证一种观点相比较，后者可能更为重要：观点未经论证，至多只是天才的猜测；经过论证的观点，才能成为科学。

我们提倡创新，还表现在研究方法之新上。这里所说的方法，显然不是指那种在时下的课题论证书中常见的老调重弹，诸如"历史与逻辑并重"、"演绎与归纳统一"之类；也不是我们在很多论文中见到的那种敷衍塞责的表述，诸如"理论研究与实证分析的统一"等等。我们所说的方法，就理论研究而论，指的是在某一研究领域中确定或建立基本事实以及这些事实之间关系的假设、模型、推论及其检验；就应用研究而言，则指的是根据某一理论假设，为了完成一个既定目标，所使用的具体模型、技术、工具或程序。众所周知，在方法上求新如同在理论上创新一样，殊非易事。因此，我们亦不强求提出全新的理论方法，我们的最低要求，是要按照现代社会科学的研究规范来展开研究并构造论著。

我们支持那些有影响力的著述入选。这里说的影响力，既包括学术影响力，也包括社会影响力和国际影响力。就学术影响力而言，入选的成果应达到公认的学科高水平，要在本学科领域得到学术界的普遍认可，还要经得起历史和时间的检验，若干年后仍然能够为学者引用或参考。就社会影响力而言，入选的成果应能向正在进行着的社会经济进程转化。哲学社会科学与自然科学一样，也有一个转化问题。其研究成果要向现实生产力转化，要向现实政策转化，要向和谐社会建设转化，要向文化产业转化，要向人才培养转化。就国际影响力而言，中国哲学社会科学要想发挥巨大影响，就要瞄准国际一流水平，站在学术高峰，为世界文明的发展作出贡献。

我们尊奉严谨治学、实事求是的学风。我们强调恪守学术规范，尊重知识产权，坚决抵制各种学术不端之风，自觉维护哲学社会科学工作者的良好形象。当此学术界世风日下之时，我们希望本《文库》能通过自己良好的学术形象，为整肃不良学风贡献力量。

李扬

中国社会科学院副院长
中国社会科学院博士后管理委员会主任
2012 年 9 月

序　二

在 21 世纪的全球化时代，人才已成为国家的核心竞争力之一。从人才培养和学科发展的历史来看，哲学社会科学的发展水平体现着一个国家或民族的思维能力、精神状况和文明素质。

培养优秀的哲学社会科学人才，是我国可持续发展战略的重要内容之一。哲学社会科学的人才队伍、科研能力和研究成果作为国家的"软实力"，在综合国力体系中占据越来越重要的地位。在全面建设小康社会、加快推进社会主义现代化、实现中华民族伟大复兴的历史进程中，哲学社会科学具有不可替代的重大作用。胡锦涛同志强调，一定要从党和国家事业发展全局的战略高度，把繁荣发展哲学社会科学作为一项重大而紧迫的战略任务切实抓紧抓好，推动我国哲学社会科学新的更大的发展，为中国特色社会主义事业提供强有力的思想保证、精神动力和智力支持。因此，国家与社会要实现可持续健康发展，必须切实重视哲学社会科学，"努力建设具有中国特色、中国风格、中国气派的哲学社会科学"，充分展示当代中国哲学社会科学的本土情怀与世界眼光，力争在当代世界思想与学术的舞台上赢得应有的尊严与地位。

在培养和造就哲学社会科学人才的战略与实践上，博士后制度发挥了重要作用。我国的博士后制度是在世界著名物理学家、诺贝尔奖获得者李政道先生的建议下，由邓小平同志亲自决策，经国务院批准于 1985 年开始实施的。这也是我国有计划、有目的地培养高层次青年人才的一项重要制度。二十多年来，在党中央、国务院的领导下，经过各方共同努力，我国已建立了科学、完备的博士后制度体系，同时，形成了培养和使用相结合，产学研相结合，政府调控和社会参与相结合，服务物质文明与精神文明建设的鲜明特色。通过实施博士后制度，我国培养了一支优秀的高素质哲学社会科学人才队伍。他们在科研机构或高等院校依托自身优势和兴趣，自主从事开拓性、创新性研究工作，从而具有宽广的学术视野、突出的研究能力和强烈的探索精神。其中，一些出站博士后已成为哲学社会科学领域的科研骨干和学术带头人，在"长江学者"、"新世纪百千万人才工程"等国家重大科研人才梯队中占据越来越大的比重。可以说，博士后制度已成为国家培养哲学社会科学拔尖人才的重要途径，而且为哲学社会科学的发展造就了一支新的生力军。

哲学社会科学领域部分博士后的优秀研究成果不仅具有重要的学术价值，而且具有解决当前社会问题的现实意义，但往往因为一些客观因素，这些成果不能尽快问世，不能发挥其应有的现实作用，着实令人痛惜。

可喜的是，今天我们在支持哲学社会科学领域博士后研究成果出版方面迈出了坚实的一步。全国博士后管理委员会与中国社会科学院共同设立了《中国社会科学博士后文库》，每年在全国范围内择优出版哲学社会科学博士后的科研成果，并为其提供出版资助。这一举措不仅在建立以质量为导向的人才培养机制上具有积极的示范作用，而且有益于提升博士后青年科研人才的学术地位，扩大其学术影响力和社会影响力，更有益于人才强国战略的实施。

今天，借《中国社会科学博士后文库》出版之际，我衷心地希望更多的人、更多的部门与机构能够了解和关心哲学社会科学领域博士后及其研究成果，积极支持博士后工作。可以预见，我国的博士后事业也将取得新的更大的发展。让我们携起手来，共同努力，推动实现社会主义现代化事业的可持续发展与中华民族的伟大复兴。

王晓初

人力资源和社会保障部副部长
全国博士后管理委员会主任
2012 年 9 月

摘　要

彼得·伽里森（Peter Galison）是美国当代科学史领域新生代的领军人物之一，其研究工作在国际科学史界有着广泛的影响。他对20世纪微观物理学史的研究工作，以"实践"的视角展现了"仪器"作为一种物质文化载体在科学发展过程中的特殊作用，以及在实际的科学发展过程中，实验、理论和仪器三者之间的多维非线性相互作用。在此基础上，其独创的"交易区"（trading zone）理论成为科学史等众多领域中具有广泛影响的解释模型。交易区理论为现代科学提供了与以往截然不同的发展模式，成为继库恩的科学革命理论之后，关于科学发展的另一全新图景。此外，伽里森在技术史、艺术史、建筑史和核政策等方面也有着广泛、深入的研究。虽然他的研究领域颇多、研究成果异常丰富，但在其研究工作中存在两条贯穿始终的发展线索，一为交易区理论，二是与图像相关的研究。这两条线索一明一暗，交错演进，互相影响和促进，共同构成了伽里森思想发展的脉络。

本书是以伽里森的科学史工作为对象的兼有历史和科学哲学意味的科学编史学研究，全书共分为六章。第一章和第二章为总论，重点介绍本书的主旨、伽里森的生平和主要工作，第三章、第四章则以交易区和图像这两条贯穿伽里森工作的主线为线索，展开对其工作的分析和讨论。其中，第三章主要围绕交易区理论产生的背景，以及萌芽、形成、发展、应用直至成熟之后的拓展和淡化的发展过程来看这一理论在伽里森系列研究中的体现。第四章则以伽里森对图像的关注为主线，主要梳理伽里森从早期工作对物理实验中"珍稀事件"开始关注图像，到《形象与逻辑》一书中有意识地将以图像为基础的形象思维与逻辑思维对立、突出，从一个全新的角度重新认识和思考物理学史中的实验，再到近期将视角直接集中于图像，从而给客观性的研究带来了新突破的工作发展进程。第五章通过将伽里森与其他科学史家和科学史领域之外的相关学者的比较研究,来考察其科学观、科学史观、科学史与方法论的独特性及对科学史研究发展的意义。最后,第六章概括和总结伽里森工作的特点、要点和创新点,并在此基础上,对其工作的意义和合理性给出笔者自身的评价。

Abstract

  Peter Galison is one of the leading and most influential American scholars in the field of contemporary history of science. His research has attained an active influence over the international community of history of science. From the perspective of "practice", his research on the history of microphysics in 20th century has revealed the unique function of "equipment", as a carrier of material culture, in the development process of science. He has also defined the multi – dimensional, and nonlinear interrelations among experiment, theory, and instrument across the actual process of science development. Galison's original "trading zone" theory has become an influential interpretation model in the field of history of science and other related areas and has described an entirely different development mode for modern science. After Kuhn's Science Revolutions theory, the trading zone theory has introduced another whole new prospect of how science develops. In addition, Galison expanded his research to the fields of history of technology, history of art, history of architecture, and nuclear policy. Although he has broad interests and abundant achievements in various fields, two main lines have run through his researches – trading zone theory and image – related research. These two lines interlace, and evolve together, and influence and promote each other, forming Galison's threads of thought.

  Focusing on Galison's research on the history of science, this book studies the historiography of science with some inferences of history and philosophy of science. There are six chapters in the book. Chapters 1 and 2 summarize the key points of this thesis and introduce Galison's life and work. Chapters 3 and 4 discuss Galison's work in terms of the two main lines of trading zone and image. Chapter 3 reviews the trading zone theory from its background, introduction, formation, development, application, and how it extended and faded after becoming mature, in order to discover the role of this concept in Galison's series of researches. Chapter 4 focuses on Galison's work on image. This chapter reveals how the 'Golden Events' in Galison's early physical experiments drew his attention to image, and how he highlighted and interpreted the issue of image – based thinking vs. logical thinking by setting them on opposition. From his early days' taking new perspective on reconsidering the role of experiments in the history of physics till his recent zooming into images, he has brought a breakthrough in the research of objectivity. Comparing Galison with other historians of science and scholars in other related fields, Chapter 5 examines his view of science and history of science, uniqueness of his methodology, and the significance of his work to the development and research of history of science. Finally, Chapter 6 summarizes the characteristics, essential points, and creativity of Galison's research, based on which, the author evaluates the significance and rationality of Galison's work.

目　　录

第一章　引言 1
 第一节　实验与理论关系的争论及其困境 3
 第二节　被遗忘的实验 5
 第三节　仪器的地位 7

第二章　伽里森主要研究工作概述 11
 第一节　生平简介 11
 第二节　学术成果及核心思想概述 12
 第三节　主要研究工作 15
  一　《实验如何结束》 17
  二　《形象与逻辑》 22
  三　《爱因斯坦的钟与庞加莱的地图》 28
  四　《客观性》 30
 第四节　伽里森科学史工作简评 35

第三章　交易区理论 37
 第一节　交易区理论提出的背景 37
  一　仪器——从忽视到重视 38
  二　理论与实验的关系——从二元对立到多维
    非线性关联 39
  三　实验——从对结果的关注到对实验实践活动的关注 ... 40
  四　实践进路的兴起 41
  五　历史学、人类学、语言学等其他领域的发展 42

· 1 ·

第二节　交易区理论概述 ⋯⋯⋯⋯⋯⋯⋯⋯⋯⋯⋯⋯⋯⋯⋯ 43
　　　　一　亚文化 ⋯⋯⋯⋯⋯⋯⋯⋯⋯⋯⋯⋯⋯⋯⋯⋯⋯⋯⋯⋯ 44
　　　　二　交易区 ⋯⋯⋯⋯⋯⋯⋯⋯⋯⋯⋯⋯⋯⋯⋯⋯⋯⋯⋯⋯ 47
　　　　三　交流语言 ⋯⋯⋯⋯⋯⋯⋯⋯⋯⋯⋯⋯⋯⋯⋯⋯⋯⋯⋯ 50
　　　　四　墙砖模型——科学发展的新图景 ⋯⋯⋯⋯⋯⋯⋯⋯⋯ 53
　　第三节　交易区理论的产生与演变 ⋯⋯⋯⋯⋯⋯⋯⋯⋯⋯⋯⋯ 56
　　　　一　萌芽期——以《实验如何结束》中旋磁率
　　　　　　实验为例 ⋯⋯⋯⋯⋯⋯⋯⋯⋯⋯⋯⋯⋯⋯⋯⋯⋯⋯⋯ 57
　　　　二　成熟期——以《形象与逻辑》中围绕气泡室展开的
　　　　　　科学实践为例 ⋯⋯⋯⋯⋯⋯⋯⋯⋯⋯⋯⋯⋯⋯⋯⋯⋯ 64
　　　　三　拓展期——以《爱因斯坦的钟与庞加莱的地图》
　　　　　　中相对论的提出为例 ⋯⋯⋯⋯⋯⋯⋯⋯⋯⋯⋯⋯⋯⋯ 70
　　　　四　淡化期——以《客观性》中科学图集的制作和使用
　　　　　　过程为例 ⋯⋯⋯⋯⋯⋯⋯⋯⋯⋯⋯⋯⋯⋯⋯⋯⋯⋯⋯ 81
　　第四节　交易区理论的意义 ⋯⋯⋯⋯⋯⋯⋯⋯⋯⋯⋯⋯⋯⋯⋯ 83

第四章　图像 87

　　第一节　图像研究背景概述 ⋯⋯⋯⋯⋯⋯⋯⋯⋯⋯⋯⋯⋯⋯⋯ 90
　　　　一　艺术史领域对科学图像的研究 ⋯⋯⋯⋯⋯⋯⋯⋯⋯⋯ 91
　　　　二　视觉文化领域对图像的关注 ⋯⋯⋯⋯⋯⋯⋯⋯⋯⋯⋯ 92
　　　　三　科学史领域对图像的研究 ⋯⋯⋯⋯⋯⋯⋯⋯⋯⋯⋯⋯ 93
　　第二节　伽里森对图像的研究 ⋯⋯⋯⋯⋯⋯⋯⋯⋯⋯⋯⋯⋯ 100
　　　　一　初期——《实验如何结束》中作为科学数据表现形式
　　　　　　的图像 ⋯⋯⋯⋯⋯⋯⋯⋯⋯⋯⋯⋯⋯⋯⋯⋯⋯⋯⋯ 101
　　　　二　发展期——《形象与逻辑》中作为仪器与实践、
　　　　　　形象与逻辑交点的图像 ⋯⋯⋯⋯⋯⋯⋯⋯⋯⋯⋯⋯ 109
　　　　三　成熟期——《客观性》中作为客观性与主观性竞争
　　　　　　与协作产物的图集 ⋯⋯⋯⋯⋯⋯⋯⋯⋯⋯⋯⋯⋯⋯ 124
　　第三节　分析与总结 ⋯⋯⋯⋯⋯⋯⋯⋯⋯⋯⋯⋯⋯⋯⋯⋯⋯ 131

第五章　伽里森与其他学者之比较研究 137

　　第一节　比较之一：伽里森与科学史家 ⋯⋯⋯⋯⋯⋯⋯⋯⋯ 138

一　伽里森与派斯——专业 vs. 业余 ………………………… 139
　　二　伽里森与米勒——激进 vs. 传统 ………………………… 144
第二节　比较之二：伽里森与科学哲学家 ……………………… 152
　　一　相同或相近之处 …………………………………………… 155
　　二　二者思想中的不同点 ……………………………………… 158
第三节　比较之三：伽里森与科学知识社会学家 ……………… 161
　　一　伽里森与皮克林——解读 vs. 建构 …………………… 162
　　二　伽里森与拉图尔——行动者网络 vs. 交易区 ………… 166
第四节　分析与总结 ……………………………………………… 170

第六章　伽里森学术思想的重要意义 …………………… 173

参考文献 ………………………………………………………… 185

索引 ……………………………………………………………… 201

Contents

1 **INTRODUCTION** 1

    1.1 Debate on the relationship between experiment and theory 3
    1.2 The forgotten experiment 5
    1.3 Instrument 7

2 **PETER GALISON** 11

    2.1 Introduction 11
    2.2 Academic Achievements and core concepts 12
    2.3 Books 15
        2.3.1 How Experiments End 17
        2.3.2 Image and Logic 22
        2.3.3 Einstein's Clocks, Poincarés Maps 28
        2.3.4 Objectivity 30
    2.4 Overview 35

3 **TRADING ZONE** 37

    3.1 Background 37
        3.1.1 Instrument – from being ignored to being recognised 38
        3.1.2 Experiment & Theory – from binary opposition to Multidimensional non – linearity relevance 39
        3.1.3 Experiment – from focusing on results to experimental and practical activities 40

        3.1.4 The rise of practice approch ················ 41
        3.1.5 Developments in History anthropology and linguistics ······ 42
    3.2 Trading Zone ················ 43
        3.2.1 Subculture ················ 44
        3.2.2 Trading zone ················ 47
        3.2.3 Trading language ················ 50
        3.2.4 Wall brick model – new prospects of science development ················ 53
    3.3 Origin and Development of trading zone theory ················ 56
        3.3.1 Infancy stage ················ 57
        3.3.2 Mature stage ················ 64
        3.3.3 Expand stage ················ 70
        3.3.4 Fading stage ················ 81
    3.4 Significance of trading zone theory ················ 83

4 IMAGE ················ 87
    4.1 Backgrand ················ 90
        4.1.1 Science image in history of art ················ 91
        4.1.2 Image in visual culture ················ 92
        4.2.3 Image in history of science ················ 93
    4.2 Peter Galison'ss research on Image ················ 100
        4.2.1 Infancy stage ················ 101
        4.2.2 Developing stage ················ 109
        4.2.3 Mature stage ················ 124
    4.3 Analysis and conclusion ················ 131

5 COMPARATIVE RESEARCH ON PETER GALISON AND OTHER SCHOLARS ················ 137
    5.1 Peter Galison & Historians of science ················ 138
        5.1.1 Peter Galison & Abranham Pais ················ 139
        5.1.2 Peter Galison & Authur I. Miller ················ 144
    5.2 Peter Galison & philosopher of science ················ 152

		5.2.1	The similarity between Peter Galison & philosopher of science	155
		5.2.2	The uniqueness of Peter Galison	158
	5.3	Peter Galison & Sociologists of scientific knowledge	161
		5.3.1	Peter Galison & Andrew Pickering	162
		5.3.2	Peter Galison & Bruno Latour	166
	5.4	Analysis and conclusion	170

6 SIGNIFICANCE OF PETER GALISON'sS ACADEMIC THOUGHT ... 173

BIBLIOGRAPHY ... 185

INDEX ... 201

第一章 引言

彼得·伽里森（Peter Galison）是美国当代科学史和科学哲学领域新生代的领军人物，其研究工作在国际科学史和科学哲学界具有极其广泛的影响。他对20世纪微观物理学史的研究，以"实践"的视角展现了"仪器"作为一种物质文化载体在科学发展过程中的特殊作用，以及在实际的科学发展过程中实验、理论和仪器三者之间的多维非线性相互作用。在此基础上，其独创的"交易区"（trading zone）理论为现代科学提供了与以往截然不同的发展模式，成为继库恩的科学革命理论之后，关于科学发展的另一全新图景。

不仅如此，交易区理论还提供了不同文化群体之间如何在交叉区域内相互协作和影响的微观机制，由此成为科学哲学、科学史、教育学、心理学等众多领域中具有广泛影响的解释模型。仅GBP和World Cat等主要图书出版信息数据库中，以"trading zone"为关键词的就有书籍200余本，文章300余篇，其中包括2006年召开的以"交易区、交互性专门知识与跨学科协作"为主题的研讨会，以及之后戈尔曼（Michael E. Gorman）主编的针对交易区理论来进行问题研究的论文集《交易区和交互性专门知识》，探讨其在社会技术系统管理、地球系统工程、科学与公众、商业战略等方面的应用。此外，伽里森在技术史、艺术史、建筑史和核政策等方面也有着广泛、深入的研究。对伽里森的科学哲学和科学史思想进行系统引介和研究无疑对国内学界具有重要的借鉴和启发意义。

虽然他的研究领域颇多、研究成果异常丰富，但在其研究工作中存在两条贯穿始终的发展线索：一是交易区理论，二是与图像相关的研究。这两条线索一明一暗，交错演进，互相影响和促进，共同构成了伽里森思想发展的脉络。

本书是以伽里森的科学史和科学哲学工作为对象的兼有历史和科学哲

学意味的科学编史学研究,全书共分为六章。第一章和第二章为总论,重点介绍本书的主旨、伽里森的生平和主要工作,第三章、第四章则以交易区和图像这两条贯穿伽里森工作的主线为线索,展开对其工作的分析和讨论。其中,第三章主要围绕交易区理论产生的背景、萌芽、形成、发展、应用直至成熟之后的拓展和淡化的发展过程,来看这一理论在伽里森系列研究中的体现。第四章则以伽里森对图像的关注为主线,主要梳理伽里森从早期工作对物理实验中"珍稀事件"开始关注图像,到《形象与逻辑》一书中有意识地将以图像为基础的形象思维与逻辑思维对立、突出,从一个全新的角度重新认识和思考物理学史中的实验,再到近期将视角直接集中于图像,从而给客观性的研究带来了新的工作发展进程。第五章通过将伽里森与其他科学史家和科学史领域之外的相关学者的比较研究,来考察其科学观、科学史观、科学史与方法论的独特性及对科学史研究发展的意义。最后,第六章概括和总结伽里森工作的特点、要点和创新点,并在此基础上,对其工作的意义和合理性给出笔者自身的评价。

　　伽里森是目前国际科学史和科学哲学界的先锋人物,这首先与其关注的焦点问题密不可分。他主要的兴趣点是关于科学的实践活动,实践(practice)是其科学史工作的出发点,也是科学哲学等众领域目前关注的焦点问题之一。通过对科学实践活动的历史考察,伽里森探讨了理论、实验和仪器三者之间的多维非线性关系,仪器在实践中所起到的特殊作用,科学、技术与社会的互动,以及后期关于科学客观性如何产生和发展的历史。其中,理论、实验和仪器三者之间的关系是伽里森早期研究的焦点,其《实验如何结束》、《形象与逻辑》皆围绕这个问题展开;到《爱因斯坦的钟与庞加莱的地图》,伽里森开始将视域拓展到科学理论、技术与社会之间的互动;而在其与达斯顿(Lorraine Daston)合写的《客观性》一书中,伽里森开始致力于从历史中围绕图集展开的科学实践活动中,考察科学客观性的建立过程。

第一章 引言

第一节 实验与理论关系的争论及其困境

理论和实验是近现代科学的两大基石，二者的关系也是科学史和科学哲学家讨论的中心话题之一。

17世纪以来，"哈维、伽利略、胡克、玻意耳、牛顿等实验自然哲学的拥护者确立了一种重要的新的论证模式"[1]，这种新的论证模式带来了关于理论和实验关系的几种不同看法。

第一种观点是弗朗西斯·培根和玻意耳等人倡导的实验是科学发展的基础。在他们看来，科学的发展是在正确方法引导下的"归纳的、以经验为基础的过程"[2]。培根、胡克等人对基于经验事实的实验方法表达了一种极度的自信，他们认为"只要按正确的方法导引和训练心灵，就能获取关于自然之因果结构的确定知识"[3]，换句话说，"实验切出客观性的边界，这种客观性使我们能够把关于自然界的正确观念从错误观念中区分出来"[4]。因此，在培根的归纳方法下，实验是得出理论的基石，处于基础地位。虽然玻意耳式的微粒论，在原则上是与自然探索中的数学方法相一致的，"但实际上，玻意耳本人表示他对数学的理想化描述存有很大的疑虑，他自己的实验工作就明显摆脱了数学方案和数学描述"[5]。

第二种观点来自霍布斯，实验在霍布斯眼中远没有在培根那里的基础性地位。他认为："实验可以提供的东西，你们也可以从你们自己的知识贮备中或是从你们认为是正确的自然志中找到。"[6] 因此，实验并没有优于理论的地位。

第三种观点的代表人物是笛卡儿，相比之下，笛卡儿更倾向于将理性

---

[1] 罗蒂：《库恩》，牛顿·史密斯：《科学哲学指南》，上海科技教育出版社2006年版，第243—247页。
[2] 夏平：《科学革命：批判性的综合》，上海科技教育出版社2004年版，第89页。
[3] 同上。
[4] 罗蒂：《库恩》，牛顿·史密斯：《科学哲学指南》，上海科技教育出版社2006年版，第243—247页。
[5] 夏平：《科学革命：批判性的综合》，上海科技教育出版社2004年版，第108页。
[6] 同上书，第107页。

看作自然哲学知识的基础。他认为："通过有理性引导的怀疑与内省，可以为正确的自然哲学知识找到一个基础。"① 笛卡儿本人没有做过太多的物理实验，虽然他正式表达过做无限多的实验的愿望，但他并不认为"要构造出一种可靠的自然哲学，就必须等待这些实验的结果"②。

而到了牛顿这里，实验则彻底地为理论服务。"牛顿对于物理确定性的期望来源于其自然哲学实践的数学基础而非经验基础。"③ 面对玻意耳、胡克等人对他判决性实验的质疑，他回应道："这些实验的历史叙述写起来将十分冗长乏味，令人困惑，因此我宁愿先提出自己的学说，然后给出一两例实验，作为其余实验的样本，以供检验。"④ 显然，在牛顿看来，理论才是自然哲学知识的基础，它完全可以发展和证明自身，而无须实验的介入，实验仅充当了检验理论推论的角色。这种从理论到实验的知识建造方式是演绎方法的典型代表。

从上面的讨论可以看出，虽然从整体看，从培根到牛顿都对实验采取支持态度，但细分之下，几方的观点却有着本质上的不同。从培根等人"在理论上颇为谨慎的、建基于经验的科学概念"⑤ 到牛顿"既使用数学工具、也使用实验工具以求理论确定性的科学概念"⑥，实际上实现了从归纳到演绎两种截然不同的知识产生方式的跨越，因此，对实验与理论关系的争论实际成为归纳与演绎两种科学方法的争论。不仅如此，科学史和科学哲学中的诸多观点和争论也都是围绕着归纳和演绎问题展开。

但在科学发展的实际过程中，归纳方法和演绎方法相互交织，没有任何一方占据绝对统治的地位。尽管近代以来，实验和理论的关系几经变迁，然而无论对于倡导实验是理论基石的逻辑经验主义者，还是实验观察随着理论进行格式塔转换的历史主义者，实验和理论皆为抽象化的简单二分模型。这种对实验和理论的简化某种程度上导致了对历史的过分节略，其带来的直接后果是科学哲学与科学史的分离。

科学哲学所提出的二元简化模型并不适用于科学发展的实际过程，这

---

① 夏平：《科学革命：批判性的综合》，上海科技教育出版社2004年版，第106页。
② 同上。
③ 同上书，第113－114页。
④ 同上书，第112页。
⑤ 同上书，第114页。
⑥ 同上。

不仅让科学哲学与科学史成为权宜的婚姻,更导致了科学哲学自身的研究脱离了科学史实,从而使其对科学发展的解释和辩护因为失去史实的依托而陷入重重的矛盾和不休的争论之中。

这种二元简化模型,实际在某种意义上是对实验本身的一种遗忘。

第二节 被遗忘的实验

实验在近代科学的建立和兴起中无疑有着非常重要的地位,它使科学摆脱了神权的束缚,是近现代科学赖以发展的基石。历来,科学史家和科学哲学家都非常重视科学实验,认为实验是科学的检验者和推动者。然而,在主流的科学史文献中,实验只是被当作科学发展的坐标,科学史家往往只看重实验的结果是否推动了科学的发展,是否有利于科学的进步。他们关心的只是:"一项特定的实验何时在技术上成为可能?实验的结果如何?"[1] 而对实验的过程和科学家的活动并不关心,记录实验过程的史料也不多。

在科学哲学文献当中,实验依然被忽视。"对认识论的执着使得哲学家们仅仅从科学理论的角度出发来阐释实验,仅仅把实验看作对自然的观察和原始资料的收集整理。"[2] 它有时仅仅等同于观察或者经验命题。就连向来以重视实验著称的逻辑经验主义者,"那些称自己为逻辑经验主义者的哲学家们实际上也对实验家们的行为不感兴趣。"[3] 而在逻辑实证主义者那里,虽然经验被赋予了核心和独立的地位,但他们并不注重经验的来源,仅仅把实验的功能限制在对理论的认识论建构和检验的范围内。至汉森观察渗透理论的提出,实验的目的、程序、步骤和结果都需要参照相关的理论才可理解,这就将实验置于理论之下。"这样一来,实验被理论所掌控,并被还原到语言的层面上来。"[4] 从中不难看出,在传统的科学史和科学哲学中,

---

[1] 孟强:《从表象到介入》,浙江大学2006年博士论文,第8页。
[2] 同上书,第56页。
[3] 同上书,第8页。
[4] 罗蒂:《库恩》,牛顿·史密斯:《科学哲学指南》,上海科技教育出版社2006年版,第243—247页。

对实验的研究仅限于物质层面，或是抽象的语义学层面，而恰恰忽略了其中至关重要的元素——人类（科学家）的实践活动，这无疑阻碍了我们更为客观、全面地认识实验这一意义重大的科学活动。

近年来，随着人类学、实践哲学以及以实验室研究著称的科学知识社会学的兴起，科学哲学和科学史领域开始逐渐认识到对实验实践活动研究的缺失。哈金在其《表征与介入》一书中曾就此指出，整个科学哲学的发展其实就是一部"对实验的遗忘史"："自然科学史总是被写成理论的历史，科学哲学已经变成了理论哲学，甚至否认了前理论的观察或实验的存在。"[1]

与此同时，伽里森也注意到："尽管宣称科学通过实验进步，但整个科学史作品却仍在关注理论。不论研究者关注的是17世纪的科学革命还是19世纪的场论，抑或是20世纪的相对论和量子力学，他们所写的历史的焦点皆是概念的演化而非实验室的实践活动。"[2]

如果回到当时的历史中来考量，这种对实验活动的遗忘，并非科学哲学家和科学史家一厢情愿的结果，而是有其自身的历史情境和合理性。

在18、19世纪的欧洲，机械自然观盛行，正如精巧的钟表是钟表匠所制造的一样，人和自然界的万物被看作上帝制造的能够准确运转的机器，因此，自然界的一切都可以通过机械作用得以解释。与此同时，在培根的倡导下，实验成为研究者敲开自然之门的钥匙，通过实验，人们能够解释和探索自然界的内在规律。自此，在正确方法引导下的实验结果便与自然界的正确观念紧密地联系在一起。因而，引导和训练心灵的正确的实验方法成为当时人们关注的焦点问题。在玻意耳看来，正确的实验方法必须是可重复的，具有特定的步骤和约束条件。为了让实验更具有说服力当众演示实验无疑成为传播实验方法的有效途径。玻意耳的空气泵实验便是其中的典范。[3]

公众演示不仅是传播实验方法的手段，同时也有效地传播了实验结果，更为重要的是，将实验方法和实验步骤公之于众，"这样做的主要作用是将结果置于产生结果的方法的语境中。然而，在20世纪，哲学家将实验活动

---

[1] Hacking, I., *Representing and Intervening: Introductory Topics in the Philosophy of Natural Science*, Cambridge; New York: Cambridge University Press, 1983, pp. 150–151.

[2] Galison, P., *How Experiments End*, Chicago: Chicago University Press, 1987, p. ix.

[3] Shapin, S., Schaffer, S., *Leviathan and the Air-Pump: Hobbes, Boyle, and the Experimental Life*, Princeton; New Jersey: Princeton University Press, 1985.

与结果分离开来,把实验简化为确证或否证理论的观察陈述的一种无形的、毫无疑问的来源",① 从而造成了对实验的背离。

第三节 仪器的地位

科学仪器作为科学、技术以及现在大科学时代的工程的交汇点,对科学理论的发展以及科学、技术与社会的研究等领域有着重要的意义。从数学仪器、哲学仪器、光学仪器等发展到现在以计算机为核心和基础的"虚拟仪器"和粒子加速器,科学仪器发生了巨大的变革。与此同时,对科学仪器的研究也日益得到关注。

在科学哲学的后库恩时代,新实验主义和仪器实在论在冲击理论优位科学哲学传统地位时,关注到了科学实验和科学仪器的研究;科学知识社会学(SSK)的兴起将人的社会利益因素置于首要地位,随着SSK内部的分化,出现了一些新的理论和趋势(如行动者网络理论、冲撞理论和物质文化研究、实践转向等),这些理论和趋势的出现和学界对物质力量(包括科学仪器)的研究密不可分。20世纪80年代前后,随着科学哲学和SSK对科学实验和科学仪器研究的加强,科学史家像博物馆工作者一样开始越来越多关注科学仪器的研究尤其是对于科学仪器的定义和分类的研究。近来在实践转向和认识论两大框架下还兴起了科学仪器哲学的研究。②

逻辑经验主义主要将科学置于语言的框架中,具体采用指称、真理、命题等对科学的理论进行分析,而科学仪器往往被认为是被动的、独立于理论之外的装置,连接着自然和理论,对实验数据与观察者进行调节。与这种对科学仪器的忽视相比,一些哲学家对科学仪器的论述则更为详尽。迪昂、巴什拉、布里奇曼等人对科学仪器都有着各自的观点。其中,迪昂

---

① 罗蒂:《库恩》,牛顿·史密斯:《科学哲学指南》,上海科技教育出版社2006年版,第243—247页。
② 石诚:《科学仪器研究述评》,《自然辩证法研究》2009年第5期。

认为:"唯有现象的理论诠释才使仪器的使用成为可能。"① 仪器只是作为理论的一种物质体现,本身并没有认识论的重要性。巴什拉(Gaston Bachelard)提出"现象技术",认为:"仪器是物质化的理论,从仪器中产生的现象带有各个方面的印记。"② 相比于迪昂,巴什拉赋予了仪器更为重要的意义,他部分地消解了理论与仪器的二分,但"并没有还原性地消除仪器的自治的物质地位"③。

之后,随着历史主义对发现语境和辩护语境二分的冲击,科学哲学界开始更多地关注科学仪器的研究。库恩、法伊尔阿本德等人对科学仪器在科学发展中的作用都有论述。之后,随着20世纪80年代科学知识社会学和新实验主义等学科的兴起,仪器随着各个领域对于实验的关注而日益受到重视。科学知识社会学领域对仪器的关注始于艾奇与马尔凯合著的《转变的天文学》④,书中强调了射电望远镜的设计、建造和普及对射电天文学这门学科的发展的重要关联。对科学实验和仪器的研究影响比较大的当属拉图尔的《实验室生活:科学事实的建构过程》⑤与夏平的《利维坦与空气泵:霍布斯、玻意耳与实验生活》⑥。

与此同时,"实在论和反实在论的争论使得部分科学哲学家转向了科学实验"⑦。新实验主义一词最早来源于阿克曼(Robert Ackermann)⑧,主要用来指代哈金、阿克曼、伊德等人对实验和科学仪器的研究工作。他们皆反对传统的表征主义的科学观,强调操作和干预的重要性。其中,以哈金的《表征与介入》⑨为代表。

与此同时,虽然科学史领域对实验的研究早于科学知识社会学和新实验主义的研究工作,但对科学仪器的定义和分类等相关工作则受到来自上

---

① 迪昂:《物理学理论的目的和结构》,华夏出版社1999年版,第172页。
② Bachelard, G., *The New Scientific Spirit*, Boston: Beacon Press, 1984, p.13.
③ 石诚:《科学仪器研究述评》,《自然辩证法研究》2009年第5期。
④ Edge, D., Mulkay, M., *Astronomy Transformed: The Emergence of Radio Astronomy in Britain*, New York: Wiey Press, 1976.
⑤ 拉图尔、伍尔加:《实验室生活:科学事实的建构过程》,东方出版社2004年版。
⑥ 夏平、谢弗:《利维坦与空气泵:霍布斯、玻意耳与实验生活》,上海人民出版社2008年版。
⑦ 石诚:《科学仪器研究述评》,《自然辩证法研究》2009年第5期。
⑧ Ackermann, R., "The New Experimentalism", *The British Journal for the Philosophy of Science*, 02, 1989, pp.185–190.
⑨ Hacking, I., *Representing and Intervening: Introductory Topics in the Philosophy of Natural Science*, Cambridge; New York: Cambridge University Press, 1983.

述领域的影响。

以往科学史的研究工作主要集中于科学思想和科学理论的研究,相比之下,科学实验仪器仅作为推动科学理论发展的物质因素或者具体化的理论,"科学史对科学实验的关注源于赛特尔(Thomas Settle)对柯瓦雷关于伽利略解释的反对"[①]。之后,受到科学知识社会学和新实验主义的影响,科学史界开始关注科学仪器,主要的工作是对科学仪器的分类研究。其中包括特纳(Anthony Turner)以及海尔布朗(J. L. Heibron)等人的工作。

在以往的研究中,还有从仪器方面探讨科学发展的科学史著作,其中包括戴森(Freeman J. Dyson)的《太阳、基因组与互联网:科学革命的工具》[②]与克拉普(Thomas Crump)的《科学简史:从科学仪器的发展看科学的历史》[③]等。这类书籍多为非从事科学史的专业研究者写成,同时只是从仪器的角度来看科学史的发展历程,而非将仪器放入科学发展的全景中,追寻仪器与其他要素的相互关联。比如,克拉普本人就认为科学发展中更重要的是从事科学活动的人的思维模式。[④]

正是出于对以上问题的思考,伽里森选择了实验实践作为切入点,来探讨理论和实验的关系问题。并且,与以往研究者不同,伽里森注意到仪器在科学发展中所扮演的特殊角色,认为要对科学特别是20世纪以来的粒子物理学进行合理的说明,仅局限于对理论和实验二者的关系进行研究和探讨并不充分,需要引入仪器这一与理论和实验密不可分的新维度。通过对理论、实验和仪器三者之间多维非线性关联的历史考察,伽里森得出科学的发展遵循多文化互嵌结构、具有异质性的结论。

[①] 石诚:《科学仪器研究述评》,《自然辩证法研究》2009年第5期。
[②] 戴森:《太阳、基因组与互联网:科学革命的工具》,生活·读书·新知三联书店2000年版。
[③] 克拉普:《科学简史:从科学仪器的发展看科学的历史》,中国青年出版社2005年版。
[④] 同上书,第5页。

第二章 伽里森主要研究工作概述

第一节 生平简介

伽里森1955年5月17日出生于美国纽约,父亲吉拉德·伽里森(Gerald Galison)是一名出版商,母亲玛莉安·伽里森(Marion Galison)是编辑。1987年1月,他与卡罗琳·琼斯(Caroline A. Jones)结婚,育有一子山姆·伽里森(Sam Galison)和一女撒拉·伽里森(Sarah Galison)。琼斯是一位研究艺术史的教授,著有多部艺术史方面的著作,并曾与伽里森合编《绘制科学,制造艺术》[1]一书。

伽里森的教育背景异常丰富,他本科毕业于哈佛大学物理系,之后相继获得哈佛大学科学史硕士学位、剑桥大学哲学硕士学位,并于1983年获得哈佛大学科学史和物理学博士学位。博士期间,伽里森师从科学史界研究爱因斯坦的巨擘霍尔顿(Gerald Holton)[2],并成为霍尔顿最为得意的弟子之一。

1983—1992年,伽里森在斯坦福大学担任历史、哲学和物理学教授。任教期间,他与卡特赖特(Nancy Cartwright)等人一起共事,其第一部著作《实验如何结束》便是在与卡特赖特、埃弗里特(Francis Everitt)、诺尔(Wilbur Knorr)、普罗克特(Robert Proctor)和祖佩斯(Patrick

---

[1] Jones, C. A., Galison, P., Slaton, A. E., Eds., *Picturing Science, Producing Art*, New York: Routledge, 1998.
[2] 杰拉尔德·霍尔顿(Gerald Holton)是哈佛大学教授,美国著名科学史家、文理科学院院士,获得过密立根奖章、乔治·萨顿奖章,曾任美国科学史学会理事、主席。

Suppes）的讨论中修改完成的①。同时，由于对科学的非统一性持有类似观点，伽里森与杜普（John Dupré）、哈金、卡特赖特被称为斯坦福学派（Stanford school）。1992年，伽里森调入哈佛大学，1997年荣获美国文化界的最高荣誉约翰和凯瑟琳·麦克阿瑟学会颁发的天才奖，1998年因第二部著作《形象与逻辑》获得科学技术史学会颁发的科学史界图书最高荣誉奖普菲策尔奖，1999年获得马克斯·普朗克科学奖。

伽里森现为哈佛大学科学史系、物理系教授，并于2007年荣获哈佛大学约瑟夫·佩雷戈里诺教授席位（Joseph Pellegrino University Professor），这是哈佛大学的最高荣誉教授席位，迄今为止，共有22位教授获此殊荣，其中包括哈佛大学前任校长萨默斯（Lawrence Summers）等，这也从一个侧面反映出伽里森工作的受重视和被认可程度。同时，他还负责哈佛大学科学史仪器收藏的工作，其《爱因斯坦的钟与庞加莱的地图》一书中所用的部分钟表就来自哈佛大学科学史仪器的收藏。

第二节　学术成果及核心思想概述

迄今为止，伽里森共著有《实验如何结束》②、《形象与逻辑》③、《爱因斯坦的钟与庞加莱的地图》④、《客观性》⑤ 4部学术专著，编有《大科学》⑥、《科学的非统一性》⑦、《绘制科学，制造艺术》⑧、《科学与建筑》⑨、

---

① Galison, P., *How Experiments End*, Chicago: Chicago University Press, 1987, p. xi.
② Ibid.
③ Galison, P., *Image and Logic: A Material Culture of Microphysics*, Chicago: Chicago University Press, 1997.
④ Galison, P., *Einstein's Clocks, Poincarés Maps: Empires of Time*, New York: W. W. Norton, 2003.
⑤ Daston, L., Galison, P., *Objectivity*, Boston: Zone Books, 2007.
⑥ Galison, P., Hevly, B. W., Eds., *Big Science: The Growth of Large-Scale Research*, Stanford Calif: Stanford University Press, 1992.
⑦ Galison, P., Stump, D., Eds., *The Disunity of Science: Boundaries, Contexts, and Power*, Stanford, Calif: Stanford University Press, 1996.
⑧ Jones, C. A., Galison, P., Slaton, A. E., Eds., *Picturing Science, Producing Art*, New York: Routledge, 1998.
⑨ Galison, P., Thompson, E., Eds., *The Architecture of Science*, Cambridge, mass: MIT press, 1999.

第二章 伽里森主要研究工作概述

《文化中的科学》[①]以及《21世纪与爱因斯坦》[②]等20余部学术编著。此外,伽里森还发表学术文章近百篇,是一位异常活跃的科学史家。

伽里森的主要研究领域为20世纪微观物理学史,同时关注艺术史、建筑史等相关领域。由于其物理学、科学史和哲学的多重教育背景,使得伽里森无论是研究方法还是研究领域都颇多元化。他的研究工作具有扎实的史学积淀、独特的史学视角、专业的物理学背景,在此基础上,兼备深刻的哲学洞见,以上几点构成了他科学史工作的重要特点。视角独特、视野开阔也是他的学生们对他研究工作的普遍看法之一。[③]

在伽里森看来,对于科学史的相关研究不仅仅是为了回答某个特定的历史问题,而是借助于历史来思考科学甚至是人自身的本性等问题。[④] 因此,伽里森始终对科学发展历程中人的实践活动异常关注,并试图通过以实践为基础的研究,揭示出人与自然、科学仪器等物质因素更为密切和多层次的互动。也正因为如此,伽里森对实验、仪器在科学发展中的作用以及理论、实验和仪器之间的关系进行了系统和深入的研究,并借鉴历史学、人类学、语言学等领域的相关理论,力图揭示出一部科学发展进程中人与物相互交织的动态物质文化史。

也正是基于史学与哲学兼备的研究旨趣,伽里森以对20世纪的微观物理学实验的案例研究为出发点,逐步拓展到对物理学中由来已久的形象和逻辑两大实验传统的历史演变进行深入探索。近年来,他又将视野进一步扩展为对科学整体的客观性发展过程进行历史考察,试图通过历史的视角来重新思考客观性这一各个领域争论不休的基本哲学问题。

在具体的研究工作中,伽里森关注的焦点问题是各种来自不同文化的实践活动如何紧密地联系在一起,共同构成一个大的文化整体。在他早期对物理学实验进行案例研究的过程中,伽里森便十分关注来自实验、理论和仪器这三个不同文化背景的研究者如何进行协商、共同促进科学发展的

[①] Galison, P., Graubard, S. R., Mendelsohn, E., Eds., *Science in Culture*, New Brunswick; London: Transaction Publishers, 2001.

[②] Galison, P., Holton, G., Schweber, S., Eds., *Einstein for the 21st Century: His Legacy in Science, Art, and Modern Culture*, Princeton: Princeton University Press, 2008.

[③] 笔者对伽里森学生斯特凡妮(Dick Stephanie)的访谈,2010年10月24日,波士顿。笔者对伽里森学生杰里米(Blatter Jeremy)的访谈,2010年11月17日,波士顿。

[④] 笔者对伽里森的访谈,2010年11月6日,波士顿。

互动过程，其思想的核心——交易区理论正是在对实验、理论和仪器三者关系进行深入探讨的基础上提出的。在接下来的研究工作中，伽里森进一步发展和完善了这一理论，建立了科学发展的分立图景——墙砖模型。墙砖模型有别于以往科学哲学中关于科学发展的众多模式，完全建立在其科学史工作的基础上，是为数不多的以科学史工作为出发点的科学发展模型。

伽里森与科学哲学和其他相关领域保持着紧密联系。由于其对实验的关注以及对理论、实验和仪器关系的探讨，使得伽里森与近年来兴起的哈金等人所倡导的新实验主义以及以拉图尔[1]为代表的SSK的实验室研究有着相似的兴趣点和相关主张。因此，伽里森被称为新实验主义流派的代表人物之一，其工作被皮克林、古丁等社会学家和SSK相关学者广泛引用，作为支持自身观点的科学史论据。此外，伽里森在科学技术与社会以及政策研究领域也颇受瞩目。

然而，与夏平[2]采用科学知识社会学进路进行的科学史研究和皮克林[3]等人的社会学的科学史研究工作不同，伽里森并没有采取特定的哲学视角和研究方法，而是以传统科学史史料考据工作为基础，从史料出发来进行探索和思考。因此，从研究的出发点和方法来看，伽里森的工作属于纯正的科学史研究工作。与此同时，他所关注的焦点问题以及视角、援引的理论等与科学哲学和社会学等相关领域有着许多的相近之处。

伽里森是当代杰出的科学史家，同时还是科学哲学家和艺术史、建筑史研究者。伽里森研究的领域和关注的问题不仅与他多元化的学术教育背景相关，更与其所处的时代背景，历史、哲学等相关领域的发展趋势和关注的焦点问题有着密不可分的关联。从伽里森的工作中，不仅能够接触到科学史的前沿，还能够看到科学哲学、历史学、社会学、人类学等各个领域发展的新趋势，以及将哲学、社会学、人类学等学科的视角和方法运用到科学史的研究中所取得的新进展和带来的新启示。

---

[1] 拉图尔、伍尔加：《实验室生活：科学事实的建构过程》，东方出版社2004年版；拉图尔：《科学在行动：怎样在社会中跟随科学家和工程师》，东方出版社2005年版。
[2] 夏平：《科学革命：批判性的综合》，上海科技教育出版社2004年版。
[3] Pickering, A., *Constructing Quarks: A Sociological History of Particle Physics*, Chicago; London: The University of Chicago Press, 1984；皮克林：《实践的冲撞》，南京大学出版社2004年版。

第二章 伽里森主要研究工作概述

第三节 主要研究工作

从前面的论述中可以看出，伽里森研究领域广泛，研究成果异常丰富。尽管如此，在他的科学史工作中却存在非常清晰的两条主线。其一是其核心思想交易区理论，迄今为止他的4部著作皆围绕着交易区理论展开，并对应着交易区理论从萌芽到内化为其史学研究的视角和方法的4个发展阶段。与此同时，与交易区理论的发展相对应的是伽里森对图像[1]这一特殊视角的关注，这也是他对艺术史和建筑史等领域进行研究的重要原因。可以说，对 image 研究的逐步深化和拓展与交易区理论的成熟和完善相互促进、彼此交织，共同刻画出伽里森思想发展的主要脉络。而他对图像的研究工作也可按照其4部著作分为3个阶段。

同时，他发表的论文和编著绝大多数皆围绕交易区理论、图像及其相关思考展开。因此，为了突出伽里森的思想发展主线，本书接下来的论述将主要以他的4部著作作为分期，将其他文章和编著中的重要观点穿插其中加以论述。

其4部著作中的前3部主要的研究对象为20世纪微观物理学史，其中每一部拥有一个特定的主题，并称为伽里森物理学史研究中的物质文化三部曲。

具体来说，其第一部著作《实验如何结束》的主题是实验，关注的核心问题是实验结果的获得和确认过程中的具体实验论证过程，主要"围绕着将结果从背景噪音中分离的实验程序、仪器的修建和数据分类展开"[2]。书中，伽里森选取了在物理学史中具有重要意义的三组实验，其中每组实验对应着仪器发展的一个特定时期。通过对仪器的变革给实验数据论证过程产生的影响的精微考察，伽里森得出理论、实验和仪器三者的相互作用具有多层面和非线性的结论。同时，在对实验论证过程的考察中，伽里森开始意识到粒子轨迹的图片作为一种数据的视觉化表征形式在物理学实验

---

[1] 图像在伽里森的工作中具有不同的层次和含义，具体将在本书第三章和第四章逐步展开论述。
[2] Galison, P., *How Experiments End*, Chicago: Chicago University Press, 1987, p. xix.

结果的确认过程中所起到的特殊作用,从而开始了对图像这一特殊史料的关注。

之后,伽里森在《形象与逻辑》中继续探讨三者的关系问题。与上本书不同,在《形象与逻辑》中,"仪器成为中心,实验论证和实验结果隐退。"① 同时,伽里森的目光开始由实验室内部向外拓展,将物理学放入社会、政治、经济等更为广阔的背景中,以仪器作为切入点,着重考察实验室外部变迁以及仪器更迭对实验室内部结构和实验者的实践活动本身产生的影响。如果说"《实验如何结束》是一部动态的实验文化史,《形象与逻辑》的目标则力图展现关于物质的实验室及其周围世界的历史进程"②。同时,书中引入了人类学和语言学的相关研究成果,将理论、实验和仪器当作物理学文化的三个亚文化,并进一步提出交易区理论来具体诠释三个亚文化如何发生关联。在此基础上,伽里森提出科学发展的互嵌式结构——墙砖模型。

《形象与逻辑》是一部史学巨著,它不仅刻画出物理学实践的物质文化史,提出了科学发展的新图景,同时,伽里森在书中还进一步深化了其对图像的研究工作,并通过粒子径迹图片在实验论证过程中发挥的不同作用将物理学实验分为形象和逻辑两大实验传统,并勾勒出物理学史中两大实验传统从竞争和分立逐步走向融合的动态演变历程。

之后,伽里森于 2003 年出版了《爱因斯坦的钟与庞加莱的地图》一书。这一次,伽里森将目光转向了理论。通过对相对论建立过程的物质文化考察,伽里森得出在创建狭义相对论的历史进程中,爱因斯坦并非以思想演变为主要推动力,而是得益于哲学、物理学和技术三者之间的相互影响这一与传统观点相差甚远的结论,从而构建出相对论产生的另类物质文化发展史。

2007 年伽里森与达斯顿合作出版了《客观性》一书。书中,伽里森进一步将研究的视域从物理学史扩展到科学的整体历程,同时,其对图像的研究也从物理学实验中的粒子径迹图片转向科学图集。通过对图集在科学客观性发展史中所产生的影响的讨论,伽里森和达斯顿揭示出客观性这一

---

① Galison, P., *Image and Logic: A Material Culture of Microphysics*, Chicago: Chicago University Press, 1997, p. xix.
② Ibid.

普适价值观并非天然地与科学的本质相连，而是拥有自身的历史演变过程。同时，伽里森还展现了此过程中客观性与主观性这对被视为不相容的概念之间相互界定和缠绕的微妙关联。

如果说，伽里森在《实验如何结束》中还是一个站在科学神坛下的探索者，小心翼翼地追寻圣像上残留着的过往岁月中雕刻者们手握刻刀划过的痕迹，《客观性》中的伽里森则已然站在神坛之上，双手揭开圣像堂皇的衣襟，让世人直面科学这个古老身躯上斑驳的陈迹。可以说，交易区理论是他为科学精心勾勒的另一幅画像，而图像则是其手中的一只画笔，正是通过图像这一与文字相对的特殊史料的研究和运用，伽里森绘制出不同以往的科学发展历史的画卷。

下面，就先从《实验如何结束》开始，对伽里森的工作做具体梳理和阐述。

一 《实验如何结束》

《实验如何结束》是伽里森的第一部著作，主要基于其博士论文的研究成果改编而成。书如其名，这是一本讨论实验如何结束的科学史作品。

伽里森之所以选择实验如何结束的过程作为切入点，目的是从仪器的变革和仪器在实验中所起作用的变革（如何处理数据）看实验的变革。其"感兴趣的是如何说服实验室里的人去相信什么为真，而不仅仅是证实或者证伪了理论的过程"[1]。对于什么使得实验的论证具有说服力这一问题，伽里森认为："这不仅仅要关注在历史语境中的特定言论的合理性，更要关注来自实验室改变的确证。"[2] 因此，伽里森试图通过科学史的研究工作回答以下两个问题，即在何种条件下，仪器成为获取知识的合理途径？在何种

---

[1] 笔者对伽里森的访谈，2010年11月6日，波士顿。
[2] Galison, P., "Multiple Constraints, Simultaneous Solutions", *Psa: Proceedings of the Biennial Meeting of the Philosophy of Science Association*, 1988, pp. 157–163.

意义上，是对这些仪器的真正的运用？①

书中，伽里森以实验为主题，仪器为叙事角度，再现了现代物理学实验室中发生的争论，以及实验如何开始、如何进行、如何得到实验者们认为正确的结果，并得到其他实验者和理论物理学家们的认可，最终以新发现的形式被载入史册的历史过程。

在伽里森看来，在一个具体的实验过程中，关键的问题是如何进行结果的筛选，也就是实验者如何从为数众多的实验数据中选择其认为正确的结果，同时将其他数据作为背景噪音加以排除。他认为，实验结果的选择是实验者自身具有的理论背景、理论预设和实验传统以及实验仪器的精度等因素共同作用的结果，其中的任何一个因素都不能始终充当其他因素的推动力。如此，伽里森向库恩以来理论在科学发展中的主导地位发出挑战，同时将仪器作为与理论和实验地位相同的第三个要素引入科学发展过程。在此基础上，他关于理论、实验、实验者等因素共同确定实验结果的理论框架也成为其核心思想交易区理论的雏形。

此书重点选取了19、20世纪的高能物理学中发生的三组重要实验：旋磁率的测量、发现 μ 子的系列实验和弱中性流的发现实验。具体的研究中，伽里森不仅注重实验结果与理论的互动关系，同时，更为注重对具体实验过程进行微观考察和分析。他按照仪器的发展将20世纪的物理实验分成了三个阶段，每一个阶段对应着书中的一组实验。

第一组实验是旋磁率的测量，发生在20世纪初期，以爱因斯坦－德哈斯实验为代表，对应着实验的第一阶段——宏观时期。此时，物理学关于微观世界的探索刚刚起步，尚不存在关于探测微观物质结构的专门仪器，实验者只能先通过仪器得到宏观现象，再经由理论推导出微观机理，因此在宏观现象和微观机理之间起到连接作用的理论模型具有重要作用。这一阶段的特点是实验仪器规模和花费都很小，大多数的实验在操作台上进行，实验者可以根据自己的实验目标随意修改和制造仪器，其他实验者可以通过复制仪器、重复实验来检测结果的正确性。同时，这也导致在实验论证

---

① Galison, P., "Bubble Chambers and the Experimental Workplace", in Achinstein, P., Hannaway, O., *Observation, Experiment, and Hypothesis in Modern Physical Science*, Cambridge, Mass: Bradford – MIT Press, 1985; Galison, P., Assmus, A., "Artificial Clouds, Real Particles", in Gooding, D., Pinch, T., Schaffer, S., *The Uses of Experiment: Studies in the Natural Sciences*, Cambridge; New York: Cambridge University Press, 1989, pp. 225–274.

过程中，实验者主要通过修改仪器的方式来减少误差和排除背景噪音。

第二组实验是μ子发现的系列实验。20世纪30年代，仪器的规模和花费没有太大的变化，随着理论和技术的发展，开始出现盖革计数器和云室等仪器，自此，实验者能够通过仪器探测到单个原子的运动轨迹和相互作用行为，实验进入第二个阶段——中观时期。与上一组实验不同，导致μ子发现的一系列实验最初的目标并非为了寻找新粒子，而是在探测宇宙射线的过程中，实验结果和理论不符，由此引发不同的理论和实验结果之间彼此咬合，日益紧密地结合在一起，最终将结果引向新粒子——μ子。

第三组实验为发现弱中性流的系列实验。20世纪以来，自宇宙射线实验之后，高能物理的实验复杂性有了很大的提高，但在规模上并没有太大的变化。1930—1970年，实验仪器在规模上有了非常大的提高，从操作台逐步扩展为工厂规模。"气泡室代替云室使得粒子探测器的规模一跃与对撞机相仿"。[1]"它能够测量粒子的动量、质量、衰变产物和原初粒子的身份。"[2]这代表了实验的第三个阶段——微观阶段。

在第三组弱中性流的发现实验中，伽里森通过实验实践、理论和仪器之间的相互影响的讨论来探索以大型加速器为基础的粒子实验，在这一时期，实验的方式随着实验规模的增加和复杂化而发生转变。

"当做实验的花费不高时，实验者可以重新设计他们的实验仪器来检验旧的实验程序，改变个别的组成部分，并且根据头脑中特定的目的来快速地组装装置。当实验的花费增加，就很难再做出此类的决定。人们不再通过改变机器装置的某一部分来估算背景噪音，而是通过数据还原来决定何者为背景噪音。"[3]仪器建造过程中，开始通过大型的计算机对数据进行即时筛选和处理。"数据处理是实验室工作的核心部分，而不仅仅是实验之后的事情。它已经成为仪器的一部分。"[4]在弱中性流的发现实验中，"我们能够具体看到实验论证的重负如何转移到数据分析上"[5]。

从以上对三组实验的讨论中可以看到，实验从宏观时期到微观时期的历史发展过程中，仪器的灵活性（可改装，由物理学家依据实验目的自行

---

[1] Galison, P., *How Experiments End*, Chicago：Chicago University Press, 1987, p. 139.

[2] Ibid.

[3] Ibid, p. 72.

[4] Ibid, p. 151.

[5] Ibid.

设计）和种类减少，这意味着物理学实验的相互独立性减少。同时，仪器的复杂程度增加，资助者、建造者和使用者分离，使得物理实验中的不可控因素增加，特别是社会因素、文化因素增加。伽里森称其为实验的碎片化和聚合两种趋势。

碎片化主要是指随着仪器复杂化的增加，所采用的能量越来越高、实验的过程和周期越来越短。实验论证过程中开始需要结构工程师、电气工程师、计算机模拟专家、数据分析员和现象学家等重要角色的介入。聚合则是指现在的各色实验小组不可能像20世纪30年时采用500美元的云室进行研究的实验小组那样，不可能复制他们的Gargamelle或者EIA那样大型的仪器。

仪器的碎片化和聚合两种趋势的变化进而给实验论证方式、实验者与实验的关系以及实验与自然的关系带来深刻影响。

首先，随着仪器的探测领域从宏观走向微观，理论从宏观现象中推导出的微观推论得到更为直接的证明。其次，仪器规模的扩大化，使得社会因素的介入增加，实验者对实验的掌控进一步减弱。最后，计算机协助，模拟实验开始取代现实的物质实验，实验与自然的关系进一步减弱。

这也是伽里森之所以选择关注实验结束作为叙事主线的原因："从历史的视角来看，实验如何结束值得关注是因为它将注意力指向实验室活动中引人入胜的瞬间，在这一刻，仪器、实验、理论、计算和社会学相聚在一起。"[1]仪器不仅是整个实验实践活动的目标和中心，更包含了实验者与仪器、实验步骤、所采取的计算方法之间的相互作用，以及实验者之间、实验者与理论家甚至社会舆论和社会资助等各个方面所发生的相互作用，是展现和理解实验活动的完美切入点。

选取实验如何结束作为叙事主线可算作科学史研究的一个新视角，与此同时，伽里森进一步选择仪器作为其叙事角度则是另一突破。以往的科学史作品中，以仪器为主题的研究并不鲜见，科学史领域还有专门以仪器为研究对象的仪器史，然而，伽里森的研究工作有两点特别之处。

其一，仪器与理论、实验的关系是平等的。《实验如何结束》中的仪器并非单方面强调仪器如何重要、在科学的发展中起到了哪些作用，而是将仪器与理论和实验融合在一起，通过对仪器的变革给数据处理和论证等方面带来的变化着重阐释仪器、理论和实验三者之间的多重关联。

---

[1] Galison, P., *How Experiments End*, Chicago: Chicago University Press, 1987, p.1.

第二章 伽里森主要研究工作概述

其二,通过赋予仪器以新的含义,伽里森展现了一部科学发展的物质文化史。在伽里森看来,仪器并非纯粹的物质器物,而是负载着理论和实验的物质文化载体。它的变化本身已然对理论的构建和实验论证方式产生影响,从仪器中,不仅能看到技术的变迁,更可追寻到实验者、理论家、社会因素等如何相互作用、彼此交织的方式,而仪器的改变也必然伴随着其他方面的变革。在这种意义上说,仪器是理论和实验的物质载体,这就赋予仪器以文化属性,与以往科学史中仪器作为设备或者技术载体的角色有着本质差别。

另外,伽里森此书的另一非常重要的创新之处是将理论、实验分为不同的层次来加以考量。这种对于理论的分层的想法最早来自法国年鉴学派(Annales School)的代表人物布罗代尔对于历史的分期。在其著名的关于地中海文明的研究工作中,布罗代尔将历史事件用"地理时间"(geographical time)、"社会时间"(social time)和"个体时间"(individual time)三个维度来进行解析。按照伽里森本人的说法,正是受到了布罗代尔的启发,他将理论对实验的影响分为"长项约束"(Long – term theoretical constraints)、"中项约束"(Middle – term theoretical constraints)和"短项约束"(Short – term theoretical constraints)。

其中,理论的长项约束包括:"形而上学的方法论,超出特定信念变化的关于自然事物的目标。"[1] 长项约束不一定仅仅是理论上的,实验文化和传统中的相关因素也可以成为长项约束。其中,实验文化基于专门的知识和技能——即估算各种背景噪音和对仪器的有效范围了然于胸的能力。实验的长项约束主要指一组横跨理论分界的实验、实验仪器、实验者长期以来形成的实验技巧。而仪器的长项约束则指的是以云室、气泡室为代表的视觉仪器传统(形象传统)和以计数器、符合电路等为代表的电子仪器传统(逻辑传统)。

理论的中项约束包括与特定实验目的相关的理论,包括相关的假说等。实验的中项约束是指与特定的实验类型和实验目标相关联的实验程序和技巧以及论证模式等。仪器的中项约束主要指代由实验目标所决定的特定类型的实验装置。相应的短项约束主要与某一具体的实验相关联的各个要素,例如针对某一现象的理论模型、个人的操作等。具体如表 2 – 1 所示。

通过对理论、实验的分层考量,伽里森从具体的实验实践层面更为细

---

[1] Galison, P., *How Experiments End*, Chicago: Chicago University Press, 1987, p. 246.

致地把握理论、实验、仪器三者之间的多维关系。而这种分层方法也成为其关于科学发展模型的核心理论交易区的雏形。这也是其第二部著作《形象与逻辑》中重点讨论的内容。

表 2-1　　　　　　　　　　理论、实验的分层①

	理论	实验
长项	统一理论	仪器类型
中项	规范理论	特殊装置
短项	模型；现象规则	个体操作

在伽里森进行《实验如何结束》的写作过程中，对研究工作进行深入思索并逐渐意识到关于仪器的一些问题，"在发现 μ 子的实验中，使用云室的实验者与使用盖革计数器和火花室的实验者之间存在竞争，到了弱中性流的实验中，这种竞争变成了生产图像的气泡室与进行逻辑计算的火花室之间的竞争。当完成了《实验如何结束》，我打算沿着这个思路继续思索下去，从对象本身出发，考察这些实验仪器的工作方式以及形象和逻辑文化的历史，制造图形的仪器与与之相对的计数仪器。"② 因此，在完成《实验如何结束》之前，伽里森便开始为《形象与逻辑》收集材料，并发表了关于云室以及气泡室的部分文章。

二　《形象与逻辑》

《形象与逻辑》仍然围绕着科学实践中理论、仪器与实验三者之间的关系展开，与《实验如何结束》中以相同主题的几组实验为叙事主线不同，《形象与逻辑》转而以仪器为线索，着重探讨围绕不同仪器所展开的实验实践活动中，理论、实验和仪器三者之间的相互作用。

《实验如何结束》与《形象与逻辑》两本书中，伽里森感兴趣的共同话题是他的研究究竟能多接近实验数据，即"什么是原始数据，这并非从哲

---

① Galison, P., *How Experiments End*, Chicago: Chicago University Press, 1987, p. 254.
② 笔者对伽里森的访谈，2010 年 11 月 6 日，波士顿。

学意义上而是实践意义上的原始数据"①。因此，伽里森对仪器所产生的数据究竟是什么很感兴趣。"这个话题部分的是由于其在《实验如何结束》中的案例研究受到的启发，另一方面是由于看到很多人都对仪器很感兴趣，包括格莱泽（Donald Arthur Gläser），对气泡室如何工作很感兴趣，还有很多人对云室感兴趣。他们并不是对这些仪器在物理学方面的应用感兴趣，而是对这些仪器所制造和带来的新的对世界的观察形式感兴趣。在《实验如何结束》完成之后我开始了对云室的研究，作为谢弗（Simon Shaffer）等人主编的《实验的运用》②一书中的一章③。之后，我逐步开始了对气泡室等仪器的研究，从中，我发现很多用气泡室从事研究的人员之前大部分都采用云室进行研究，由此，我开始思考关于视觉线索和逻辑线索的问题。这些实际上是在我完成《实验如何结束》之前开始的。"④

在此书的开篇，伽里森就强调这部书的主题是物理学实验仪器，与上本书相同，他仍将目光聚焦于高能物理实验中的探测器；与上本书不同的是，《实验如何结束》中主要关注实验室内部发生的实验者、仪器、理论和论证过程之间的相互作用，而没有将物理学放在更为广阔的背景中。《形象与逻辑》一书中，对仪器的认识已经有所深化和拓展。在《实验如何结束》一书中，实验仪器（探测器）是连接实验者和自然对象的桥梁。与马克思（Karl Marx）曾认为工业革命根植于工作中的机器看法类似，在伽里森的眼中"实验的根本变革也根植于工作中的探测器"⑤。而到了《形象与逻辑》一书中，在伽里森看来："在认识论、物理学、技术和物理学的社会结构的交叉口，探测器有着独特的位置。"⑥伽里森则通过仪器这一特殊切入点，将物质与实践、形象与逻辑、科学技术与社会等几个层面联系在一起。

正如《形象与逻辑》的副标题"微观物理学的物质文化"所显示的

---

① 笔者对伽里森的访谈，2011年2月3日，波士顿。
② Gooding, D., Pinch, T., Schaffer, S., Eds., *The Uses of Experiment: Studies in the Natural Sciences*, Cambridge: Cambridge University Press, 1989.
③ Galison, P., Assmus, A., "Artificial Clouds, Real Particles", in Gooding, D., Pinch, T., Schaffer, S., *The Uses of Experiment: Studies in the Natural Sciences*, Cambridge; New York: Cambridge University Press, 1989, pp. 225–274.
④ 笔者对伽里森的访谈，2011年2月3日，波士顿。
⑤ Galison, P., *How Experiments End*, Chicago: Chicago University Press, 1987, p. 25.
⑥ Galison, P., *Image and Logic: A Material Culture of Microphysics*, Chicago: Chicago University Press, 1997, p. Xvii.

那样，此书是一部关于20世纪物理学的物质文化史。它以20世纪物理实验室的生活为背景，叙述了两大实验室研究传统中所涉及的工具，它们之间所发生的竞争和辩论以及最终走向融合的历史过程，即以图像为数据论证中的主要出发点和依据的"形象"（image）传统与以统计数据、数理模型为出发点的"逻辑"（logic）传统。两种传统又各自有着相应的实验仪器，其中，形象传统的仪器以生产图像为主，包括云室、核乳胶、气泡室等，逻辑传统的仪器以统计数据为主，主要有计数器、火花室、丝室等。

在该书中，伽里森将目光集中投向仪器的同时，刻意缩略了粒子效应产生的实验范例作用（这一部分伽里森已经在《实验如何结束》这本书中做了详尽的论述）。比如弱中性流是否存在的问题，伽里森不去讨论实验主题的连贯性，而是关注物理仪器的持续性和围绕仪器的实验室生命体的变更。例如，形象传统中，所利用的仪器如何由云室变为核乳胶，进而又变更为气泡室，而在逻辑传统中，盖革－米勒计数器又是如何被加载到火花室与丝室中的，以及到最后这两种物质和认识论上的传统是如何被同时借用了二者的实验方法提炼出一种实验方法。

具体的论述过程中，此书主要通过几种仪器来作为叙事线索。

其中，形象传统的线索非常清晰：威尔逊（Charles Thomson Rees Wilson）发明了云室，经由格莱泽之后改造成气泡室，鲍威尔（Cecil Powell）则将其改造成核乳胶。云室物理学家转向核乳胶而后又到气泡室工作，众多核乳胶物理学家迁移到气泡室工作。逻辑传统的仪器的叙述则需要多个分支。仪器本身就有着数不尽的变种：盖革－米勒计数器、火花计数器、正比计数器、火花室、丝室，等等。最终，两种实验传统的仪器通过构成了生产电子图像的仪器——以计算机为核心的对撞机，自此，形象传统和逻辑传统从分立走向融合。

在对两大传统的一系列仪器进行历史描述的同时，伽里森还讲述了雷达、计算机语言和人工模拟等工具的发明与改进。其中包括反规则实践，精神产品，实验家、工程师、数学家、理论家之间的分歧与合作，科学界与工业界及政治家的关系，实验室与大学之间的权力斗争等。而将这些与仪器相关联的来自实验室内部、科学家和工程师等其他群体之间、科学和社会之间的各种因素联系在一起的就是交易区。

《形象与逻辑》是伽里森非常重要的一本书，也是科学史研究领域有着重大意义的一本书，在出版之后，很快便荣获科学史图书的最高荣誉普菲策尔奖。它有以下几个方面的重要意义。

1. 它强调了仪器的重要作用

相比较《实验如何结束》中将实验仪器等物质因素赋予了与理论因素同等的地位，《形象与逻辑》中进一步强调了工具的作用，这不仅仅体现在其将仪器作为整本书的叙事线索，更重要的是伽里森在书中试图探索并展现物质因素和科学实践活动之间的互动关系。这种互动并非单单是仪器的更迭带来新的实验结果、促进新理论的产生，而是给科学实践活动带来了更为深远和多层次的改变。

伽里森将实验室本身的变化分为两个方面：第一，外部实验室，即物理学家与工程师、技术人员、管理人员的关系变化；第二，内部实验室，即实验方法、实验传统、数据的获得和处理方式等的变化。"相应的，实验室发生的变革分为，一种发生在实验室外部，既物理学家与工程师、技术人员等共同建造仪器，另一种发生在实验室内部，即新的实践和技术贯穿了物理学数据的创造、分析和解释的过程。"[①]

伽里森按照这两个方面考察了不同时期所采用的仪器的变化给实验活动带来的影响，也正是通过这一考察，他将社会、政治、经济和技术等外部因素与实验室内部的数据制造和分析等过程紧密地结合在一起，从而展现了不同于以往只关注实验室内部的科学史和只关注外部的社会史的物质文化史。

同时，伽里森还从许多细节展示了现代技术对研究者开始从事物理学并成为一名物理学家这一过程的影响。20世纪初，从事物理学的研究者总是独自一人在实验台上操作实验仪器，现在，实验常常比城市的一个区还要大，实验物理学家们过着完全不同于以前的生活：用电脑设计，同工业、大量的其他科学家和工程师合作，并置身于政治。书中描述了实验室中的巨人们如何为了金钱和地盘而斗争，这些金钱和地盘是他们为了制造自己的工具和进行实验所必需的，这种实际的斗争是决定谁的机器被批准建造，谁的探测器被使用，谁的理论被检验的战斗。结果是由工具与自然决定的。如果工具不好，自然的声音就被压抑住；如果工具良好，自然就会对问题

---

① Galison, P., *Image and Logic: A Material Culture of Microphysics*, Chicago: Chicago University Press, 1997, p. 273.

给出清楚的回答。实验的结果取决于自然和工具质量,而不是取决于实验者的意识形态。

2. 它赋予了仪器以更为丰富的含义

在强调仪器在科学实践过程中所起到的特殊作用的同时,伽里森还赋予了仪器以更为丰富的含义。相对于哈金的名言"实验有其自己的生命",伽里森在书中宣称:"不仅实验,仪器也同样拥有自己的生命。"① 在他看来:"实验室中的机器应该引起我们的注意,一旦它们被理解成为意义的集合体,不仅仅负载它们直接的功能,而是包含了论证策略、实验室中的工作关系、与外界文化相连接的物质和象征的纽带。"②

在实验室众多的仪器当中,伽里森关注的焦点是探测器。在伽里森看来:"它将微观物理学的世界带向了物理学的经验之翼,它是现象制造和证据制造之间的传递者。"③ 同时,仪器也不仅带来理论的变革,它同时也带来了科学家的实践活动的变革。例如,威尔逊的学生鲍威尔发明了核乳胶室,这是一种化学装置,它带来了物理学的一场新变革,即从个人工作向包括技术人员和非技术人员组成的团队的转变。④

伽里森试图通过科学史中发生的实际案例表明,在仪器与实践活动的互动关系中,仪器不仅仅是一种工具,或是一种外在与实践活动的器物,而本身就是科学实践的一部分。它被实践活动所建构,同时又反过来建构着实践活动,在此种意义上,仪器成为一种文化载体。通过对仪器的考察,我们能够获取与之相关的各个方面所构成的科学的历史。

3. 它以围绕仪器展开的实践活动为基础,描绘了关于科学发展的物质文化史

当将仪器放到了前面和中心的位置,就得到了与"内部知识的历史"和"外部社会的历史"完全不同的历史。"当然,仪器的历史必须是技术的历史。但是,仪器的历史也需要一部分劳动史、部分社会史和部分认识论

---

① Galison, P., *Image and Logic: A Material Culture of Microphysics*, Chicago: Chicago University Press, 1997, p. 424.
② Ibid, p. 1.
③ Ibid, p. 3.
④ Ibid, p. 143.

的历史。"① 其中，一部分劳动史主要围绕着物理学家与工程师等不同的文化群体之间的关系变化展开；部分社会史主要指社会、政治等变迁对仪器建造以及物理学家地位的影响；而部分认识论的历史则是指外部环境、物理学家的地位和仪器的变化带来的内部实验室的变化，即数据获得、分析方法等。

比如在关于二战对物理学的影响方面，"在物理学家和历史学家中存在着自然倾向，即忽视二战期间武器研发工作在二战结束之后研究中的延续性，同时回到二战之前来定位和平时期的日常研究。……在很多层面，物理学的变革始于二战，而非二战之后。"② 伽里森认为，这种分歧来自只关注结果，而忽视了物理学作为一门学科的计划、预期、技术、实践、工作结构和物质文化。③

在此之前，社会建构论者已经通过对实验室活动的分析，得出科学事实是由金钱、权力、谈判、妥协、约定等一系列因素所组成的复杂社会网络所构造成的结论。"实验室生活"成为建构论者们最心仪的话题，法国社会学家拉图尔甚至将阿基米德的名句改成"给我一个实验室，我将举起整个世界"（Give me a laboratory and I will raise the world）。④ 但是有别于社会建构论者们所关注的意识形态斗争——右派对左派、资本主义对社会主义、男性对女性等，伽里森关注的是那些更物质化的因素的影响。

4. 它将交易区理论作为整本书的核心加以论述，给出了科学发展的新模型

伽里森在此书中将物理学看作一个文化整体，然后将其分为理论、实验和仪器三个亚文化，这些亚文化同属于物理学文化这个大的整体，但同时各个亚文化之间又具有相对独立性，即没有哪个亚文化处于基础地位，其变化决定着其他亚文化的变化。此书的两个目标就是："1. 为这些部分自治的亚文化营造历史和哲学空间。2. 搞清楚这些亚文化之间如何相互

---

① Galison, P., *Image and Logic: A Material Culture of Microphysics*, Chicago: Chicago University Press, 1997, p. 5.
② Ibid. p. 293.
③ Ibid.
④ Latour, B., "Give Me a Laboratory and I Will Raise the World", in Knorr‐Cetina, K. D., Muilkay, M., *Science Observed*, London: SAGE Pubictions Ltd., 1983, pp. 141–170.

作用。"①

继而,伽里森使用了交易区来具体阐释这种相互作用。"通过交易区,我们开始捕捉物理学中的不同亚文化群之间的不可避免的、不确定的,同时又是基本的协作。"② 在此基础上,伽里森建立了关于科学发展的新模型——墙砖模型。"这种夹层周期化将学科的历史描绘成为由不规则的石块组成的围墙或是粗糙的砖墙,而非墙砖组成的毗邻的柱形。正如连接处的错位使得砖墙更加坚固,仪器制造、实验和理论等不同实践之间的穿插使得物理学成为一个整体。"③

关于交易区和墙砖模型将在第三章做更为具体的论述,这里不再展开论述。

三 《爱因斯坦的钟与庞加莱的地图》

《爱因斯坦的钟与庞加莱的地图》一书,主要叙述了爱因斯坦和庞加莱对绝对时间的思考而引发的革命。这是伽里森研究爱因斯坦的重要著作,同时,也是科学史界研究爱因斯坦思想权威的力作。此书出版之后便引起了各方的关注,先后被译成法文、德文、韩文等多个版本,同时,伽里森在书中所阐释的不同于以往科学史领域中对爱因斯坦研究工作的观点也激起了广泛的争论。

伽里森认为在创建狭义相对论的过程中,并非是爱因斯坦的理论和哲学思考起着决定性的作用,而是哲学、物理学和技术三者共同作用,即"器物"与"思想"相容,不能分离。这与以往关于爱因斯坦创建相对论的过程的理解有着很大不同。书中提到,爱因斯坦对于时间同时性的思考并非仅仅源于其物理学和哲学方面的思辨,而是与当时的技术进步和社会需求密切相关,甚至,恰恰是当时火车的发明和使用所导致的对同时性的社会需求和技术诉求,以及爱因斯坦所在的专利局中大量关于时间同时性的技术发明使得爱因斯坦投身于同时性的洪流。

书中提到,爱因斯坦并非那个时代唯一一个质疑时间绝对性的科学家,

---

① Galison, P., *Image and Logic: A Material Culture of Microphysics*, Chicago: Chicago University Press, 1997, p. 14.
② Ibid., p. xxi.
③ Ibid., p. 19.

第二章 伽里森主要研究工作概述

由于当时交通、电信的发展，各地急需校准时间，这促使许多的科学家致力于发明校时的仪器和方法。当时有很多专利都是有关用信号连接时钟的设计，至1890年，天文学家和工程师都要能算出电信号从一地传到另一地花费的时间。

与此同时，相对论的提出过程中另外一位非常重要的人物是庞加莱，他在巴黎经度局任职时经常思索"时间传送"问题。1898年1月，他就对时间的同步进行了讨论。在他看来，时间的同步只不过是两个时钟交换信号，再考虑到电或光信号传送的时间即可。1900年，庞加莱将他的想法用到物理上。但是，由于在哲学和物理学方面庞加莱没能摒弃以太学说，致使其无法克服在以太坐标系下的"绝对时间"与其他坐标系中的"显像时间"的基本差异。直到爱因斯坦创建了狭义相对论，放弃以太学说，才得到真正革命性的成果。

在伽里森看来，爱因斯坦和庞加莱当时的思想中，既有哲学和物理学的因素，也有技术和社会的因素。其中，当时火车的发展所带来的对时间同时性的诉求成为那个时代的主题，各个国家、各行各业的人都在关注时间同时性的话题。"那是一个工程师、哲学家和物理学家肩并肩的世界，其中，纽约市的市长谈论着时间的因循，巴西的皇帝焦急地等待着电报中欧洲时间的到来，而这个世纪的两个最伟大的科学家爱因斯坦和庞加莱则将时间的同时性搁置在物理学、哲学和技术的交叉口。"[①]

除此之外，二者所扮演的社会角色也在他们对于时间同时性的思考过程中起到了不可替代的作用。书中提到，爱因斯坦和庞加莱的工作都涉及了时间的校对，其中，爱因斯坦在专利局每天审查大量校时工具的新发明；庞加莱主持的法国领土测量工作则需要精确的经度和纬度测量，这就要求对相隔很远的在地时间进行比较。因此，伽里森认为，与其说20世纪的科学起源于抽象的概念，倒不如说是发端于机器，它也并非完全发生在爱因斯坦的大脑中，而是在煤矿和火车站。

也正是由于伽里森将技术、社会等因素作为与物理学、哲学思考同等重要的影响因素引入相对论的发展历程中，使得他的观点受到了来自科学史和物理哲学等领域的质疑。一些研究爱因斯坦的学者认为伽里森

---

① Galison, P., *Einstein's Clocks, Poincarés Maps: Empires of Time*, New York: W. W. Norton, 2003, p. 14.

在将物质和社会等科学外部因素引入相对论发现历史的过程中走得过远。

伽里森的前三部著作可称为围绕着交易区理论展开的物质文化三部曲。其中,《实验如何结束》的主题是实验,通过对围绕同一主题展开的一系列实验中,实验结果的论证过程的考察,伽里森重点阐释了理论、实验与仪器的多维非线性关联。《形象与逻辑》则以仪器为发展线索展开,从仪器对实验论证过程的影响展现了物理学、工程与技术等要素的相互影响。到了《爱因斯坦的钟与庞加莱的地图》一书,伽里森则将目光投向了理论,从爱因斯坦和庞加莱提出相对论的历史来看,被我们通常认为是纯粹思辨的相对论提出过程中,物理学、哲学和技术之间存在密切的相互关联。

可以说,《实验如何结束》是朝20世纪前后实验室内部文化动态历史研究的第一步,《形象与逻辑》则旨在阐明在不断变更的物理知识的大环境下,物质性的实验室和周遭与之相作用的世界的历史性发展。而《爱因斯坦的钟与庞加莱的地图》一书,则是第三重唱,以相似的进路,叙述理论物理学是如何在不同的、相隔遥远的地方被同时构建,以及如何在计算机、数学、凝聚态物理学和宇宙学的作用下被重构的。

四 《客观性》

《客观性》这本书出版于2007年,它对客观性这一普适价值从产生到形成进行了历史考察并对历史中客观性的多重含义加以厘清,在此基础上,试图借助历史的视角来解决现今哲学和其他领域中关于客观性的种种争论。

实际上,《客观性》一书的相关思考和工作早在伽里森的第一部著作《实验如何结束》出版之后就已经开始。伽里森和达斯顿开始关于科学客观性的思考、讨论和写作,源于二者在1989、1990年作为斯坦福从事行为科学高阶研究中心的成员期间与中心成员的讨论。[1] 二人的合作对伽里森的影响很大,特别是书中对于图像的关注以及由此与达斯顿进行的讨论等,对伽里森同时期进行的《形象与逻辑》的创作中关于图像的研究工作有很大启发,同时,对交易区理论的形成与发展也影响甚大。在笔者进行的系列

---

[1] Daston, L., Galison, P., *Objectivity*, Boston: Zone Books, 2007, p.9.

访谈中，伽里森本人对此进行了详尽的论述，具体参见本书第四章的总起部分。

最初，二人共同发表了"客观性的形象"一文①，在此基础上逐步扩展为一部400余页的著作。此书主要目的是通过科学图集（scientific atlas）②来说明19世纪末至20世纪初反映在科学图集制作中的客观性的道德化过程。书中，使用了横跨数个世纪（18—20世纪）、涵盖多个领域（解剖学、生理学、植物学、古生物学、天文学、X射线、云室物理）的科学图集来描绘对于客观性和主观性的新概念的形成过程。

其中，作者并没有对科学图集的历史和流派做综合性的调查研究，而是借助于对科学图集历史的研究，来重点考察蕴含在其中的科学客观性的历史。"自19世纪以来，客观性就拥有其先知、哲学家和传道者。但是其中最为强大的是日常工作的实践。创造科学客观性的实践活动有很多种，但是没有一项如图像制作这样悠久和普遍。"③ 通过对这一段历史的考察，作者得出结论，即："'非干预的'或'机械的'客观性仅仅是多种要素经由历史沉淀并融合到我们当前的这种聚合式客观性概念中的一种要素而已。"④

这些成分拥有各自的历史，达斯顿和伽里森的目的是追述这些分散的片段，并重建一个集体性的历史，用以说明它们是如何合并在一起，并组成客观性这个单一概念。换句话说，客观性的历史并不统一，而是分层的历史。同时，在对图集的考察过程中，作者得出另一个具有创见性的结论，即客观性的发展史，实际上是客观性和主观性相互界定的历史，"客观性的每一个成分都与主观性中的某个独特形式相对立"⑤。换句话说，客观性的

---

① Daston, L., Galison, P., "The Image of Objectivity", *Representations*, 40, 1992, pp. 81–128.
② Atlas 一词最初是 Gerard Mercator 在1596为其世界地图而用的（quo），该术语在18世纪时扩展到天文地图（quo）；因为这些工作都是超大型的版式，所以 atlas 在18世纪被用来指称非常大幅的画纸：34×26.5（quo）。在19世纪中期，这个词就被专门用于所有的说明性的科学工作，当时图片是用大幅开本来作为补充物的，并且独立于解释性文本来印刷——所以，atlas 一词最初来源于它的尺寸。当文字和图片合并到单一的书籍中时，常常是超大型的图集用来指代整个工作，并且指代各种类型的这样有科学图片的书籍。我们使用这个术语是追溯性地来指称所有这类工作，也包括早期并没有用这个术语做标题的那些类似工作。详见"客观性的形象"。
③ Daston, L., Galison, P., *Objectivity*, Boston：Zone Books, 2007, p. 17.
④ Daston, L., Galison, P., "The Image of Objectivity", *Representations*, 40, 1992, pp. 81–128.
⑤ Ibid.

发展史其实就是人们在实践的过程中将何者定义为主观从而加以拒斥的历史,被看作主观性的、需要加以避免的各种形式从反面规定了客观性的各种形式。这种如何、为何和何时避免主观性的行为通常发生在人们思考怎样才能正确认识自然的过程中,也就是何种认识论在认识自然的过程中更为适用的问题。因此,作者用认识论美德一词来对应人们对主观性的定义和抗争过程,亦即客观性的发展过程。

该书主要包括绵延近两个世纪的三种认识论美德:自然真相、机械客观性和专家判断,重点描绘了"它们是如何贯穿于19世纪前期至20世纪中期的欧洲和南美洲的科学图集的图像制作中"[1],并在此基础上,如何反映出科学客观性的发展历程。

自然真相的认识论美德开始于19世纪初期,其对应的典型是铜板印刷的图集,这种图集通过艺术家手工绘制,而后经由雕刻家雕刻,再与植物学家的文字相配合而成。最初,艺术家主要依据自然现象本身来绘制图像,同时,艺术家还负有通过自然中极度丰富和易变的现象来追索隐匿于其中的自然规律和稳定因素的责任,这种通过个例来追寻自然普适规律的方式,即自然真相一词的由来。

自然真相要求艺术家在描绘个体的同时加入自身的主观判断,对个体进行进一步的理想化加工,使其能够表现出其中蕴含的规律性特征。伽里森和达斯顿在研究中发现,自然真相还拥有不同的变体。一种是通过个体获得的典型特征,另一种是完美或理想类型的图像。这两种针对类型的图像皆超越对特定个体的细节描述。因此,这一时期的图集并不排斥主观因素的介入,艺术家的主观判断和加工在通过个例来揭示自然真相的过程中被认为是有益和必要的。[2] 换句话说,作为客观性前身的自然真相并不天然地排斥主观,反而需要主观的介入。

与此同时,对图集绘制者主观能动性的需要并不意味着对精确度和保真度的背离,反而,这一时期所有领域的图集制作者与之后抱有机械客观性认识论美德的图集制作者一样,无不狂热地执着于精确度和保真度。"但是为了决定一个图集是否精确地表现了自然,图集制作者们必须首先决定

---

[1] Daston, L., Galison, P., *Objectivity*, Boston: Zone Books, 2007, p.19.
[2] Ibid., p.73 – 74.

自然是什么。"① 他们在绘制图集的过程中，首先要面临的是哪些对象应该作为该学科的标准现象、从哪些视角出发加以展现等问题。

自然真相认识论美德下的图集制作者在自然的极大丰富性和多变性中追寻其背后稳定和不变的东西，认为现象背后的才是自然的本来面貌。因此，"他们认为对'典型的'、'特征化的'、'理想的'或'平均的'图像进行选择判断，不仅仅无可逃避的是图集制作者的任务，而且也是他们光荣的使命。图集所具有的任何优点严格来讲都来自于这些判断，以及奠基于这些判断的对该领域的经验的深度和广度。"②

然而，在19世纪后期，随着摄影技术的发明和发展，一部分研究者开始采用照相技术来绘制科学图集，自然真相所持有的对自然客体的理想化方式受到了强烈的质疑。其中最为典型的一个案例是1906年两位组织学家卡扎尔（Santiago Ramón y Cajal）和戈尔吉（Camillo Golgi）共同获得了诺贝尔生理医学奖所引发的争论。虽然他们同时获奖，但他们所得到的结论中却存在矛盾。这个矛盾的根源是两个人对图像的处理方式存在差异。③

戈尔吉关于大脑、小脑、脊髓和海马的绘图和描述完全无法与卡扎尔从银铬合物中提取的排列相契合。戈尔吉自己在1885年出版的图集中声称他的图像是"完全遵照自然准备的"，这意味着他按照在显微镜中看到的样本绘制，但是随后进行了相应的修改，使图像"比自然简单一些"。卡扎尔的图像则是直接拍摄的图片，因此他认为自身的图像更直接和有说服力，并谴责戈尔吉有意地介入以及在绘图的过程中渗入了其理论偏好。④ 这场争论实际上是自然真相与另外一种认识论美德之间的争论，这种随着摄像技术的发明和应用兴起的新的认识论美德就是机械客观性。

虽然照相技术的兴起与机械客观性有着密切关联，但二者之间既非充分也不必要。这里首先需要交代的是机械客观性兴起的另外一些原因。除了上面提到的诺贝尔奖的案例中所涉及的矛盾使得人们开始从认识论上对主观性进行了重新的考量，病理学等一些学科的兴起也对个例的记录方式提出了新的要求。

病理学中主要是对个体的变异进行研究，因此个例处于极为特殊的地

---

① Daston, L., Galison, P., "The Image of Objectivity", *Representations*, 40, 1992, pp. 81–128.
② Ibid.
③ Daston, L., Galison, P., *Objectivity*, Boston: Zone Books, 2007, pp. 115–116.
④ Ibid., pp. 116–119.

位,这使得病理学拒斥自然真相对个体的理想化方式,转而提倡一种更为忠实的、非人为介入的按照个体本身的面目进行记录的方式。在这种个体图像比那些类型图像更受欢迎的气氛下,机械复制的技术将科学家从艺术家对自然的主观发挥中拯救出来。自此,19世纪图集制作者们开始在道德上要求一种新形式的自律:"图像机械地制造出来,并不加修饰地出版;文本极其简洁,以致好像几乎要完全消失掉才算好。"① 这就是该书中科学图集所对应的认识论美德的第二个时期——机械客观性。这也是客观性开始兴起的阶段。

机械客观性与之前的自然真相看似矛盾,但实际上有着紧密联系。两个时期的图集制作者都几乎狂热地追求他们图片的精确度,但不同的是他们自身对自然的不同认识导致了他们表现自然的不同标准。"致力于机械客观性的图集制作者们抵制理解,而他们的前辈们,单一地致力于自然真相,却嗜好理解。""让自然自身述说,成为新科学客观性的标语。这推进了科学图像制作领域中价值观的逆转。理想化介入曾被之前的科学图像制作者视为一种美德,现在在一些成功者眼中则被视为一种罪恶。"②

然而,机械客观性没能将自然真相彻底驱逐,同时,它也使得自然真相发生了一些改变。认识论美德的更替并非像一个国王战胜了另一个国王,而是它们积累进入了一个知识的可能形式的目录。在这个满满扩展的目录中,每一个因素修改了其他的元素:机械客观性在与自然真相的对比中定义了自身;在机械客观性时期的自然真相绞合防守,同时改变和校正着自身。③

但历史是一个不断革新不断生发的序列,而不是君主专政式的。19世纪中叶客观性的涌现作为一种新的知识品性并没有废除掉自然真相,20世纪训练判断的转向也并没有消除客观性。并不像是政权的夺取和科学理论的胜利,而像是新的星星开始闪烁,并不取代旧的,但是却改变了星空的星象。④

从以上对客观性发展所经历阶段的叙述中不难看出,《客观性》全书的叙事主线为图集这一科学史中特殊的图像形式;同时,交易区理论则从第

---

① Daston, L., Galison, P., "The Image of Objectivity", *Representations*, 40, 1992, pp. 81 - 128.
② Daston, L., Galison, P., *Objectivity*, Boston: Zone Books, 2007, pp. 86 - 87、120.
③ Ibid., pp. 111 - 113.
④ Ibid., p. 18.

一部书的萌芽经历了完善、成熟和拓展,直至《客观性》的进一步淡化,成为伽里森史学研究工作中特有的视角和方法。这代表着伽里森研究工作进入一个新的阶段,即交易区理论逐步淡化、对于图像研究进一步突出,从而完成了一明一暗两条主线的交替。

以上是以伽里森的 4 部著作作为主要分期,对其工作进行的系统介绍和厘清,除此之外,他的编著以及论文中绝大多数与上述著作直接相关,有一些是对著作中所展现的核心思想某一方面的具体阐释,因此,相关的重要观点和文献仍然按照 4 部著作的分期,直接糅入对其著作思想的论述过程中,在这里不再赘述。目前,伽里森正在计划拍摄其第三部电影,同时也正在进行第五部著作的写作,其关注的焦点问题是核政策和技术。[①]

第四节 伽里森科学史工作简评

伽里森的科学史工作代表了科学史领域的新近发展趋势,同时与科学哲学、科学知识社会学等相关领域的前沿发展紧密相关,在此基础上,其中还借鉴了人类学、语言学等相关领域的研究成果。其工作主要有以下几个方面的意义。

其一,伽里森将仪器作为一个新的维度引入科学的发展过程中,从历史的角度回应了理论、实验二分所带来的种种困境;同时,改变了一直以来科学史界对仪器的忽视状况,强调了仪器在科学发展过程中所起的重要作用。

其二,伽里森通过三部著作展示了理论、实验和仪器三者之间的多维非线性关系,使得理论、实验、仪器之间的关系在历史语境中得到丰富和具体化。

其三,交易区理论的提出不仅将围绕着理论、实验和仪器三个亚文化展开的实践活动联系起来,同时,继库恩的科学革命之后,提出了科学发展的新图景——墙砖模型,继而提出科学的分立图景。

其四,通过对历史中围绕图集展开的具体实践活动的考察,伽里森从

---

① 笔者对伽里森的访谈,2011 年 2 月 8 日,波士顿。

历史的角度对科学客观性这一争论不休的哲学问题给出了自己的思考和回应，在展现了历史中科学客观性如何产生和发展的进程的同时，提供了解决科学客观性争论的新途径。

其五，伽里森在研究过程中引入人类学、语言学、微观史学等相关领域的研究成果和理论，丰富了科学史领域的研究方式和方法，为科学史的研究工作提供了很好的借鉴作用。

从下一章开始，笔者将围绕着交易区理论和图像两条主线展开对伽里森科学史思想发展历程的深入描述，在此基础上，进一步探讨其思想的独特之处，其作品中所体现的科学观和史学观以及存在的问题。

第三章 交易区理论

上一章中已经对伽里森的具体科学史工作做了系统介绍，接下来，将在此基础之上围绕其科学史工作中的核心——交易区理论展开论述，试图通过对交易区理论的由来、发展、成熟和不断深化过程的考察，进一步分析伽里森科学史工作的发展脉络，同时，对其科学史工作的独特之处有更为系统的认识。

首先来看交易区理论产生的背景。

第一节 交易区理论提出的背景

交易区理论虽然是伽里森自创的理论，但它的形成和发展与伽里森所处的研究环境和当时科学史和科学哲学领域的各种思潮和关注点有着密切的关联。现将交易区理论放入当时的研究背景中加以考量，不仅有助于厘清伽里森与其他学者的互动，同时，也能够更为清楚地看到交易区理论与其他研究工作的区别与联系。

关于交易区理论产生的背景主要分为科学史、科学哲学以及历史学三大研究领域。

在科学史领域中，传统的科学史工作按照写作范围可分为综合史和学科史，按照时间段可分为通史和分期史，从研究的侧重点上可分为思想史、社会史、专题史、科学家传记以及实验史、仪器史和案例研究等。现代意义的科学史发端于一些科学家对自身所处领域发展的总结，属于学科史的范畴。之后，随着科学史作为一门学科的逐渐发展，开始出现综合史。而随着现代科学的飞速发展以及分科的日益细致，撰写综合史很难实现；同

· 37 ·

时，随着大科学的兴起，实验和仪器在科学研究中起到的作用愈加重要，科学与技术、社会以及政治、经济等因素的关系也日渐紧密，因此，科学史领域关注的焦点也从科学概念的演变、科学家个人所起到的作用转向实验、仪器以及科学与社会、技术等的互动中来。

然而，自萨顿以来，实证主义的科学史观和以史料考证为主的研究方法一直占据着统治地位，虽然库恩之后历史主义的浪潮击碎了传统的科学积累和进步观，但在科学史作品中，多数的作品仍然保留着实证主义的编年史形式，科学的发展历程也仍然有着浓重的个人英雄主义色彩。

同时，在科学史和科学哲学领域，随着科学的发展，继历史主义之后也出现了一些新的思潮，比如新实验主义、科学知识社会学等，代表了科学史和科学哲学领域的新动向。下面，笔者将从科学史、科学哲学和历史学关注的几个核心问题入手，展开对交易区理论产生背景的具体论述。

实际上，科学史和科学哲学领域所关注的问题很多是交叉和融合在一起的，很难泾渭分明地加以论述。因此，在叙述的过程中，笔者也将科学史和科学哲学二者按照关注的焦点来穿插叙述。

一 仪器——从忽视到重视

首先，科学史和科学哲学所关注的焦点与二者的研究对象——科学及其发展历程密切相关。随着以粒子物理学为基础的现代科学进入大科学时代，实验和仪器的作用变得更为突出，特别是以高能粒子对撞机为基本工具的粒子物理学中，新的粒子随着更高能级的对撞机的建成而不断涌现，更使得人们将目光聚焦于科学工具。从20世纪80年代开始，对实验和仪器的忽视引发了一批科学史家和科学哲学家的反思。

在以往的科学史工作中，并非完全对仪器避而不谈，而是存在着专门的仪器史研究工作。这部分专门的仪器史包括：对科学仪器的描述，标准实验室设备及实验样机的演变，甚至到日常使用的基于科学原理的用于课堂示例的装置仪器，仪器制造的贸易及其经济史，仪器制造者、商人和实验者之间的交易,仪器的改善和仪器制造中心的建造等。①

已有的对科学仪器的研究,很少有人关注实验室内部对各种仪器的复杂多样的使用并对其分析,而这正是大科学时代的实验室中正在发生的实验实践活动。伽里森充分认识到这一点,因此,其关注的焦点不仅仅在于仪器本身,而是使科学仪器成为科学实践的中心对象,通过这样一个视角使我们重新思考科学中的理性客观及其哲学问题,仪器、实验以及科学概念发展之间的关系,仪器在科学方法和科学信念的变革中起到了怎样重大的影响作用。这些,都是为之前的仪器史纂写者所容易忽视的。

也正是缘于此,伽里森将仪器作为一个独立于理论和实验的力量引入科学发展的舞台,从而给出了理论、实验和仪器的新型关系。这与科学史和科学哲学长久以来一直争论不休的实验和理论的关系又有着非常大的关联。

二 理论与实验的关系——从二元对立到多维非线性关联

理论和实验二者的关系问题一直以来都是科学史和科学哲学家关注和争论的焦点问题。逻辑实证主义主张将实验中的观察作为科学发展的基础,理论随着观察的积累而发生改变。而随着观察渗透理论的提出,观察不再独立于理论,以库恩为代表的历史主义因此主张理论具有更为基础的地位,理论的更迭决定了实验者看到什么,因此观察随着理论的变迁而发生改变。但无论理论和实验何者为基础,都无法解决和回避所面临的争论和困境,特别是其理论模型无法与真实的科学发展相符合。

以往的科学史家和科学哲学家深受这种理论与实验二元关系的影响,所做的科学史研究中也留有二元分立的烙印。大多数的科学史,无论是通史还是案例史,也无论是近代科学史还是现代科学史,都试图在用或宏观

---

① Maddison, F. R., "Early Astronomical and Mathematical Instruments, Brief Survey of Source and Modern Studies", *History of Science*, Vol. 2, 1963, pp. 17–50; Mcconnell, A., *Geomagnetic Instruments before 1900: An Illustrated Account of Their Construction and Use*, London: Harriet Wynter, 1980; Turner, G. L., *Nineteenth-Century Scientific Instruments*, London; Berkeley; Philip Wilson: University of California Press, 1983; Turner, G. L., *Scientific Instruments, 1500–1900: An Introduction*, London; Berkeley; Philip Wilson: University of California Press, 1998.

或精致的历史叙事来回答到底是理论带来了实验的变革,还是实验推动了理论的发展,有的还会加入新的实验仪器带来了哪些新发现,但这实际上并没有解决人们对理论和实验二者过于简化的二元关系无法符合历史的诘难。

近年来,随着以哈金为代表的新实验主义的兴起,以及以拉图尔为代表的社会学对实验室的研究工作的展开,科学哲学家和科学社会学家等开始深入正在进行的科学实践过程中,以更为微观和直观的"实践"视角考察理论、实验和仪器之间如何相互作用。伽里森在斯坦福工作期间,也与哈金、卡特赖特等人经常在一起讨论问题,在其科学史研究中,通过对历史中的实验室进行微观的案例研究,试图从科学实践过程出发,来回答科学发展史中理论、实验和仪器究竟是如何发生相互作用的。

对理论与实验关系的重新思考也带来了科学史和科学哲学领域的另外一个转向,即对实验实践活动的关注。

三 实验——从对结果的关注到对实验实践活动的关注

自培根以来,实验一直被当作科学发展的基石,科学理论需要实验的检验来建立其与自然的合理联系,因而,实验总是与理论相伴而行的概念。然而,尽管科学史家和科学哲学家一直关注理论与实验的关系,但无论是科学史还是科学哲学,都将实验当作检验理论的方法来看待,关注的只是实验结果,而很少深入实验的具体过程中对实验论证和实验结果的得出过程进行细致考察和哲学思考。正是出于对实验过程的忽略,哈金称整个科学哲学的发展实际上是一部"实验的遗忘史","自然科学史总是写成理论史,科学哲学已经变成了理论哲学,以至于否认了前理论的观察或实验的存在"[①]。

这种对实验过程的忽略与早期科学自身的特点和人们所持有的科学观有着密切关联,而随着理论和实验关系的争论越来越激烈,以及现代科学中实验的规模越来越大、实验过程空前复杂、其所扮演的角色也越来越重要,使得研究者开始深入实验室内部,展开对实验过程的研究。在伽里森

---

① Hacking, I., *Representing and Intervening: Introductory Topics in the Philosophy of Natural Science*, Cambridge; New York: Cambridge University Press, 1983, pp. 150 – 151.

看来:"实验室是一个特殊的场所,在这里围绕仪器和实验展开的实践与技术相遇,通过对实验室的关注,我开始重新思考物理学和技术的关系问题。"[1]

除此之外,近年来在各个领域兴起的实践转向也为从实验结果到实验过程的转变提供了理论动因。

四 实践进路的兴起

在相当长的一段时间内,思想家关注的是"结构"、"系统"、"意义"等对事物的表征,以及它们如何同"生活世界"、"事件"等物质发生关联,然而,这种将表征与物质分开考量的二元论思维模式导致众多学科陷入无休止的追索和重重矛盾之中。正是认识到二元论的局限性,许多思想家开始将目光转向物质与表征的中间环节——实践,试图从对实践的考察中找到人与世界之间如何联系的本源。

它的提倡者中包括维特根斯坦(Ludwig Wittgenstein)、福柯(Michel Foucault)等哲学巨擘,其中,"维特根斯坦等主张实践同样构成主体和客体的基础,并强调了非命题知识,阐明了可理解性的条件。社会学家布尔迪厄(Pierre Bourdieu)、吉登斯(Anthony Giddens)和常人方法论者如林奇(Michael Lynch)则希望使活动免于客体化的社会结构和系统的确定性控制,质疑把个体行动和他们的状态作为社会现象的基本的构成单位,并主张超越行动—结构的严格对立。而对福柯来说,谈论实践就是把语言描述为一种话语活动,这与结构主义、符号学和后结构主义视实践为结构、系统或抽象话语的观念相反。"[2]

现在,"实践"进路成为发生在英美学术界的众多领域中势不可当的洪流,它作为一条新的进路被用在哲学、社会学、科学的社会与文化研究、文化理论、历史学和人类学等众多学科中,用以打破和反驳二元论思维模式带来的种种困境和学说,诸如个人主义、理智主义、结构主义、系统论以及许多类型的人类主义和后结构主义。

---

[1] Galison, P., *Three Laboratories*, *Social Research*, 1997, pp. 1127 – 1155.
[2] Schatzki, T. R., "Practice Theory", in Schatzki, T. R., Knorr - Cetina, K., Von Savigny, E., *The practice turn in contemporary theory*, London; New York: Routledge, 2001, pp. 1 – 17.

具体到科学哲学和科学史领域，除了前文中对实验室的实践活动进行研究的学者之外，劳斯（Joseph Rouse）等人引领了科学哲学界的实践转向[1]，伽里森则代表了科学史界对实践的关注以及对实践内涵的新发展；同时，伽里森还将实践与仪器和视觉研究相结合，开创了实践的物质文化研究进路，这也是伽里森科学史工作的重要意义之一。本章和接下来的第四章将就这一问题展开具体论述。

五　历史学、人类学、语言学等其他领域的发展

除此之外，伽里森的工作还受到了来自历史学、人类学等人文学科的启示。

比如，伽里森在《实验如何结束》一书中，对实验、理论和仪器的分期就直接借鉴了年鉴学派的代表人物布罗代尔的长时段、中时段和短时段的历史分期方式[2]；而其对科学发展历史中实验室活动的微观描述以及由细致的微观描述中引出对历史、社会等宏大结构的思考，则受到了来自金兹伯格[3]等微观史作品的影响，其交易区理论的核心概念之一"亚文化"一词最早就是来自金兹伯格作品的启发。

与此同时，伽里森还借鉴了人类学和语言学的理论成果，比如其交易区一词的运用就得益于人类学中对各种不同群落和文化之间所进行的交易活动的研究，而其各个亚文化之间的交流语言——洋泾浜语、克里奥耳语则直接来源于语言学的研究成果。

以上是对交易区理论产生的背景的简要概括，从中不难看出，虽然伽里森是一位科学史家，但其作品却吸收和借鉴了来自科学哲学、科学知识社会学、历史学甚至是人类学、语言学的最新研究工作，这使我们在对伽里森的工作有整体的把握之外，也看到了科学史与科学哲学等众多学科的相互影响和渗透，从而，对科学史与其他学科的关系有了更为全面和深层的理解，这也是笔者试图从对伽里森研究中思考和探索的另一个重要

---

[1] 劳斯：《知识与权力》，北京大学出版社2004年版。
[2] Braudel, F., *The Mediterranean and the Mediterranean World in the Age of Philip Ii*, Reynolds, S. Trans., New York: Harper & Row, 1972.
[3] Ginzburg, C., *The Cheese and the Worms: The Cosmos of a Sixteenth-Century Miller*, Tedeschi, J., Tedeschi, A. Trans., Baltimore: The Johns Hopkins University Press, 1980.

方面。

第二节 交易区理论概述

交易区（trading zone）理论是伽里森在其科学史的研究工作中逐步形成的理论，它主要建立在伽里森对20世纪微观物理学史研究工作的基础上，是为数不多的产生于科学史工作的关于科学如何发展的理论体系。

交易区理论在形成之初主要讨论的是现代物理学实践活动中实验、理论和仪器三者之间的多维非线性关系，这种新的关系打破了以往科学哲学和科学史中对实验和理论的二分，在将仪器作为一个独立的与实验和理论同等重要的力量引入科学发展图景的基础上，伽里森建立了一种实验、理论和仪器之间既相互独立又彼此局部协调的科学发展的新图景。

在20世纪20年代到30年代之间，以实证主义为主导的科学观盛行。在实证主义者看来，理论仅仅是观察的附属现象，理论随着观察逐渐形成。至60年代和70年代，以库恩为代表的历史主义开始回归理论，反对实证主义将科学知识作为一种集合的图景。历史主义者强调观察渗透理论，科学的进步依赖于理论所发生的革命性转变，世界观在理论的革命中进行了格式塔转换。同时，处于不同理论范式之中的观察方式也随之发生变更。

由于对理论和观察的观点存在差异，实证主义者和历史主义者眼中的科学史截然不同。例如，在围绕狭义相对论展开的科学发展史中，实证主义者看到的是一系列谨慎细心的实验证明了以太不存在，同时，将爱因斯坦的工作作为在此领域现有大量研究工作中的巅峰。而对于历史主义者来说，其眼中看到的则是概念的巨大变更。爱因斯坦的相对时空观彻底地颠覆了绝对时空下的世界观，二者框架下的理论具有不可通约性。库恩的这种格式塔式的科学革命似乎暗示着科学革命发生之后，在革命的不同立场上的科学家们将处于不同的理论系统，持有全然不同的话语体系，例如牛顿主义者和爱因斯坦主义者之间的对话将如同用法语和德语交谈一样。

但是伽里森的研究表明，科学发展实际过程中的代数几何学者们和场论理论家们事实上能够彼此之间谈论弦理论。伽里森认为，正是由于交易区的存在，使得处于不同理论体系之间的科学家之间的沟通成为可能。

交易区理论包括三个核心概念，即"亚文化"、"交易区"、"交流语言"，接下来，首先需要对这三个概念的来源和在伽里森理论中的具体含义进行分析。在此基础上，笔者将继续以伽里森的4本著作为线索，来探讨交易区如何从《实验如何结束》中萌芽，经历了10年的逐步发展，在《形象与逻辑》中成熟和运用，之后又如何在《爱因斯坦的钟与庞加莱的地图》中进一步完善和发展，最终淡化并内化为《客观性》中的史学方法和研究视角。其后，随着伽里森研究工作的深入和视域的拓展，交易区理论也从探讨实验、理论和仪器这些科学的内部因素扩展到科学与其外部因素的相互影响，例如科学与社会和技术之间的互动等，交易区这个概念的含义也随着视域的扩展而不断丰富和改变。近几年，伽里森开始将视线转向关于科学客观性的历史实践活动，为交易区理论带来了新的发展和深化。

一 亚文化

"亚文化"（subculture）一词来自人类学和宗教学，产生之初是为了与主流文化做区分。如果将包含主流文化在内的整体文化定义为一个文化体系，那么其内部具有相同独特性特质的一类人群就构成了一个亚文化，他们具有不同于主流文化的基本价值取向、准则或行为。[1] 亚文化概念自产生以来，广泛地应用于人类学、社会学、心理学等领域，其含义也因应用领域的不同而有所差别。通常情况下，亚文化既可指代对于不同类人群的划分，也包括这类人群拥有的相关文化特质等要素。

伽里森在其工作中引入亚文化的概念主要是受到了微观史学家金兹伯格的代表作《奶酪与蛆虫》[2]的影响。其中，金兹伯格展现了身处圣经和奶酪制作这两个截然不同的文化交叉区域的磨坊主如何在这两种文化的作用下产生"奶酪式"宇宙观的过程。伽里森由此受到启发，将亚文化的概念引入其对科学发展的研究工作中。[3]

伽里森工作中的亚文化与以上领域中的亚文化一词有着非常不同的

---

[1] Fine, G., Kleinman, S., "Rethinking Subculture: An Interactionist Analysis", *The American Journal of Sociology*, 01, 1979, pp. 1–20.
[2] Ginzburg, C., *The Cheese and the Worms: The Cosmos of a Sixteenth-Century Miller*, Tedeschi, J., Tedeschi, A. Trans, Baltimore: The Johns Hopkins University Press, 1980.
[3] 笔者对伽里森的访谈，2011年2月3日，波士顿。

含义。

第一,伽里森的亚文化虽然也有与之相对的文化体系,可算作一个大文化体系中的子文化,但并没有与之相对的主流文化,即这里的亚文化并非相对于主流文化的次文化,而只是相对于文化整体而言的子文化。

第二,伽里森的亚文化是一个变化的概念,也不仅仅拘泥于对人群的划分。比如,如果将物理学看作一个大的文化体系,按照理论家、实验家和仪器制造者三个人群可以将物理学文化划分为理论、实验和仪器三种亚文化[1];如果将整个科学看作一个文化体系,又可按照物理学家、工程师、技术人员等分成若干个亚文化[2];如果将科学放入社会中加以考量的话,则又可分为科学、社会和技术等亚文化[3]。具体到围绕着特定事物展开的实践活动,比如将围绕科学图集展开的科学实践活动看作一个文化体系,那么绘图者、雕刻者和图集写作者也组成了不同的亚文化[4]。因此,亚文化并非一个固定的划分,而是随着与之相对应的整体文化体系的不同而随时发生着变化,伽里森在这里运用亚文化一词,重要的是想要强调各个群体之间既独立又彼此协调的一种关系,因此,任何符合这一特征的群体都可算作亚文化。

第三,伽里森的亚文化一词中包含有物质文化的因素。比如,拿伽里森最有代表的理论、实验和仪器亚文化来说,这三个亚文化中既包含了相应的人群,同时也包含了和这三类特定的人群相关的各种因素。比如,仪器亚文化中既包含了仪器制造者,也包含了与仪器制造者相关的实践活动以及各种物质因素,例如实验仪器等;同时,更为重要的是还包含了实验仪器本身所承载的文化,比如仪器对人的实践活动的反作用。在此种意义上,伽里森的亚文化一词加入了物质文化的因素。

那么,为什么伽里森要采用亚文化这个人类学概念呢?

最初,伽里森引入亚文化主要是为了描述其对实验、理论和仪器三者之间关系的界定,即一种既相互关联,又自我约束(self-constraint)的部

---

[1] Galison, P., *How Experiments End*, Chicago: Chicago University Press, 1987; Galison, P., *Image and Logic: A Material Culture of Microphysics*, Chicago: Chicago University Press, 1997.
[2] Galison, P., *Image and Logic: A Material Culture of Microphysics*, Chicago: Chicago University Press, 1997a.
[3] Galison, P., *Einstein's Clocks, Poincarés Maps: Empires of Time*, New York: W. W. Norton, 2003.
[4] Daston, L., Galison, P., *Objectivity*, Boston: Zone Books, 2007.

分自制的关系,具体包括以下几点。

第一,各个亚文化之间的关系是平等的。亚文化是相对于一个大的文化体系而言的概念,即亚文化首先具有子文化之义。如果将大的文化体系看作一个集合,根据不同的人群或属性,可分成若干个子集合。这些子集合之间的关系是平等的,并没有哪一个子集合优于其他子集合。伽里森正是用亚文化的这个属性来描述理论、实验和仪器三者之间的一种平等的关系,这是伽里森交易区理论非常重要的一个创见,它有三方面的意义。(一)将仪器作为一个独立于理论和实验的重要力量置于科学发展的历程中,强调了仪器在科学发展中的特殊作用;(二)打破了理论和实验何者为基础的争论,赋予了理论、实验和仪器以平等的一种新型互动关联;(三)这种平等的关系使得在科学的发展过程中,不再有主导力量,从而避免了库恩的科学革命所带来的科学间断式的格式塔式转换所带来的解释困境。关于以上三点,将在接下来的论述中逐步展开。

第二,伽里森运用亚文化一词还为了说明分属于实验、理论和仪器亚文化的实验者、理论家和仪器制造者作为群体拥有一定程度的自制。"如果称他们为不同的'文化'或是不同的'生活方式'则会让人产生这些群体拥有完全的自制、独立和完备性。"[1] 同样,"传统"一词亦不合适,它也意味着完全的自治。

这种自制主要体现在"关于仪器、实验和理论的实践并不同时改变,他们有自己改变的节奏和力量"[2]。同时,正因为"理论家与实验家们所为之奋斗的目标存在差异,因此,他们必须面对相当巨大的困难,并找到彼此皆认为至关重要的特殊点,在这些点上他们能够进行交换和沟通,并试图联合起来,正是以这样的方式,这些亚文化延续着物理学的特殊历史文化"[3]。

这些可以用来交换和沟通的特殊点就存在于交易区中。

---

[1] Galison, P., *Image and Logic: A Material Culture of Microphysics*, Chicago: Chicago University Press, 1997, p. 9.
[2] Ibid., p. 14.
[3] Ibid., p. 9.

二 交易区

交易区（trading zone）一词来源于人类学，原来主要指各个原始部族之间进行物与物交换的场所。伽里森注意到在人类学家对海岛上的原始居民进行的研究中，"居住在岛上的居民与来自其他岛的渔民在海滩上交换捕捉到的鱼和小麦，他们之间并没有一个统一的文化来确定多少鱼交换多少小麦，甚至他们彼此交换时所持有的动机和目的也不同，但这并不妨碍他们彼此进行交易，这种交易是局域性的，并不需要他们达成整体共识"①。这一点使伽里森深受启发，其将原始部落代换成不同的亚文化，用交易区来指代各个亚文化之间进行协商的区域，从而体现出科学实际发展中实验、理论与仪器各个不同的亚文化彼此达成局域性协调而非全局统一的历史进程。

与人类学不同，这里的交易区并非仅仅局限于空间性概念，"虽然大多数时候交流发生在一个空间内，但现在，各个群体之间的交流和协商可以以各种形式发生，甚至是网络上的虚拟空间"②。

随着伽里森研究工作的拓展和深入，交易区的含义一直发生着变化，从最初的实验室这一具体的地点，逐步扩展为一个超越了时间和空间的概念，凡是亚文化之间能够彼此达成局域性协调的区域都可以称为交易区。比如在发现W子等新粒子的实验中，物理学家、工程师和技术人员所组成的几个亚文化通过计算机这个核心仪器联系在一起、密切协作，那么计算机在这里就成为一个交易区。③ 而在另一些实验中，来自不同国家素未谋面的专家通过互联网进行交流和协商，这里互联网就成为一个交易区。因此，交易区在伽里森看来，不仅是一个具体的地点或区域，也可以是一个物质载体或是一个虚拟网络，重要的是通过交易区，几个分立的亚文化能够彼此联系在一起。

另外，伽里森强调："在交易区里，截然不同的活动能够达成局域性协

---

① 笔者对伽里森的访谈，2011年2月3日，波士顿。
② 同上。
③ Galison, P., *Image and Logic*: *A Material Culture of Microphysics*, Chicago: Chicago University Press, 1997, pp. 74–95.

调，而非全局性一致。"① 在上文中提到的人类学关于交易区的研究中，各个原始部落将捕到的鱼和其他海产品在海滩上进行交易，海滩就成为一个交易区，而在交易的过程中，各个部落并不遵守统一的交换规则，用多少条鱼换多少个贝壳由每个交换的个体而定，这就是交易区内的局域性协调，伽里森受到这一点的启发，进而提出关于科学发展的交易区理论。②

正如将物理学简化为理论或是观察的图景会忽视它的多样性一样，将物理学仅仅看作是孤立的亚文化群同样会错失物理学作为一个学科的相互联系。在一致性和仅仅是聚合体的困境之间，重新采用了交易区这个概念作为中间领域，其中即使在广泛的意义上发生冲突也仍然能够在程序上取得局域的协调。③

同时，人类学家的研究表明，不同群落之间不仅仅是交换物品，而且从本质上依赖于这种交易。伽里森在这里使用交易区，也赋予了交易区一种必然性，即各个亚文化需要交易区来相互关联在一起。与此同时，在科学中的理论和实验亚文化群，或者是不同仪器制造传统或不同推理亚文化之间，"存在着由局部的细节做出的合作，而不需要得到全局性的认可"④。

下面，用一个实例来进一步对交易区加以解释。

在交易区理论的代表作《形象与逻辑》中，伽里森将云室刻画为一个交易区。云室的发明者威尔逊在研究气象学的过程中发明了云室，目的是为了再现自然界中的真实气象现象。而云室在威尔逊将其引入到物理学实验室中之后，为粒子物理学的研究带来了空前的发现和巨大的飞跃，原因是云室使得一直以来不可见的微观粒子的运动径迹变为可见。这是一项对于微观物理研究意义重大的发明，它为物理学家通向微观世界打开了一扇大门，使研究者从视觉上确认了粒子的存在，从而带来了本体论和认识论

---

① Galison, P., "Computer Simulations and the Trading Zone", in Galison P., Stump D., *The Disunity Of Science Boundaries, Contexts And Power*, Stanford Calif: Stanford University Press, 1996, pp. 118 – 157.
② 笔者对伽里森的访谈，2011年2月3日，波士顿。
③ Galison, P., *Image and Logic: A Material Culture of Microphysics*, Chicago: Chicago University Press, 1997, p. 46.
④ Galison, P., "History, Philosophy, and the Central Metaphor", *Science in Context*, 01, 1988, pp. 197 – 212.

的彻底转变。

"本体论上,云室使得亚原子世界成为可见,这使得物理学获得了从一连串的推论中永远无法获得的实在性。"① 在认识论方面,研究者探索微观世界的方法变得更为直接。云室之前,研究者只能通过宏观现象推演微观机理,而通过云室,研究者能够直接对粒子运动的径迹进行研究,这给实验数据的分析和对结果的判断等都带来了根本性的变革。

正是缘于此,伽里森声称:"在历史和哲学意义上,云室都处于交叉口。它产生于自然科学中两个截然不同的分支:以卡文迪什为代表的分析传统以及以地理学和气象学为代表的形态学传统,威尔逊横跨了两个传统。"② 云室使物理学中不可见的微观世界变为可见,从而将形态学实验传统和分析实验传统这两个截然不同的亚文化联系在一起。但是,与此同时,这种联系是一种局域性协调,形态学实验传统和分析实验传统并没有就此融为一体,而是仍保持了各自的实验方法和发展方向,但经由围绕云室所展开的一系列实践活动,两种实验传统在相互作用中都发生了一些改变。

伽里森的《形象与逻辑》一书,着意选取了与这两个传统密切相关的一系列仪器,从而刻画了两个相对的实验传统是如何经由大大小小的交易区的局域协调,不断相互作用,相互影响,同时又在这种看似融合的趋势中保持自身的独立性的。

伽里森在刻画交易区的仪器、实验传统等物理学维度的同时,也非常注重时代背景、技术发展等外部因素的影响,换句话说,伽里森更愿意将物理学放入其所在的历史维度中加以考察。伽里森认为,随着科学从操作台式的个人实验室到工厂式的大科学项目的兴起,科学研究的实践活动已经越来越倾向于一种集体活动,因而,个人英雄式的刻画对现代科学史来说是远远不够的,相比之下,各个群体之间的协作更应该引起重视。特别是在对实验高能物理学的认识论结构中,从各个小组之间的合作方面来理解才最为重要。在书中的前几章,伽里森一次次地强调同一个问题的不同进路之间如何进行局域性协调(local coordination)是理解论证的构造和大型科学共同体的凝聚力的关键。随着实验规模的成长,这种协调功能越来

---

① Galison, P., *Image and Logic: A Material Culture of Microphysics*, Chicago: Chicago University Press, 1997, p. 140.
② Ibid., p. 135.

越频繁地在实验仪器的建造中展现。①

同时,交易区的交易也并非仅仅发生在理论、实验和仪器之间,按照伽里森自己的话说:"交易区中的交易有时指的是物理学内部的实验家和理论家的对话,有时候指的是科学家与非科学家之间的对话。比如,目前我正在制作的一部电影,名为《地下之核》(nuclear underground),是关于核废料处理的,我感兴趣的是政治家、放射性环保主义者、物理学家以及其他群体如何交流的方式,我认为这并不仅仅是科学家内部的事情,事实上,许多的人包括我在内都在将这个想法运用到各个领域。"②

三 交流语言

在试图回答各个亚文化在交易区中如何发生相互作用的过程中,伽里森借用了语言学家的相关研究工作。其在语言人类学的相关阅读和讨论中发现:"通过以交易为目的的活动,来自不同文化的群体之间逐渐形成行话、洋泾浜语和克里奥耳语,从而能够逐步在交易地带形成一个成熟的中介语言系统来彼此沟通。"③

由此,伽里森借鉴了语言人类学的研究成果,其中包括海菲尔德和瓦尔德曼主编的《克里奥耳语研究理论导向》④、米尔霍伊泽的《洋泾浜语和克里奥耳语》⑤、福利的《语言的诞生》⑥、罗马伊内的《洋泾浜语和克里奥耳语》⑦、托德的《洋泾浜语与克里奥耳语》⑧ 等。

伽里森借用了上述语言学的研究成果,将交易区内发生的语言演变过

---

① Galison, P., *Image and Logic: A Material Culture of Microphysics*, Chicago: Chicago University Press, 1997, p. 525.
② 笔者对伽里森的访谈,2011 年 2 月 3 日,波士顿。
③ 同上。
④ Valdman, A., Highfield, A., *Theoretical Orientations in Creole Studies*, New York: Academic Press, 1980.
⑤ Mühlhäusler, P., *Pidgin and Creole Linguistics*, Oxford: Blackwell, 1986.
⑥ Foley, W., "Language Birth: The Processes of Pidginization and Creolization", in Newmeyer, F., *In Language: The Socioculturea1 Context*, 1988, pp. 162 – 183.
⑦ Romaine, S., *Pidgin and Creole Languages*, London: Longman, 1988.
⑧ Todd, L., *Pidgins and Creoles*, London; Boston: Routledge and Kegan Paul, 1974.

程分为行话（jargons）、洋泾浜语（pidgins）① 与克里奥耳语（creoles）②。其中，行话为各亚文化内部交流的专业术语，同一个词可能因其所属的不同亚文化而拥有不同的含义。在各亚文化间进行外部交流和协商的过程中，行话逐步演化为二级的洋泾浜语。洋泾浜语是工作语言，很有限，但是允许它们的使用者们横跨亚文化间的语言障碍来交易和工作。之后，经过长期的融合，最终在亚文化与亚文化的接壤处形成更为成熟、丰富的人工辅助语言，即克里奥耳语。

和交易区的概念类似，交流语言也在伽里森的研究工作中，逐渐被赋予了更为丰富的含义。

首先，交流语言具有物质文化的属性。对仪器等物质文化的重视是伽里森科学史研究工作中贯穿始终的一个特点，从云室、气泡室等科学实验仪器一直到计算机和科学图集，交易区这个概念被赋予了强烈的物质文化属性。同样，交流语言在伽里森的科学史工作中，也不仅仅是一种语言，而可以是充当了亚文化之间能够进行交流的任何媒介。更确切地说，交流语言是更为广泛的，包括语言、文字、图像等众多物质的载体。例如，在上文中提及的云室这个交易区中，随着威尔逊云室在发现粒子方面的巨大成功和广泛应用，一种视觉语言开始在图像分析中得到应用，这就是云室图集。③

云室图集是在围绕着云室展开的一系列实验活动中逐步形成的，它汇集了实验中通过云室拍摄到的最为典型的粒子运动轨迹的图片，并配有相关的说明。目的是为了形成一种观察的规范，让新手对实验现象有一个系统和直观的认识，以便其尽快胜任实验工作。（如图3-1所示）。而后，随

---

① 洋泾浜语（pidgin），又称作"比京语"或"皮钦语"，是指两种或多种不同语频繁接触的地区，由这些语言杂糅而成的语言。洋泾浜语言在一个社会中通行的范围是有限的，大致只使用于不同语言的人有必要相互交际的场合，而不用于同属一种语言的社团内部。大多数情况下，洋泾浜语是一种口头语言，文法和词汇都十分有限。

② 克里奥耳语（creoles），是由洋泾浜语发展而来的一种有声交际工具，是一种建立在两种或两种以上语言系统基础上形成的并被特定的言语社团作为母语学习使用一种语言。洋泾浜语的特点之一在于它是一定场合下使用的特殊语言，没有人把它当作母语来学习使用。但是在一定条件下，它也可能被社会采用为主要的交际工具，由孩子们作为母语来学习，在这种情况下，洋泾浜语就变成了克里奥耳语。

③ Galison, P., *Image and Logic: A Material Culture of Microphysics*, Chicago: Chicago University Press, 1997, p.120.

着云室规模的扩大以及气泡室等新仪器的使用。云室图集被更为广泛的运用和进一步的修正和补充，逐渐成为一种培训的手段用于实验室和实验传统内部的传承；同时，图集在不同实验室和实验传统间的传递和修正，也促成了不同实验仪器和实验传统间的交流。因此，云室图集实际上是一种实验共同体共识的可视化载体，充当着实验者、实验仪器和实验传统之间的纽带。

图3-1　云室图片集中的照片，图片来源①

除了云室图集这种图像交流语言之外，还有许多其他形式的交流语言。例如，在形象传统中，"作为一种默会的克里奥耳语，胶片轨迹图片将气泡室、核乳胶和云室的一系列实践活动联系在一起"②。而逻辑传统中的逻辑电路、摄像管、声音传感器、分流器、磁带驱动器和录音机、磁芯存储器等，这些部分一起组成了一种物质洋泾浜语（object pidgin），与之相关的一系列程序和对象从它们原本的功能中分离出来，构成了一种新联合的基础。③ 在围绕夸克展开的实验中，则是费因曼和场模型充当了实验内部的洋泾浜语。④

这里需要注意的是，即使是用作交易的客体对于两个组有着不同意义，这两个组也可以遵循共同的交易规则，甚至他们可能对交易规则本身的含

---

① Galison, P., *Image and Logic: A Material Culture of Microphysics*, Chicago: Chicago University Press, 1997, p. 123.
② Ibid., p. 436.
③ Ibid., pp. 503-504.
④ Ibid., p. 657.

义就持有分歧。交易双方尽管在全局上有着巨大的差异，却能够达成一种局域性的协调。更精确地说，相互作用的文化间通常会建立一种交际语言，讨论系统能够从最具特殊功能的专门术语，经由半特殊的混杂行话，进而成为成熟、有效、丰富的克里奥耳式法语（意为新的混杂式语言），以支持如诗和元语言反思般复杂的活动。

在雷达的例子中，物理学家们和工程师们不得不逐渐地发展起一种混杂行话或克里奥耳式语言以有效地共享一些概念。比如"等效电路"，物理学家们用其象征性地指代场论方面的内容，而工程学家们将其视为他们无线电装置的扩展。尤为需要注意的一点是："交际语言并非一种统一的全局性的交流语言，同样也是局域性的。"[1]

四　墙砖模型——科学发展的新图景

伽里森提出交易区理论以及墙砖模型是基于一些形而上学和哲学上的思考。在《实验如何结束》的写作过程中，他发现在实验中存在各种不同的争论，实验不仅仅是理论的手工制作，而是基于论证的一种认知方式，这是因为在做实验的实践活动中，存在一种实验所特有的而非理论上的推理方式，例如视觉和逻辑的不同推理方式以及实验中噪音的排除等。1988年，他将这些想法写下来，这就是"历史、哲学和中心隐喻"[2] 一文，其中，他开始发展一种新的模型——墙砖模型。"其中新旧仪器和实验的更迭与新旧理论的更迭交叉进行，而非像库恩所展现的那样是忽然的断裂。接下来的问题就是理论、实验和仪器几者之间如果是一种分立的关系，那么它们如何进行对话，因此，在接下来的一年中，我开始阅读并和很多人讨论一些关于语言人类学的问题，由此产生了洋泾浜语、克里奥耳语等方面的想法。"[3]

伽里森提出交易理论最初的目的是为了进一步阐述其微观物理学史的相关研究中所揭示的理论、实验和仪器三者的多维关系，以及由此引发的对科学发展模型的全新思考。科学如何发展，一直以来都是科学史和科学

---

[1] 笔者对伽里森的访谈，2011 年 2 月 3 日，波士顿。
[2] Galison, P., "History, Philosophy, and the Central Metaphor", *Science in Context*, 01, 1988, pp. 197 - 212.
[3] 笔者对伽里森的访谈，2011 年 2 月 3 日，波士顿。

哲学领域关注和争论的焦点问题。在众多流派中，历史主义所主张的科学发展模型通常被认为是与逻辑实证主义截然相反的。但在伽里森看来，无论是主张经验事实为基础的实证主义，还是力主理论优位的历史主义，他们都拥有共同的理论预设——理论与实验的二分，这种二分使得在他们的科学发展模型中都存在一条主线优先于与认识论和历史相关的其他元素，对实证主义者来说是观察，对反实证主义者说来是理论。[1] 伽里森称为"框架相对主义"（framework relativism）。[2]

在以卡尔纳普为代表的逻辑实证主义者看来，建立在经验事实基础上的观察和实验是科学发展的持续基础，理论建立在观察的基础之上，随着经验事实的积累发生变迁（图3-2）。而在与逻辑实证主义相对的历史主义者看来，科学的发展过程是范式与范式之间的格式塔转换，相继范式之间的差异是必然的和不可调和的[3]，但理论始终处于科学发展的基础地位，观察随着理论范式的变迁而改变（图3-3），即"理论是基础，观察是上层建筑。理论的变迁决定观察的变迁"[4]。进一步讲，理论在库恩的科学发展模型中的地位与经验事实在逻辑实证主义的科学发模型中的地位相同，二者的变化引起和决定着其他因素的变化。

与此相反，伽里森认为不存在这样一条处于基础地位的贯穿于科学发展始终的主线。在他看来，现代科学的实际发展过程中允许理论、仪器和实验亚文化在发展线索上的断裂，并没有哪个因素始终处于基础地位。具体如图3-4所示，理论、实验和仪器三个亚文化中每一个都不连续，分别分割成断裂的部分，同时三个亚文化的各个部分断裂的位置都不相同，也就是说并没有哪一个亚文化的断裂必然决定着其他亚文化的断裂。各个亚文化的子部分如同墙砖一般，互相交错延伸，共同构成了科学的发展模型，正因为如此伽里森形象地称其为墙砖模型。[5] 同时，这种断裂位置的交错还进一步表明，实验、理论和仪器三个亚文化具有相对独立性。即在科学发

---

[1] Galison, P., "Philosophy in the Laboratory", *The Journal of Philosophy*, 10, 1988, pp. 525-527.
[2] Galison, P., "Computer Simulations and the Trading Zone", in Galison, P., Stump, D., *The Disunity of Science Boundaries, Contexts and Power*, Stanford Calif: Stanford University Press, 1996, pp. 118-157.
[3] 科恩：《科学中的革命》，商务印书馆1998年版，第94页。
[4] Galison, P., "Philosophy in the Laboratory", *The Journal of Philosophy*, 10, 1988, pp. 525-527.
[5] Galison, P., "History, Philosophy, and the Central Metaphor", *Science in Context*, 01, 1988, pp. 197-212.

展过程中没有哪个亚文化始终占据基础地位，它的变迁必然地决定了其余亚文化的变迁，而是有时理论起到了决定作用，有时是仪器或实验发挥更为重要的作用。

| 理论1 | 理论2 | 理论3 | 理论4 | …… |

观察，实验

时间 ⟶

图 3-2　逻辑实证主义的科学发展模型①

| ……观察1 | 观察2 | 观察3 | 观察4 …… |
| ……理论1 | 理论2 | 理论3 | 理论4 …… |

时间 ⟶

图 3-3　历史主义的科学发展模型②

……仪器1	仪器2	仪器3	……
……理论1	理论2	理论3	……
……实验1	实验2	……

时间 ⟶

图 3-4　交易区理论的科学发展模型③

正是出于对亚文化之间分立性的考虑，伽里森从这种墙砖模型得出科学的非统一发展模式。在这种新型图景中，伽里森将科学看作由多个亚文

---

① Galison, P., *Image and Logic: A Material Culture of Microphysics*, Chicago: Chicago University Press, 1997, p. 785.
② Ibid., p. 794.
③ Ibid., p. 799.

化结成的一股绳子，绳子的强度不在于一根纤维穿过整个绳子，而在于众多纤维重叠在一起。伽里森认为，正是由于理论、实验和仪器等亚文化的分立性保持了科学整体的稳定性。其中，每一个亚文化在科学发展的过程中都可以发生断裂，而不对其他亚文化和科学的整体稳定性产生影响。

由此，伽里森的交易区理论赋予了仪器和实验等物质因素与理论相等的地位，这无疑对于库恩以来以理论为科学发展的主要推动力的科学史观形成挑战。同时，理论、实验和仪器三个亚文化的地位相同，如此，科学的发展便不再由出于基础地位的单一线索的变迁决定，而是不同亚文化之间的交易区中的局部性协调对于亚文化的演进和整个科学的结构起着关键性的作用。[①] 这又从一个全新的视角阐释了科学发展的模式，在此种模式中，科学不再是库恩的科学革命中间断的格式塔式的转化发展，而是以一种局部的断裂和局域性协商的形式维持着科学发展的整体连续性。

综上所述，伽里森的交易区理论相比于之前的逻辑经验主义和历史主义有以下三点最为本质的区别。（一）伽里森的交易区理论中引入了仪器这一新的维度。（二）伽里森赋予了理论、实验和仪器相同的地位，即否定了在科学的发展过程中始终有一个元素处于主导地位，从而用科学的异质性代替了其称为"框架主义"的实验与理论的二元分立图景。（三）伽里森的交易区理论刻画了理论、实验和仪器三者之间的局域性协调的多维非线性关联，并认为正是这种局域性的协调保持了科学自身的稳定性，这就使得科学的发展图景从库恩的以"革命"为主转为交易区理论的"协商"模式，从而以一种动态、多元的稳定性代替了科学革命的间断性，使其更为贴近科学实际发展过程中所展现的复杂性和异质性。

第三节 交易区理论的产生与演变

早在伽里森初期的科学史工作中，交易区理论就已经萌芽，其1987年出版的《实验如何结束》中可以清楚地看到交易区的雏形。与科学哲学研究不同，伽里森的注意力主要集中于对科学史实践的发掘和整理。以《实验如何

---

① 洪进、汪凯：《论盖里森"交易区"理论》，《科学技术与辩证法》2006年第3期。

结束》为例，书中引用的文献绝大多数来源于史料和其他科学史家的研究工作，只有极少数引自卡尔纳普、哈金等科学哲学家的工作，所采用的方法也是典型的科学史案例研究。伽里森与其他科学史家的一个不同之处就是在科学史工作的基础上进一步做哲学分析和思考，这与其科学史和哲学的双重教育背景不无关联。交易区理论的核心部分——实验、理论与仪器亚文化群相互协商以达成局部协调的关系——正是其在对科学史案例研究进行的相关分析和思考过程中逐步形成的，但该书并未提及交易区一词以及任何明确的理论框架，"亚文化"也只在第 255 页出现一次，并且用来指代历史学家金兹伯格的相关工作[1]，含义与之后也有所不同。

1988 年，伽里森在"历史、哲学与中心隐喻"[2] 一文中，开始用实验、理论与仪器亚文化群的相互作用来解释科学的发展，但这只是进一步明确了交易区理论的框架，交易区一词仍未涉及。同年发表的"实验室中的哲学"[3] 中，伽里森通过与哈金、希伦的"实体实在论"与"科学现象实在论"做对比来进一步说明由交易区理论得到的科学发展的非统一图景，并声明科学的稳定性恰恰来源于科学的非统一性。至 1996 年发表的"计算机模拟与交易区"中，伽里森开始尝试采用交易区理论来进行具体的科学史研究[4]，1997 年出版的著作《形象与逻辑》则是这种尝试的集中体现。

一 萌芽期——以《实验如何结束》中旋磁率实验为例

《实验如何结束》是伽里森的第一部著作，主体部分是其在哈佛的博士论文，1981 年首次出版，后于 1987 年、1996 年再版，并在 2002 年被译成法语。

书中，伽里森立足于 19—20 世纪高能物理学中的三次重要实验：旋磁率的测量、μ 子的发现和弱中性流的发现，对分别围绕这三个主题展开的三个系列实验进行详尽研究，再现了科学史中围绕着同一主题展开的系列实

---

[1] Ginzburg, C., *The Cheese and the Worms: The Cosmos of a Sixteenth - Century Miller*, Tedeschi, J., Tedeschi, A., Trans. Baltimore: The Johns Hopkins University Press, 1980.

[2] Galison, P., "History, Philosophy, and the Central Metaphor", *Science in Context*, 01, 1988, pp. 197 – 212.

[3] Galison, P., "Philosophy in the Laboratory", *The Journal of Philosophy*, 10, 1988, pp. 525 – 527.

[4] Galison, P., "Computer Simulations and the Trading Zone", in Galison, P., Stump, D., *The Disunity of Science Boundaries, Contexts and Power*, Stanford Calif: Stanford University Press, 1996, pp. 118 – 157.

验中，实验者是如何确定自己得到正确的实验结果，并取得实验同行和理论物理学家们的认可，最终宣告这一主题的实验成功结束的过程。

通过对历史细节资料以及前人未曾留意或重视的与科学家实践活动相关的资料的挖掘和分析，伽里森将关注的焦点集中于正确的实验结果如何获得和取得同行和理论家们认可的过程。对这一过程进行了细致入微的分析之后，伽里森得出与以往科学史工作截然不同的结论，即实验者从众多的实验数据中得到其认为正确的实验结果到这一结果得到同行和理论家的检验和认可的过程，是来自实验（比如实验程序的精细程度、不同的实验传统等）、理论（包括理论对实验结果的预测和验证、实验者自身的理论预设和理论背景等）、仪器等几方面因素共同协商以达到局部协调的结果。

以上结论不仅源于对新史料的运用，还源于伽里森新的研究视角和对其科学史研究工作的哲学思考。在围绕着测量旋磁率展开的众多实验中，最为著名的当属爱因斯坦－德哈斯实验（Einstein/De Haas experiment）。伽里森在研究中注意到，促使爱因斯坦测量旋磁率的主要动因来自两个方面。

第一，理论方面，具体包括五部分。（一）爱因斯坦认为朗之万（Paul Langevin）[①] 对居里法则的成功预测进一步证实了每个原子拥有确定原子磁矩的假设。在他看来，原子磁矩可以用安培电子旋转产生的环流加以解释。[②]（二）其关于零点能（zero－point energy）的假设。爱因斯坦尝试用实验证明零点能的存在，而旋转电子是一个关于零点能的完美物理模型。（三）对量子论的进一步考量使得爱因斯坦需要实验的验证。因为旋转电子恰好是旋磁实验的对象，所以爱因斯坦希望借此间接地证明玻尔理论。（四）爱因斯坦对特殊原子理论——普朗克零点能和玻尔定态——的关注。

[①] 保罗·朗之万（Paul Langevin，1872—1946）：法国物理学家，主要贡献有朗之万动力学及朗之万方程。他出生于巴黎，曾就读于巴黎市立高等工业物理化学学校及法国高等师范学院，后到剑桥大学，在约瑟夫·汤姆孙的指导下于卡文迪许实验室学习。朗之万回到巴黎大学之后，于1902年在皮埃尔·居里的指导下取得博士学位，并于1904年成为法兰西学院的物理学教授。1934年他被选入了法国科学院。朗之万以他的顺磁性及抗磁性的研究而闻名，他想出了用现代原子中的电子电荷去解释这些现象。他最著名的研究是使用皮埃尔·居里的压电效应的紫外线应用。

[②] Galison, P., *How Experiments End*, Chicago：Chicago University Press, 1987, pp. 48 – 51.

（五）安培假说能够使两种（独立产生磁场的）机理合二为一[①]，这无疑对追求综合的爱因斯坦极具吸引力。[②]

第二，技术方面。当时爱因斯坦供职于专利局，出于职责所需对有关陀螺磁罗盘的一起侵权案[③]做技术鉴定。在对罗盘的技术细节进行鉴定的过程中，爱因斯坦发现，正如同地球自转决定了陀螺式罗盘转动取向一样，圆铁柱的转动来自其内部所有小原子的陀螺转动取向。基于以上设想，爱因斯坦与德哈斯（De Haas）[④]设计进行了关于旋磁率的著名实验，爱因斯坦在1930年1月27日给迈耶尔松（E. Meyerson）的信中明确提到了这种联系："通过那份我准备的关于陀螺磁罗盘的技术报告，导致我阐述了顺磁原子的性质。"[⑤]

正是出于理论和技术的双重预设和需要，爱因斯坦设计了测量旋磁率的实验。他和德哈斯试图通过实验验证，通电之后铁棒被磁化并非源于其自身的磁化能力，而是在铁棒内部的原子或分子水平上，存在多个电流环路，当所有电流环路的取向都趋同时，铁棒便获得磁性。在很长一段时间内，安培和他的后继者也思考过类似现象。

爱因斯坦－德哈斯的实验装置如图3－5所示，他们将一根未磁化的圆铁柱用一根柔性纤丝悬挂起来，然后施加以强磁场。根据理论预设，由于磁场会将内部的各电子轨道取向排列成同一方向，圆柱会发生旋转。为了

[①] 由于发现磁性效应不仅仅是由永磁体产生的，而且也是由电流产生，因此可能存在两种看似独立的磁场产生机理。这就存在一种需要，即把两种本质不同的产生场的原因合二为一，去寻找磁场产生的唯一原因。对此，继奥本海墨之后，安培很快提出其分子环流假说，确立了磁现象发生于荷电的分子流，由此实现了二者的统一。

[②] Galison, P., *How Experiments End*, Chicago：Chicago University Press, 1987, p. 51.

[③] 20世纪早期，久经考验被证明可靠耐用的磁罗盘在应用于新的电气化船舶和飞机时遇到困难，当时有两家公司着手研究罗盘问题，一家属于美国发明家和产业家Elmer A. Perry，另一家为Hermann Hubertus Maria公司的Anschutz - Kaempfe。当时，两家公司都提出了解决罗盘不稳定的问题，解决的方法是将罗盘装上具有动力的陀螺仪。Anschutz - Kaempfe巧妙地制造出置于箱内的陀螺仪，它能够进动（即它的立轴方向能够缓慢地作循环），依此方式，陀螺的轴向与地球的自转轴最终为同一方向。此后不久，Elmer A. Perry也生产出一种类似的仪器，Anschutz - Kaempfe状告其侵犯专利，经过爱因斯坦的技术鉴定工作，最终Anschutz - kaempfe获胜。

[④] 德哈斯（Wander Johannes de Haas, 1878—1960）：德国物理学家和数学家。他的主要贡献包括：舒勃尼科夫－德哈斯振荡，德哈斯－范阿尔芬效应和爱因斯坦－德哈斯效应。他是洛伦兹的女婿，在卡默林·昂内斯在莱顿的实验室完成其博士论文。爱因斯坦选择德哈斯作为助手是出于与洛伦兹的个人友谊以及与莱顿物理学会的紧密联系。

[⑤] Galison, P., "Einstein's Compass", *Scientific American*, 03, 2004, pp. 66 - 69.

图像与交易区的双重变奏

发现圆柱发生的微小旋转,他们用两面小镜子反射光束来使旋转更容易被发现和测量。当黏附在圆柱上的两面小镜子转动时,将反射原本射入镜中的光束,测量光束移动的距离,即可得到更为准确的测量值。

在爱因斯坦和德哈斯用以上装置进行实验之后,结果与理论预想取得惊人的一致。实验中测得的旋磁率的值 $g=1.02$,他们所估计的系统误差约为 0.10,由安培假说推演出 g 的理论值等于 1,在系统误差允许的范围内,他们通过实验得到的数据与理论预测完全相符。据此,爱因斯坦和德哈斯宣布,他们用实验证明了安培假说。[①]

以上是对爱因斯坦-德哈斯实验从开始到结束的微观描述,伽里森以此为中心点,同时讨论了在不同时间、不同地点中的不同实验者测量 g 的一系列实验,并得到以下几个方面的结论。

其一,实验开始的动机具有理论和技术的双重动因。爱因斯坦测量旋磁率的动机并不是单纯地为了测量旋磁率,而是想要通过测量 g 来间接地证明安培假说,以实现其在理论上的诸多思考和预设。同时,爱因斯坦的实验模型和实验仪器在很大程度上受益于他在专利局从事的工作,即从陀螺磁罗盘相关技术中得到的思考。

其二,实验结果的获得是实验装置、理论与实验本身的因素等几方面的共同作用。首先,爱因斯坦和德哈斯断定他们得到了正确实验结果的原因是实验所得到的 g 值与由安培假说推知的 g 值相符,这就是说,实验者本身抱有的理论预测对实验结果的判定有重要作用。在爱因斯坦之前,麦克斯韦也做过类似的实验,但以失败告终。在伽里森看来主要原因是麦克斯韦本身的理论预设中没有关于 g 值数量级的准确估算,这使得他无法设计更为精密的仪器来捕捉实验中的微小变化。(1915 年,德哈斯和他的妻子用实验表明,麦克斯韦想要在实验中观测的旋转角度微小变化的正切值只有 0.00013[②],这个数量级的角度变化需要精密度非常高的仪器才能够观察到。)因此,实验者在实验过程中所持有的理论模型对实验结果的获得也有着重要作用。这可与理论物理学家对实验的预测(例如汤川秀树从理论上预测介子的存在)和验证一同算作理论对实验两个层次上的作用。

然而,单凭理论预设和理论模型并不能唯一决定实验结果。甚至有时

---

① Galison, P., *How Experiments End*, Chicago: Chicago University Press, 1987, p. 44.
② Ibid., p. 30.

理论因素反而阻碍实验者获得正确的结果。比如，在爱因斯坦和德哈斯宣布其具有开创意义的实验结果之后，斯图尔特（J. Stewart）、贝克（E. Beck）、阿维森（G. Arvidsson）、巴尼特（S. Barnett）、斯科特（G. Scott）等人也相继重复了测量旋磁率的实验，他们在实验仪器和实验方法上更为精进，但得到的结果却与爱因斯坦截然不同。直至量子力学及电子自旋概念得到发展之后才确切得知，g 的实验值和理论估算值不符的原因是电子自旋（在原地旋转）使得铁棒产生磁性，而非像爱因斯坦所猜想的那样，是电子轨道旋转产生磁性。

由此可见，理论在爱因斯坦－德哈斯实验中扮演了两种矛盾的角色。一方面，爱因斯坦持有的理论预设和理论模型帮助他预测了实验数据的数量级并设计了精确度更高的实验装置，使他观测到麦克斯韦未曾观测到的数据；另一方面，同样的理论因素却致使他和德哈斯在得到与其理论预设相符的实验结果之后就终止了实验，而将其他因素当作实验的背景干扰和系统误差加以排除。然而，当巴内特、斯科特等人更为精确地对这些误差加以测量之后，所得到的结果却与爱因斯坦－德哈斯的实验结果截然不同。[①]

这不仅说明理论在实验中具有双面作用，同时，也表明了估算系统误差方法的缺陷。实际上，在围绕着旋磁率的测量和《实验如何结束》中介绍的其他两个实验中，消除背景干扰、仪器等造成的误差从一开始就作为实验者的首要目标。对背景因素的控制不是实验者的外围技术，而是贯穿他们的行为过程本身。[②] 正因为如此，伽里森认为实验过程中，背景干扰和系统误差的排除有着至关重要的作用。

也恰恰在对实验结果里何者为有效数据、何者为背景因素的筛选过程中，实验仪器和实验本身的相关因素起到了重要的作用。例如，在巴内特、斯科特等人对爱因斯坦和德哈斯实验结果的修正过程中，正是由于他们采取了精确度更高的仪器和更为严格的实验程序，重新测量了之前的实验中以背景干扰和系统误差为名被估算的因素，从而得到了不同的实验结果。而新实验结果的获得，又对理论（安培假说）提出了新的挑战，最终导致对理论（量子力学及电子自旋）的进一步修正。

---

① Galison, P., *How Experiments End*, Chicago：Chicago University Press, 1987, p. 70.
② Ibid..

图像与交易区的双重变奏

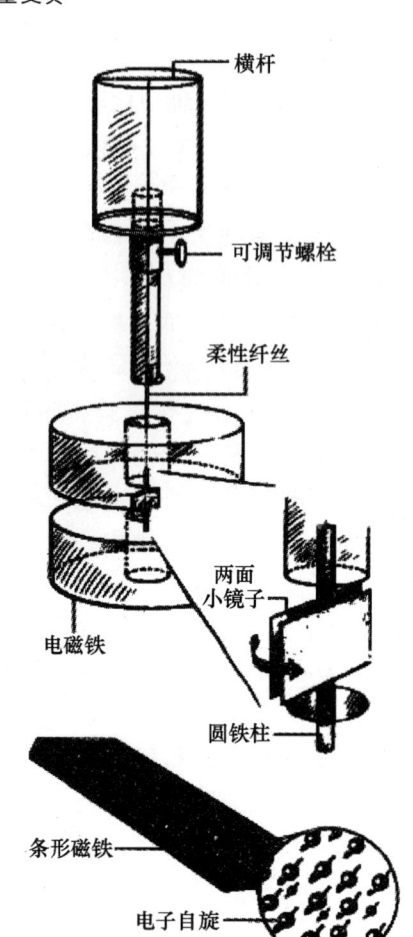

图 3-5　爱因斯坦-德哈斯实验中的装置①

  由此可见，在通常被看作在科学发展历程中起到了重大推进作用的实验中，理论并不总是起到指导和促进作用，有时，理论也会阻碍实验者获得正确的实验结果。而在从实验开始到实验者得到自认为正确的实验结果的过程中，实验者本身持有的理论背景、理论预设及之后理论家和其他实验者的理论验证，实验者使用仪器的精度和对仪器的不同设置，实验过程中实验程序的严格程度等多方面因素都有着自身不可替代的作用。它们相

---

① Galison, P., "Einstein's Compass", *Scientific American*, 03, 2004, pp. 66-69.

互制约，共同决定了在众多的数据中何者为正确的实验结果。同时，实验结果又反作用于上述因素，对理论、实验和仪器程序等进行修正。

综上所述，伽里森通过科学史具有重要意义的 3 个系列实验的微观考察表明，理论、实验和仪器之间具有多维非线性关系，三者之间并没有哪个因素优于其他因素，对科学的发展具有决定性作用。其交易区理论的墙砖模型正是基于这种多维非线性关系提出的，因此，虽然伽里森在《实验如何结束》中没有明确提出交易区这个概念，也没有给出理论、实验和仪器三者之间关系的具体图式，但实际上，在具体案例的论述过程中已经揭示了三者之间的多维非线性关系，不仅如此，实际上在对案例的分析过程中，伽里森已经形成了墙砖模型的具体雏形。

比如，在上文论述的围绕旋磁率展开的系列实验中，就已经能够清晰地看到墙砖模型所展现的科学发展图景（如图 3-6 所示）。

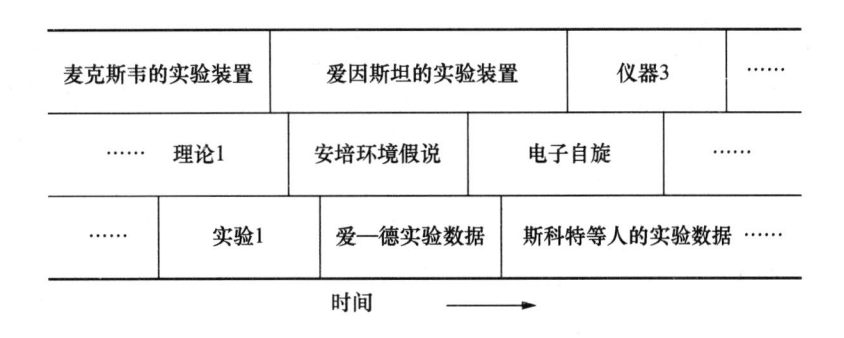

麦克斯韦的实验装置	爱因斯坦的实验装置	仪器3	……
…… 理论1	安培环境假说	电子自旋	……
…… 实验1	爱—德实验数据	斯科特等人的实验数据	……

时间 →

图 3-6　旋磁率实验所展示的墙砖模型

首先，爱因斯坦用自己发明的实验装置得到了旋磁率约为 1.02 的实验结果，支持了安培环流假说；斯科特等人也同样采用爱因斯坦的实验装置，但得到的实验数据与爱因斯坦截然不同。这两组实验数据之间产生断裂，但所采用的实验装置却是连续的。之后，斯科特等人的实验数据与新理论电子自旋相吻合，这个时候理论是断裂的，而实验装置和数据是连续的。这恰好是伽里森之后所给出的交易区理论的科学发展模型（如图 3-4 所示）。

综上所述，在《实验如何结束》中，伽里森虽然没有明确地提出交易区的概念，但其科学史工作中已经对理论、实验和仪器三者之间的多维非线性关联进行了深入、细致的阐释,这恰好是交易区理论的核心。伽里森正是在具体的科学史案例研究工作中形成这一观点,之后逐步引入交易区、亚文化和交际语言的概念,进而提出交易区理论。①

另外,这里有几点需要进一步加以说明。

第一,墙砖模型是一个示意图,伽里森给出这样一个夹层图式是为了示意三个亚文化之间的多维非线性关联,即三者之间的断裂不同时发生,而且其中任何一方的断裂并不决定着其他二者的断裂。因此,图式中各个断点的位置并不是固定不变的,可以随着具体的案例进行调节,重要的是,断裂不总是同时发生。

第二,交易区是一个抽象的概念,主要指代亚文化之间既独立又有局域性协调的一种关联,而并非是一个具体的空间概念。因此,在图式上并没有具体体现交易区的位置,而是体现了交易区所要说明的各个部分之间的关系。

第三,在《实验如何结束》中,主要是以同一主题的系列实验为考察目标,其所展现的理论、实验和仪器之间的互动也主要围绕实验室这一场所展开。因此,此书中的交易区主要是指实验室这一具体的场所,而发生相互作用的亚文化主要是理论、实验和仪器。

在接下来的工作中,伽里森沿着这一主线更为系统、深入地对三者的关系进行历史考察,这一次,伽里森的目光从实验转向了另一个亚文化——仪器。

二 成熟期——以《形象与逻辑》中围绕气泡室展开的科学实践为例

如果说《实验如何结束》一书中,伽里森是从其对历史中实验实践活动的具体考察中逐渐产生了交易区的雏形,那么《形象与逻辑》则是其已经有了交易区的理论框架之后,将其运用到其科学史研究中,并在运用的过程中逐步完善和成熟的产物。《形象与逻辑》整本书皆围绕着交易区展开,同时,交易区也被赋予了更为丰富的含义,从之前的具体地点——实验室拓展为物质载体——仪器,这也使交易区具有了物质文化的属性。具

---

① 笔者对伽里森的访谈,2011年2月3日,波士顿。

第三章 交易区理论

体来说,有以下几个方面的扩展。

第一,从人类学的相关研究中引入亚文化的概念来定义不同群体间既相互独立又具有局域性协调的关系,同时赋予了亚文化更为丰富的含义。

在《实验如何结束》初步形成理论、实验和仪器的异质性关系之后,伽里森受到了金兹伯格微观史学研究中关于亚文化的启发,[①] 从人类学中引入亚文化这一概念,来定义不同文化群体间既相互独立又发生局域性协调的关系。

如果说,在《实验如何结束》中,伽里森将实验、理论和仪器看作物理学文化中的三个亚文化,那么在《形象与逻辑》中,除了上述三个亚文化,伽里森还引入了技术、社会等亚文化,重点阐释了物理学作为一个亚文化与技术、工程、社会等亚文化之间的互动,从而将科学史研究放入了更为广阔的视野中进行考察。

第二,交易区具有了物质文化的属性。

在本书的第二章中已经提到,《形象与逻辑》主要围绕形象与逻辑两大实验传统中的各个仪器的发展历程展开,而书中所展现的交易区也从实验室转向仪器,比如形象传统中的云室、气泡室以及逻辑传统中的盖格计数器、火花室等。伽里森详尽地描述了科学家、技术人员、工程师等围绕这些仪器所进行的实践活动中的合作、竞争、相同点和分歧等,刻画了以仪器为中心的若干个交易区。在这些交易区中,伽里森不仅关注科学实践活动所带来的仪器的演变,同时还关注仪器的演变给人类的实践活动所带来的影响,也就是说,仪器本身也负载了文化的属性。也正是在这个意义上来说,伽里森称《形象与逻辑》为一部物质文化史。

第三,从语言人类学的研究工作中引入交流语言来具体阐述各个亚文化之间发生相互作用的微观机制。

处于不同亚文化中的物理学家、工程师和技术人员拥有各自不同的理论框架。因此,同一个词在不同的亚文化之间往往具有不同的含义,比如上文中提到的"等效电路",在物理学家看来,其指代场论方面的内容,工程学家则将其视为他们无线电装置的扩展。在这一点上,库恩的范式具有一定的解释力,但伽里森看到不同理论范式之间的不可通约性的同时,也看到在微观视角下,日常科学实践活动中处于不同范式下的亚文化是如何

[①] 笔者对伽里森的访谈,2011年2月3日,波士顿。

打破桎梏，在相互接触的接壤处逐渐生成能够为双方所理解的交流语言，从而实现不可通约性的逆转。这是伽里森通过具体的历史案例研究，对库恩科学革命理论的修正和发展。同时，伽里森还看到，充当范式之间沟通的交流语言并不仅仅局限于语言层面，还可以是物质载体，比如云室图集。这也打破了库恩以来理论优位的科学观和历史观，还科学史以物质文化的维度。

在《形象与逻辑》中，伽里森主要以形象与逻辑两大实验传统中的仪器发展为主线，在关注仪器、科学家、工程师、技术等物质与人之间的互动和合作的同时，重点考察了仪器的演变给人的实践活动带来的深层变革，从而勾勒出人与物之间关系的若干次重大转变。本书的第二章已经对此进行了详尽的叙述，用一句话来总结就是从云室到气泡室再到粒子对撞机的仪器发展带来了从自然现象到实验室操控，从操作台的个人行为到工厂式的集体协作直至电脑代替人脑，由计算机完成对自然的操控、重构甚至是虚构的转变。

在这历次的转变中，可以看到人与自然的关联朝着日益紧密和日益疏离两个极端发展：一方面人的视野逐步拓展，对自然的操控逐步加深；与此同时，研究者被实验室制造的人工现象所吞没，而被各种人造条件隔绝在自然之外。除了人与自然关系的转变之外，另一个重要的转变发生在人与人的关系中，即单独的人被集体的人所替代，成为实验的基本单元。[1] 而正是通过围绕各个仪器形成的交易区中所发生的亚文化之间的相互作用和协商的微观机制的考察，伽里森逐一展现出仪器的转变与围绕其展开的科学实践活动之间的互动。

由于篇幅所限，这里仅以气泡室为例。

当物理学的中心从宇宙射线物理学转向以加速器为基础的实验时，对物理学家自身的图景产生了影响。在加速器实验室时代，物理学家部分地失去了他们在实验中的控制权。忽然之间，他们必须争夺束流时间，不仅需要取得加速器管理者的同意才能开始实验，还要就何时使用和怎样使用与管理者进行协商。"束流的质量（包括强度、能量、动量和能量参差）决定了实验家得到什么。随着束流建造技术和控制技术的增强，物理学家越

---

[1] Galison, P., "The Collective Author", in Biagioli, M., Galison, P. L., *Scientific Authorship: Credit and Intellectual Property in Science*, Abingdon; New York: Routledge, 2003, pp. 325 – 358.

来越少地参与加速器方面的研究。这是战后的第一次转变,发生在实验室之外。"①

战后实践的第二次转变发生在1950—1960年。新一代的探测器改变了数据的种类和质量,物理学家与仪器的分离、检验的专门化、计算角色的增加以及分级合作的建立成为高能物理学实验的标志。这是实验室生活中的革命,是实验室内部的工业化和重组。气泡室成为其中的一个代表。

气泡室的建立和发展并非单纯地出于物理学发展的需要,而是军事、技术和其他仪器共同作用的结果。比如伯克利实验室的阿尔瓦雷斯(L. Alvarez)领导其小组建立了第一个大型气泡室,他之所以建立大型的气泡室,实际上与其同时还负责雷达和原子弹的相关项目有着非常大的关联,可以说:"雷达、原子弹和直线加速器这3个项目使得阿尔瓦雷斯处于科学、工程学和管理事务的连接地带。"②

军事、技术和工程不仅是决定建立大型的氢气泡室与否的动因,同时,在气泡室的整个建造过程中,这几个方面皆起到了极为重要的作用。比如,在伯克利建造气泡室之始,技术人员和工程师扮演了关键性的角色。实际上,在气泡室建成之后,早期发表的文章中没有一个作者是物理学家。③ 1956年,直径为10英寸的气泡室建成之后,工程师成为实验室中的永久构成部分被保留下来。

直径为10英寸以上的大型气泡室的出现带来了两方面的转变:(一)物理学家和作为补充的技术人员中又加入了新的成员——设计和建造气泡室的工程师。(二)物理学家无法应付上千张照片所包含的信息,开始采用相应的硬件和软件来处理大量增加的数据容量。④

在这两方面的转变中,第一方面是关于物理学家在与其他亚文化互动过程中角色的转化,第二个方面是仪器的变化带来实验室内部数据分析和数据处理活动的深层变革。关于物理学家在大科学时代角色的转换已经有众多领域的相关学者进行了充分的讨论,而仪器的变革所带来的实验室内

---

① Galison, P., *Image and Logic: A Material Culture of Microphysics*, Chicago: Chicago University Press, 1997, p. 317.
② Ibid., p. 342.
③ Ibid., p. 346.
④ Ibid., pp. 349–350.

部数据分析和处理的实践活动的深层变革则很少有人注意和研究,伽里森通过具体的研究阐明这种深层变革并非一蹴而就,而是经历了不同亚文化之间的相互竞争和协商,最后达成的局域性协调。

从1952年刚刚发明气泡室到1960年对其进行充分的利用,气泡室的规模、目标和使用都发生了彻底的转变。使用这个探测器系统,实验家们开始发展一种新的策略,用于论证新现象。①

其中,在大型气泡室数据处理中存在两个相互竞争的策略。其中一种策略的代表是阿尔瓦雷斯,在硬件和软件发展的过程中,他和他的团队始终维护伽里森称为"互动者"的观点:"人具有中心位置,机器能够辅助人,但是不能替代人。"②

另一方的代表是科瓦尔斯基(Lew Kowarski),在阅读器工业开始的时候,科瓦尔斯基倡导一种被称为"隔离主义者"的观点:"在相片阅读工作中,机器最终将取代人类。"③

这两种数据处理策略实际上代表了形象和逻辑两大实验传统之争。在以图像为基础和出发点的形象传统中,能够反映和记录一个事件的所有细节的珍稀事件被看作具有说服力的证据,在这种偶然事件的发现中,计算机是不占有地位的。阿尔瓦雷斯一直致力于采用人力来发现大量信息中隐藏的偶然事件,即珍稀事件的存在。而以科尔斯基为代表的逻辑传统则主要依赖计算机的统计,计算机的全自动化将偶然发生的珍稀事件排除在外,即将形象传统排除在了气泡室之外。而阿尔瓦雷斯的人机互动的阅读模式仍然为形象传统保留一点空间。

除此之外,大型气泡室的发展还给数据的论证过程带来了如下的挑战和变化。

首先,机器尺寸的增加提出了新的问题,特别是图像失真问题。失真主要来自胶片的安置错误,透镜畸变,来自视窗的光学失真,舱内的热紊流以及液体移动导致的轨迹位移等。④ 在解决这些技术问题的过程中,很大程度上是借助了来自军事方面制造武器的技术支持,甚至气泡室的一些组

---

① Galison, P., *Image and Logic: A Material Culture of Microphysics*, Chicago: Chicago University Press, 1997, p. 426.
② Ibid., p. 371.
③ Ibid..
④ Ibid., pp. 427 – 428.

成部件直接来自军事领域。

其次,设备故障伴随着人类的错误。自从气泡室开始雇用大量的扫描员。① 扫描员作为人为因素之一已经成为气泡室不可分割的固定组成部分,这也是仪器作为物质文化的另一重含义,即仪器已经逐渐成为物质化与人的结合体。

最后,数据归纳的多方面发展带来了可靠的信号提取的改革。通过计算机开发,扫描、测量、径迹重建、动力分析以及实验分析都发生了转变。各种各样的自动小型终端一起赋予了数据归纳在实验论证的构建过程中比以往更为重要的作用。②

气泡室以及之后的加速器和对撞机实验室中皆引入了更为大型、功能也更为强大的中心计算机,并通过各种计算软件逐步实现了计算机对实验现象的实时控制,从而在解决气泡室中数据论证过程所面临问题的同时,也使得形象传统和逻辑传统通过计算机模拟逐步融合。

使用计算机的优势之一是能够快速地返回数据和曲线的信息,由于几乎是同步进行的在线计算机数据处理过程,这个复杂的计算器系统(通常情况具有固有缺陷——不可视)给出一种不寻常的视觉角度。现在,实验者能够看到几乎即刻发生的实验过程,并在任何时刻进行标准检查。

这里,对于视线的还原有了多重含义。首先,计数器的不可视性源于他们无法传递视觉记录,他们不能像云室或是气泡室一样拍照。但是,与此同时,实验者第一次"看到"了他们实验的过程——这里的"看"指的是能够显现正在发生着的事情并且对事件过程进行控制。又一次,视觉和操作性通过形象和逻辑的综合特征联合在一起。③

与此同时,快速增长的探测器不仅带来了实验室内部数据分析和处理的深刻变革,同时也带来了实验室内部与实验室外部关系的变革。"探测器的成长和数据分析仪器的发展使得越来越多的物理学家和工程师被行政化。"④ 同时,从4英寸到10英寸、15英寸再到50英寸的发展历程中,气泡室尺寸的增加也带来了对管理专业技能和资金的需求。以上种种都促成

---

① Galison, P., *Image and Logic: A Material Culture of Microphysics*, Chicago: Chicago University Press, 1997, p.428.
② Ibid., p.429.
③ Ibid., p.493.
④ Ibid., p.417.

了物理学家作为单独身份的退隐,取而代之的是合作中的物理学家、工程师、技术人员和管理人员与探测器的联合体。

因此,在阅读数据的过程中,我们能看到的不仅仅是数据本身。"在阅读的技术中,包含着工作场所的社会秩序、对发现的认识论立场,以及对于物理学、工程学和人文学科之间关系的洞察力。"①

通过对围绕气泡室等一系列仪器所进行的科学实践活动的深描,伽里森展现出一个由物理学、工程、技术等各个亚文化通过仪器所建立的交易区相互影响和协作的科学发展过程,并通过对这一过程的展现,进一步探讨了仪器的演变对科学实践活动的深层影响,其中包括实验室内部的数据分析和处理以及实验室外部物理学家与其他亚文化的合作及角色转换。其中,计算机的引入以及大规模的使用不仅改变了数据分析的模式以及实验者的角色,同时也使得之前分立的形象和逻辑两大实验传统逐步走向融合。

这一阶段,交易区理论已经逐步成熟。伽里森不仅明确地提出交易区、亚文化以及交际语言等核心概念,提出了墙砖模型,而且将交易区理论运用到具体的科学史研究工作中。同时,亚文化等核心概念的内涵相比于《实验如何结束》也有了进一步的丰富。

三 拓展期——以《爱因斯坦的钟与庞加莱的地图》中相对论的提出为例

如前所述,交易区的思想是伽里森在《形象与逻辑》一书中,对战后两大科学实验传统的考察中逐渐成熟并作为一种历史解释的模型最终确立下来的。在其之后的著作中可以看出,虽然他几乎不再提及交易区这个模型,但这种看待、解释历史的进路却延续下来,成为一种他特有的结构或图式,在其著作中一以贯之。以下,将主要以《爱因斯坦的钟与庞加莱的地图》一书为出发点,重点剖析这本书中伽里森是如何运用交易区理论来分析相对论的提出这段为人所耳熟能详的历史,在此基础上,又得出了哪些与以往的科学史等领域的研究工作不同的结论。

---

① Galison, P., *Image and Logic: A Material Culture of Microphysics*, Chicago: Chicago University Press, 1997, p. 372.

第三章 交易区理论

此书的中心议题是狭义相对论，主要讨论的是狭义相对论如何提出的历史。然而，伽里森并没有像大多数的传统科学史教科书一样，从爱因斯坦发现狭义相对论的精神历程出发；也非从探究创造性思维迸发条件的认知心理学角度出发[①]；他的目光并非完全聚焦于当时的物理学进展情况下，爱因斯坦如何像一匹黑马一样打破了人们对经典物理学辉煌成就的迷梦；也没有按照一般套路，从学理上解释爱因斯坦是如何试图解决以太漂移和迈克尔逊－莫雷实验从而发现狭义相对论的。而是将狭义相对论的发现首先收敛在爱因斯坦对于"同时性的相对性"这一关键思考之上，围绕着与"同时性"这一概念紧密联系着的、当时世纪之交一场声势浩大的时钟同步化的运动，其中爱因斯坦以及同时代另一位伟大科学家——庞加莱的社会角色展开。随着这段恢宏画卷的逐步展开，伽里森试图从历史的角度给出为什么爱因斯坦发现了相对论，而同时代更具声望的庞加莱却与相对论擦肩而过的另一种可能的解释。

在此书中，伽里森将交易区理论当作一种方法论和历史研究的视角，隐性地运用到其对相对论这段历史的研究工作中。在爱因斯坦和庞加莱围绕着相对论的提出所展开的时钟同步的历史活动中，交易区是由物理学、哲学和技术这三种亚文化构成，其中，相对论在当时成为"一种能够取代传统测量学工具的技术"[②]。

1. 时间的物理与时间的哲学——交易区的物理学、哲学亚文化

以太参考系中光速不依赖光源，而是依赖观察者是顺着光走或逆着光走的速度，这是由相对性原理所决定的，但是，顺光与逆光之间的光速的差别，在哪怕最精细的测量中，也不曾发现。

爱因斯坦对此的诊断是应该重新思考物理学最基础的概念：什么是长度？什么是时间？尤其是什么是同时性？电磁学和光学的建立依赖对时间、长度和同时性的测量，但爱因斯坦却认为物理学家们给予这些最基本程序的关注太少了。我们如何从尺子和钟表中得到清晰无误的现象所指派

[①] Miller, A. I., "Imagery and Intuition in Creative Scientific Thinking: Albert Einstein's Invention of the Special Theory of Relativity", in Wallace, D. B., Gruber, H. E., *Creative People at Work: Twelve Cognitive Case Studies*, Oxford: Oxford University Press, 1989; Miller, A. I., *Imagery in Scientific Thought: Creating Twentieth Century Physics*, Cambridge, Mass: MIT Press, 1986.

[②] Galison, P., *Einstein's Clocks, Poincarés Maps: Empires of Time*, New York: W. W. Norton, 2003, p. 287.

的时间和空间坐标？为此，运动学必须首先说明钟表和尺子如何在恒常不变、无受力状态下运作。只有这个问题的解决才能进一步考察动力学问题，比如说，电子在电磁作用下如何运动。所以，在爱因斯坦看来，物理学家必须通过对空间和时间的测量进行分类，以发现其一致性。"我们必须看到，在所有时间最为关键作用的判断中都伴随着对同时性的判断。"①而关于同时性的困难在于必须联系起空间中相互分离的事件来。

牛顿在其经典力学中所持有的是绝对时间的信条。这里，时间仅仅是一个公共时钟的问题，在他那个时代，仿佛并不成问题。但对于19世纪末的人而言，航海业的发展，火车的使用，已经使得人类的行动范围大大拓展。对于爱因斯坦而言，同时性的确立是一道程序，必须通过一道标准工序才能赋予"同时性"以意义。

爱因斯坦对于同时性的思考是从这一看似幼稚的追问开始的：火车在七点钟到达车站究竟是什么意思？——爱因斯坦说他"小时候就在思考，大了还一直在思考"。这一追问在今天看来无疑要么是天才的奇思妙想，要么就是无稽之想。在大多数科学史著作中看到的评价都是前者。但伽里森却给出了一种不同的评价。他认为在19世纪那个正在孕育着一场惊天动地的科学革命的时代里，事实上有很多顶尖的物理学家或者工程师们都在思考这一问题或者与之密切相关的问题。这些人当中，有一个几乎也发现了狭义相对论的变换式的人，即那个时代的另一位伟人庞加莱。他的空间旅行者的想法，构造了一个独特的物理—哲学世界。

爱因斯坦和庞加莱的哲学思考有着相似之处，即"二者都批判性地对待牛顿的绝对时空观，二者都编织了一个极富想象力的比喻来推演一个设想中的世界"②。庞加莱的心里可能有这样一个世界，在各种极端温度下，客体向上或向下运动时，它们的长度将会发生显著变化。

对于什么是同时性，科学家应该如何判定同时性，庞加莱认为，经度决定我们可以选定一个参照物（比如说北极星）来确保两地的（比如说巴黎和柏林）同步计时，但问题在于，地球自转使得这一计算过程过于复杂。

---

① Galison, P., *Einstein's Clocks, Poincarés Maps: Empires of Time*, New York: W. W. Norton, 2003, p. 18.
② Ibid., p. 29.

第三章 交易区理论

庞加莱在其"时间的测量"[①]一文中说道:"四处游历的地图制作者们只依靠精密的时间设备(天文钟)就能够知道巴黎的精确时间,但运输天文钟在理论和实际两方面都出现了问题。因为探险者和他的巴黎同事能够从两个不同的地点观察到即时的天体现象(比如说木星的卫星遮挡木星的现象)并且断定他们的观察是同时的,这是理论问题。实际的问题是从木星上来的光是以不同的路径到达观察者所在地的,所以确保木星被遮挡的现象同时被观察到的精确性很大程度上被打了折扣。"庞加莱解决这一问题的方法是使用电子电波来交换时间信号。继而,庞加莱得出结论,对时间的直观并不能完成同时性问题的处理,直观必须被辅之以测量规则。[②]

所以,庞加莱认为:"时间,不过是我们的一种约定,而非绝对真理。"[③]所有这些概念,"同时性"、"时间次序"、"相等的时间间隔"等都是人类为了尽可能简单地表达自然规律而设定的。"换句话说,所有这些尺子,这些定义不过是非意识性的机会主义的成果而已。"[④]

我们现在把爱因斯坦和庞加莱的回答集中一下来问:巴黎正午时分的地图制作者们将会把柏林做成几点?当火车驶入伯尔尼的时候,其他地方都是几点?处理这两个看似简单得不能再简单的问题,初看上去,爱因斯坦和庞加莱都给出了这样的答案:假如两地的调和钟表读数是一致的话,那么两个远距离的事件是同时性的——巴黎的中午就是柏林的中午。这种判断不可避免地只是一种程序化的和规则的约定,即实现同时性就是实现如何进行钟表的调和。他们的建议是:发送一个电磁信号(近似光速)从一个钟表到另一个,考虑信号从一处到达另一处的时间。

无论是爱因斯坦还是庞加莱对协调时间的洞察,在常识看来都应该是哲学思考,而与其所处的社会和世界无关。然而,伽里森通过对这段历史的研究表明,无论是爱因斯坦,还是庞加莱,都并不是在真空状态下来思考时间问题,二者皆站在更为广阔的社会背景和时代背景之中,他们对于

[①] Poincaré, H. H., "The Measure of Time", in, Poincaré H. H., *The Foundations of Science*, The Science Press, 1913, pp. 223–234.

[②] Galison, P., *Einstein's Clocks, Poincarés Maps: Empires of Time*, New York: W. W. Norton, 2003, p. 36.

[③] Ibid., p. 182.

[④] Poincaré, H. H., "Mathematical Creation", in, Poincaré H. H., *The Foundations of Science*, The Science Press, 1913, pp. 387–388.

物理学和哲学的思索与其所从事的工作、当时的社会需求、技术进步等关系密切，正是这几方面的共同作用最终导致了相对论的提出，这也是伽里森与以往科学史领域对这段历史研究的不同之处。同时，伽里森对于相对论这段历史中技术等因素所起到的重要作用的分析和强调，在科学史和相关领域，也颇受争议。接下来，将就技术在相对论提出过程中所起到的作用进行具体阐释。

2. 社会技术——交易区之技术亚文化

在伽里森看来，爱因斯坦狭义相对论通过电磁波或光信号的转换来定义同时性，不仅仅出于单纯的哲学思考，哲学和物理仅是狭义相对论诞生的交易区中的两个亚文化，交易区中还应该包括与此紧密联系着的当时的社会政治情况以及技术发展情况的亚文化。正是这几者的相互作用，才使得处于时代的十字路口、斗争在时代潮流最中心的爱因斯坦提出了相对论。

当时，根据剑桥大学物理学家麦克斯韦的理论，光被看作一种电磁波，从而将电磁和光统一起来。处于世纪之交的物理学家们正在越来越精确地测量光速，试图侦测到难以捉摸的以太，他们在电学和磁学中做着更精细化的工作，以剖析电子的运动。狭义相对论的提出带给人们的震惊不只是对电磁和光的统一、动量和能量的统一，还有与牛顿绝对时空观之间惊人的对比——在相对论的体系中，作为上帝尺度的时间和空间转换为由尺子和钟表给出的时空。

然而，这种时空观的变革在伽里森看来并不完全是出于爱因斯坦天才的头脑，及其对时间的哲学冥思，而是在有着对应的物质条件和现实条件的特定历史时期所产生的"临界乳光"[1] 效应。[2] 在19世纪后期，人们经常将机器与形而上学联系起来思考，直至一个世纪以后类似的想法才逐渐销声匿迹。当时，同时性不单纯是一个抽象的数学或哲学概念，这一概念获得认可并实现其自身必须经历一个"时间物质化"的过程，即当时席卷全

---

[1] 临界乳光是一种光的散射现象，对于一个均相分散体系，当处于临界点时，由于密度在此时有强烈的涨落现象，从而引起散射作用大大增强，产生明显的丁铎尔效应，流体几乎能散射全部入射光，使得本来几近透明的流体呈现乳白色。伽里森在这里使用临界乳光现象主要用来比喻相对论并非单纯的哲学思考，而是当时爱因斯坦所处的特定时代背景、技术发展和微观的工作环境等共同作用的产物。

[2] Galison, P., *Einstein's Clocks, Poincarés Maps: Empires of Time*, New York: W. W. Norton, 2003, p. 40.

球的时钟同步化运动。①

伽里森在书中提到,他之所以能够抓住这段历史与相对论之间的联系的原因是:一次在北欧车站,他心不在焉地看着墙面上一排优雅古典的钟表,它们指向同样的方向,甚至秒针都一模一样,他想这些钟不仅仅运行良好,而且是被统一调整过的。"爱因斯坦构思1905年的论文时,一定考虑过同步的钟表以理解远距离同时性的含义。"② 而事实上也确实如此,爱因斯坦所在的伯尔尼专利局前的街道通向一个老的火车站,沿着轨道陈列着一系列被调和好的钟。不仅周遭可看到这些步调一致的钟,爱因斯坦本人更是身处这项刚刚萌芽的发明、产品和其专利之中。

翻看欧洲到北美的几乎每一个镇的历史记录,都会发现19世纪末的那些岁月中协调时间的斗争。这些发黄记录中不仅包含铁路部门监督者,还包括海军、珠宝商、科学家、天文学家、工程师和企业家。时间协调涉及方方面面,首先,它是学校面临的问题,学校要将它们教室的钟表与主要办公室联结起来实现。其次,时间协调也是城市亟待解决的问题,城市要统一火车线路和时刻表。最后,它还是国家的问题,它们需要竭尽全力地调和公共时间。

正因为如此,时间的同步成为世界范围内所共同关注的焦点问题。1904—1905年,协调时钟的电缆已经密密麻麻地埋到了地下和海下,到处都在同步时间。③ 这些钟保持同步的技术基础——建立电流分布系统,通过这一系统,将无数远距离分布的钟捆绑到一个母钟上去。④ 德国的莱比锡是第一个建立电流分布系统的城市,之后是法兰克福。1890年,希普(M. Hipp)发起了伯尔尼联邦宫殿时钟同步化改革,100只钟在1890年同时开始运作,随后席卷了日内瓦、巴塞尔、沙泰尔、苏黎世。

当时的庞加莱是电子时间全球化网络工程的主管,而爱因斯坦则曾任瑞士中央票据交换所的新兴电子技术专家。二者都曾被运动物体的电动力学所吸引并且沉迷于时空的哲学思考,也都在这场革命中担当了重要的技术专家的角色。正是在这种意义上说,爱因斯坦和庞加莱处于物理学、哲

---

① Galison, P., *Einstein's Clocks, Poincarés Maps: Empires of Time*, New York: W. W. Norton, 2003, p. 221.
② Ibid., p. 30.
③ Ibid., p. 40.
④ Ibid., p. 30.

学和技术的交汇处,充当了将三者联系在一起的交易区的节点。

3. 对科学家的祛魅编史与刻画——交易区之节点：人物

除了将爱因斯坦和庞加莱放入当时的历史语境中重新考量相对论发现过程中理论、技术与社会等各个因素的相互关联,伽里森还通过交易区理论重新刻画了科学家的形象。

传统科学史中,研究者关注的焦点问题是爱因斯坦提出相对论的思想发展过程以及爱因斯坦相对论中所蕴含的哲学问题①,或者从科学与艺术的关系角度来寻找爱因斯坦提出相对论的原因②等。与此同时,对于相对论提出的这段历史中的社会、文化、政治等因素往往被当作背景而一笔带过,研究者注重的往往是作为一名思想者的爱因斯坦。

在《爱因斯坦与庞加莱的地图》中,伽里森并没有将二者作为单纯的思想家,而是回到他们当时所处的社会背景、工作环境、日常状态中来,试图追寻这些因素对其科学思考产生的影响。也正因为如此,伽里森选取了时钟同步化作为切入点,来探讨围绕着时间的同时性和时钟同步化所展开的关于相对论的物理学、哲学、技术以及社会其他相关因素的历史活动之间如何发生相互作用,并最终促成了相对论诞生的历史进程。其中,局域时间、显象时间和绝对时间这三者充当了将时间的同时性这一抽象概念和时钟同步化这一生活中的实践程序相连接的桥梁,同时,也充当了将物理学、哲学、技术联合在一起的交际语言。

4. 局域时间、显象时间、绝对时间——交易区之交际语言

在致力于追索同时性这一抽象概念的定义是如何与钟表的同步化联系起来,又是如何成为一件在实践程序上协调事务的原因的同时,伽里森发现钟表同步化的历史也是科学和技术的语言之间调和的历史。一方面,庞大的现代技术基础设施,火车、轮船和电报在钟和地图的标志下参与到同时性的历史洪流中来;另一方面,一种全新意义的知识使命正在涌现,即

---

① Reiser, A., Kayser, R., *Albert Einstein*, *A Biographical Portrait*, New York: A. and C. Boni., 1930; Frank, P., *Einstein His Life and Time*, New York: Knopf, 1947; Hoffmann, B., Dukas, H., *Albert Einstein*, *Creator and Rebel*, New York: Viking, 1972; Holton, G., *Thematic Origins of Scientific Thought*, *Kepler to Einstein*, Cambridge, Mass: Harvard University Press, 1973; Pais, A., "Subtle is the Lord" —The Science and the Life of Albert Einstein, Oxford: Clarendon Press; New York: Oxford University Press, 1982; 霍尔顿：《爱因斯坦、历史与其他激情——20世纪末对科学的反叛》,南京大学出版社2006年版。

② 米勒：《爱因斯坦·毕加索：空间、时间和动人心魄之美》,上海科技教育出版社2006年版。

当时的人们可以通过实用主义和约定主义来定义时间，而不用依据真理和神学来制定。技术时间、形而上学时间、哲学时间在爱因斯坦和庞加莱的同步电子时钟处相遇，从而将协调时间放置在现代知识和权力会合的十字路口。

1898年，庞加莱对时间的约定与电动力学或者相对论原理没有任何直接联系，直到1900年12月，庞加莱重新审查荷兰物理学家洛伦兹的早期工作时，这种联系才开始建立。

在此之前，1895年洛伦兹提出一种电子理论。在以太的静止坐标系中，麦克斯韦方程式很好地控制着电场和磁场。洛伦兹假设了绝对时间 t_{true}，考虑到一些对象例如铁板等在以太静止参考系中运动，麦克斯韦方程式相应地给出铁板中和铁板周围电和磁场的细节描述。当考虑到运动参考系正在穿过以太的时候，这一问题变得异常复杂。洛伦兹发现，改变场合时间变量会使运动参考系的相关描述简化。这个场合时间变量依赖该事件发生的地点，因此，洛伦兹称其为局域时间 t_{local}，这和日常生活中依赖经度的时间相类似。需要注意的是，洛伦兹采用局域时间的概念完全是以简化方程式为目的的数学上的构思。

庞加莱第一次发表的关于时间的论文是在1898年1月的哲学期刊上，主要观点是时间通过电波交换实现的协调是基于一种对同时性的约定性定义之上，这是从技术和哲学的角度进行的阐释，与运动物体的物理学毫无关联。两年之后，庞加莱在其第二篇关于时间的论文中，戏剧性地将洛伦兹的局域时间从数学概念拓展到物理学中真实的运动参照物坐标系。自此，时间的概念发生移位。在庞加莱那里，局域时间失去其虚构状态，成为运动坐标系观察者能够正确表示他们的时钟的时间，信号交换与以太风逆行或者合拍。可以说，庞加莱在1900年的论文中对局域时间的理解，囊括了所有的维度——物理学、哲学以及大地测量学。

在1905—1906年，庞加莱在时钟同步问题上再次对洛伦兹做出回应。1904年，洛伦兹修改了他的局域时间，以便在虚构的运动坐标系中钟的电动力学方程式更相似于"真实"的以太静止坐标系。庞加莱据此调整了局域时间的定义，使虚构的运动参考系和真实静止参考系之间的数学严格精确。但对于庞加莱而言，关键所在不是他对洛伦兹理论的轻微修改，而是他借此证明，在以太中穿行的协调钟表将严格地给出洛伦兹的新局域时间，相对性原理得以精确符合。然而，此时庞加莱还继续将显象时间与绝对时间对立起来。直至 1906 年，庞加莱将时钟的光协调置于 3 个为现代知识奠基的课题的最前沿和最核心位置：技术学、哲学、物理学。

从测地学的时间开始，庞加莱将记录器的时间转换为非形而上学的、约定式的时间，并澄清了局域时间和相对时间的物理学方法。他在时间测量中始终面临着简单性和约定的选择。[①] 二者始终贯穿于其身处的科学哲学和由铁路职工、电器工程师和天文学家组成的技术圈子，而也正是对时间的约定主义观念使得他最终在相对论上走到了爱因斯坦后面。

由上面的论述可以看到，局域时间、显象时间和绝对时间充当了物理、哲学和技术所组成的交易区中的交流语言，通过局域时间、显象时间、绝对时间这 3 个概念，物理学、哲学和技术被紧密地联系在一起，共同完成了由时间同步性到时钟同步化的历史进程。与此同时，爱因斯坦和庞加莱所处时代的特殊性、二者各自从事职业的要求等因素也在其中起到了重要的作用，下面，具体的就二者的作用进行阐释。

5. 爱因斯坦和庞加莱相同的时代背景，平行的社会角色——交易区之相互作用（一）

爱因斯坦的钟与庞加莱的地图这两个比喻联系着两个关键的地方：伯尔尼专利局和巴黎经度局。他二人在此是见证者、发言者、竞争者，同时也是在时钟同步化交叉纵横的各种事务中的协调者，从此种意义上说，这两个地方就是交易区。而交易节点是爱因斯坦和庞加莱，交易的亚文化则是这两位站在时代十字路口的人身负的社会角色所面对的技术问题，与他们关于时间的哲学思考和物理见地。

说到庞加莱对同时性的约定式定义，常规的科学史研究中，将其归因于庞加莱作为数学哲学家和数学物理学家的洞见。伽里森指出，除了以上这两点，另一个维度也非常的重要，那就是庞加莱作为一名工程师的身份。他曾是一位采矿工程师和煤矿危险监检员，致力于法国西部的煤矿事业，也曾几十年如一日地在巴黎经度局工作。当他在电子技术杂志上发表关于电动力学的基础问题的同时，也发表关于海下电缆和城市电气化的文章。

庞加莱就读于巴黎综合理工大学，这所 1794 年创立的大学以机械主义著称，即使在最抽象的数学中，也能看到对于应用的关注。作为庞加莱的

[①] Galison, P., *Einstein's Clocks, Poincarés Maps: Empires of Time*, New York: W. W. Norton, 2003, p. 189.

导师、朋友和引导者,柯尔尼(Alfred Cornu)就曾经说过:"机械主义是我们的黏合剂,将综合理工大学的各种精髓凝聚到一起。……我所追寻的是一种'工厂特质',我们的物理学家,数学家们都有强烈的机械主义倾向。"① 就是在这个技术和数学物理同样受到重视的地方,庞加莱才具有了技术、物理和哲学方面的多重特质。

之后,1893年庞加莱进入经度局,当时巴黎的时间状况异常混乱。天文台的时间报告精确度很低,巴黎街道上的钟表也极为不准确。理工大学的学者们为他们混乱的都市而感到沮丧,同时,也为他们自己极富原则性、数学和哲学合理性的标准化进程感到骄傲和自豪。他们将启蒙运动带来的计量改革推广到更普遍的方向上,最终用理性的力量统治了时间领域。

一直以来,地图制作者都梦想着能有一种同时性的信号来固定经度。之后,随着无线电波的应用,这一问题得以解决。自此,时间成为交易的商品:天文观察员提供技术服务,建立母钟和系统,使得公众能够以适合的方法来知会各自的时间。

在1890年法国的统一时间运动中,庞加莱起到了决定性作用。在评估十进制化周期的时间议案时,庞加莱及其部委内部在如何约定时间的测量问题上碰到了与之竞争的议案。在庞加莱开始作为法国经度局的高级成员的那段时期,恰好该机构负责协调世界上的钟,将其同位到准确的地图上。在精确同步化时间和测量地图的过程中,庞加莱提议将同时性处理为一种约定。

由以上的论述可以看出,庞加莱在法国时间改革中发挥了至关重要的作用。与此同时,伽里森指出:将时间的协调历史归结为某一个人,某一工业,或者某个科学家是不可能的。时间同步化的历史进程是无数城市委员会、铁路工作者、电报员、科学—技术团体、外交官、科学家和天文观察员以不同的方式竞争的结果,这一过程复杂多样,天文学家有可能像商人一样买卖时间,而铁路工作者则可能发表关于自然普遍秩序的高谈阔论。

6. 爱因斯坦与庞加莱的不同——交易区之相互作用(二)

1905年,51岁的庞加莱已经是享有盛誉的科学家,在天体动力学、热力学、电气工程、电磁学、无线电波以及哲学等多方面都取得了很大的成

---

① Galison, P., *Einstein's Clocks, Poincarés Maps: Empires of Time*, New York: W. W. Norton, 2003, pp. 49 – 50.

就，而当时的爱因斯坦还是专利局一名默默无闻的职员。①

19世纪末，对于瑞市中心的伯尔尼而言，为了步入现代社会，拥有精确的时间和地图是非常紧迫的一项任务，除了政治需求，同时也是经济和各方利益的诉求。爱因斯坦所属的专利局在这次瑞士的同步化时间中发挥了关键作用。

爱因斯坦所在的母校苏黎世联邦工业大学和庞加莱的母校一样强调工程学的重要性，爱因斯坦也有一个类似柯尔尼的导师。但两所学校不同之处在于前者的传统是理论不必完全依赖现实对应物，理论是测量的产物。正是这一点使得爱因斯坦最终抛弃了以太。②

也正是缘于此，不同于庞加莱，爱因斯坦在协调时间的问题上并非带着崇敬和改善的态度审查父辈们的物理学而是替换。爱因斯坦没有方法论上的变动，没有从时间协调的一个方面到另一个方面。他的相对论进路的绝大多数元素在他触碰到时间问题时就已经存在了。比如，1901年前他已经丢弃了庞加莱苦苦维系着的以太。爱因斯坦从那之后在物理学和哲学边界地进行批评工作持续了很长时间，并且也是在专利局，他和他的监检同事也已经剖析时间的机械装置两三年了。

所以，在1905年5月爱因斯坦开始根据电子协调的钟表来定义同时性。不同于庞加莱，他并不区分显象时间和带着一个好像是虚构的以太的绝对时间。对爱因斯坦来说，钟协调是转折的关键，没有以太，只有实际的场和粒子，但是有真实的时间，是钟表给出来的。

从上面的例子可以看出，交易区在《爱因斯坦的钟与庞加莱的地图》一书中有了进一步的拓展。

首先是亚文化的范围。从《实验如何结束》中物理学内部的理论、实验和仪器亚文化到《形象与逻辑》中亚文化除了物理学之外，还引入了技术、工程、军事等维度，而《爱因斯坦的钟与庞加莱的地图》一书中，亚文化的含义得到了进一步的拓展，将爱因斯坦和庞加莱所处的社会背景、技术需要、工作角色以及二者对实践的哲学思考和物理见地等皆纳入亚文化。

其次是交易区。正如上文中提及的那样，爱因斯坦的钟与庞加莱的地

---

① Galison, P., *Einstein's Clocks, Poincarés Maps: Empires of Time*, New York: W. W. Norton, 2003, p. 221.
② Ibid., p. 227.

图这两个比喻联系着两个关键的地方：伯尔尼专利局和巴黎经度局。他二人在此是见证者、发言者、竞争者，同时也是在时钟同步化的交叉纵横的各种事务中的协调者。因此，既可以将伯尔尼专利局和巴黎经度局当作交易区，也可以将爱因斯坦和庞加莱本身当作交易区。与此同时，交流语言也随之发生了转变，成为局域时间、显象时间、绝对时间3种时间概念。

最后，在《客观性》一书中，交易区这3个核心概念的含义将进一步拓展，同时，交易区理论则被进一步淡化，成为伽里森史学研究工作的一种特定视角和方法。

四 淡化期——以《客观性》中科学图集的制作和使用过程为例

在《客观性》一书中，主要描写了3种认识论美德——自然真相、客观性和专家判断是如何贯穿于19世纪前期至20世纪中期的欧洲和南美洲的科学图集的图像制作中，并最终构建起科学客观性的历史进程。通过对围绕科学图集展开的实践考察，伽里森逐层剖析了客观性的历史演变，从而揭示出当今我们所提及的科学客观性的多重复杂含义。在试图勾勒出客观性多重含义的同时，伽里森也赋予了交易区以更加丰富、灵活而富于变化的内涵。

实际上，伽里森在《客观性》长达400余页的论述中，并没有提到交易区，但在字里行间，却能够看到客观性的发展历程中不同的亚文化相互交织、缠绕，在不同的交易区中相互争斗和协商，最终构建起客观性这个复合体的历程。因此，交易区在《客观性》一书中已经内化为一种史学的视角和研究方法，融入作者的史学研究中。相较于《形象与逻辑》一书，前者虽然以交易区为论述的核心，但属于采用案例研究的方法来建立交易区的理论模型，而到了《客观性》一书，则是真正地运用交易区理论来进行科学史的研究工作，可以说，《客观性》一书代表了伽里森研究工作的一个新阶段，即交易区理论的内化与图像研究的凸显，而这一过程也与其和达斯顿的合作密切相关。[①]

[①] 笔者对伽里森的访谈，2010年11月6日，波士顿。

图像与交易区的双重变奏

首先,伽里森通过科学图集发展过程中3种认识论美德的考察得出,在实际的历史发展过程中,机械客观性没能将自然真相彻底驱逐,同时,它也使得自然真相发生了一些改变。认识论美德的更替并非像一个国王战胜了另一个国王,而是它们积累进入了一个知识的可能形式的目录。在这个满满扩展的目录中,每一个因素修改了其他的元素:机械客观性在与自然真相的对比中定义了自身;在机械客观性时期,自然真相也改变和校正着自身。[①]

也就是说,科学历史中的事件并非瞬间发生,而是像雪崩,一些特定的相关条件积累到一定的时候,便会由某一特定的条件所引发,科学历史中的突变也是这样,在突变的背后隐藏着连续性。这一点正是交易区的墙砖模型中所展现的科学发展图景,《客观性》虽然只字未提交易区,实际上却和交易区息息相关。

除了交易区的淡化和内化,《客观性》一书对科学客观性历史的考察也带来了对交易区的进一步发展。

首先,交易区、亚文化和交际语言所指代的对象有了更为多样和灵活多变的形式。例如,从微观视角来看,在具体的科学图集的制作过程中,可以将图集的作者、绘图者、雕刻者和大众看作不同的亚文化,将科学图集中的图片制作过程看作交易区,各个亚文化通过科学图集的制作过程来彼此协商和影响,最终协商的结果就是科学图集。而同时,从宏观的视角来看,也可以将科学图集当作交易区,此时对应的亚文化是自然真相、客观性和专家判断三种认识论美德,几方通过科学图集最终成就了科学的客观性这个意义混合体。

如果说,《实验如何结束》是交易区尚未成型、粗略几笔勾勒而成的草稿,《形象与逻辑》则是交易区一板一眼、精雕细琢的工笔画,至《爱因斯坦的钟与庞加莱的地图》交易区成为巨龙的点睛之笔,而到了《客观性》中交易区则是隐匿于群山之间的写意。交易区从形似到神似的转变,也是其从科学史的研究工作中萌芽,不断成熟和发展,之后内化为伽里森特有的一种研究视角和史学方法,渗透其科学史研究工作始终的历程。[②]

[①] Daston, L., Galison, P., *Objectivity*, Boston: Zone Books, 2007, pp. 111–113.
[②] 笔者对伽里森的访谈,2010年11月6日,波士顿。

第四节　交易区理论的意义

以上是对交易区理论发展历程的分析，从中，可以看出交易区并非一个有着固定意义的理论概念，而是一个多义的隐喻。伽里森采用交易区是为了说明科学发展的历史中，并非像之前的人们所通常认为的那样，或者是理论，或者是实验具有基础性的地位，一方的变革带来另一方的变革，而是各种要素之间相互缠绕在一起，其中某一个要素的变革并不必然带来全局性的改变，就像墙面之间的墙砖，互相咬合在一起。

因此，交易区在伽里森的工作中具有非常广泛的含义，凡是来自不同亚文化的因素之间能够发生相互作用和协调的就是交易区，因此，"交易区不仅局限于空间概念，虽然多数情况下其依托于空间"[①]，而是可以为时间概念、空间概念（实验室）、物质载体（仪器）、非物质因素（理论），也可以是具体的一个人（处于技术和理论十字路口的爱因斯坦）、一个过程（科学图集的制作过程），以上这些能够将不同的实践活动联系在一起的元素都可以看作交易区。

通过交易区，伽里森不仅向我们展现了历史实践中的科学究竟是如何发展的，打破了理论和实验二分的桎梏，同时，也为我们带来了科学发展的新图景——墙砖模型，从而建立了科学发展的分立图景。

伽里森运用互嵌、交易、联络语言等范畴更为真实地再现了现代物理学的丰富内涵和复杂构成。其对科学图景的全新描绘，无论在科学界还是在哲学界都具有重要的理论意义，同时也产生了深远的影响。

特别是在《形象与逻辑》一书中，描述了实验室中的巨人们如何为了金钱和地盘而斗争，这直接决定谁的机器被批准建造，谁的探测器被使用，谁的理论被检验。这种争斗最终导致实验的结果取决于其采用的工具质量，而非实验者的意识形态。这种对物质因素的强调，使得戴森将伽里森的学说与库恩的学说并列起来，称为"两种科学革命"。其中，"对于伽里森来

[①] 笔者对伽里森的访谈，2011年2月3日，波士顿。

说,科学发现的过程是由新工具驱动的,对于库恩来说,则是由新概念驱动的"①。

实际上,戴森"两种科学革命"的说法有合理之处,也存在一些对伽里森的误解。诚然,在《形象与逻辑》一书中,伽里森全书以仪器为中心展开,不仅关注仪器的发展对科学的发展所起到的作用,更为重要的是伽里森力图在仪器与围绕其展开的科学实践活动的考察中,追寻仪器与人的实践活动之间的作用与反作用,一种相互咬合的关联。虽然如此,伽里森并不认为仪器能够代替库恩范式中的理论的地位,成为科学发展的主要驱动力。正如他一直以来所强调的,科学发展的过程中,并不存在贯穿始终的唯一主线,科学是由既相互独立又相互作用的亚文化组成的非统一图景,而恰恰是这种非统一性,确保了科学的稳定性。

除了戴森的"两种科学革命"一说之外,伽里森与库恩一样,也是一位颇受争议的科学史家。科学哲学中的一些新兴学派,例如科学知识社会学的相关学者一方面对伽里森的工作推崇有加,另一方面又批评其保留了过多内史学者特有的谨慎和过于保守的科学观。② 与此同时,主流科学史界对伽里森的态度也不尽相同。伽里森的科学史工作既得到了业内的广泛认可,也引起了很大的争议,许多科学史家认为伽里森将仪器和实验因素与理论相提并论过于激进,同时,对其所建立的科学非统一图景也不甚赞同。

与此同时,伽里森的交易区理论在科学史以及认知科学、心理学等众多领域都得到了广泛的应用。特别是近年来以戈尔曼为代表的一些学者一直致力于用交易区理论进行研究,并力图"将伽里森的交易区理论与柯林斯的交互性专家知识联合起来,形成一个新研究纲领,用以研究多学科间的协作"③。在此基础上,戈尔曼、柯林斯等人对交易区理论和交互性专家

---

① 戴森:《太阳、基因组与互联网:科学革命的工具》,生活·读书·新知三联书店2000年版,第26页。
② Bloor, D., "Review of Galison, How Experiments End", *Social Studies of Science*, 01, 1991, pp. 186 – 189; Collins, H., "Review of Galison, How Experiments End", *The American Journal of Sociology*, 06, 1989, pp. 1528 – 1529.
③ Groman, M. E., "Levels of Expertise and Trading Zones: A Framework for Multidisciplinary Collaboration", *Social Studies of Science*, 5, 2002, pp. 933 – 942.

知识之间的内在关联和联合的可能性进行了深入的探讨[1]，同时，来自各个领域的相关学者也尝试性地将二者联合起来应用于社会技术系统管理[2]、地球系统工程[3]、科学与公众[4]、商业战略等方面的研究，伽里森本人也进行了相关的尝试[5]。

---

[1] Collins, H., Evens, R., Gorman, M. E., "Trading Zones and Interactional Expertise", in Gorman, M. E., *Trading Zones and Interactional Expertise*, Cambridge, Mass: MIT Press, 2010, pp. 7 – 24; Gorman, M. E., "Trading Zones, Interactional Expertise, and Collaboration", in Gorman, M. E., *Trading Zones and Interactional Expertise*, Cambridge, Mass: MIT Press, 2010, pp. 1 – 4.

[2] Gorman, M. E., Spohrer J., "Service Science: A New Expertise for Managing Sociothechnical Systems", in Gorman, M. E., *Trading Zones and Interactional Expertise*, Cambridge, Mass: MIT Press, 2010, pp. 75 – 106.

[3] Allenby, B., Authenticity, "Earth Systems Engineering and Management, and the Limits of Trading Zones in the Era of the Anturopogenic Earth", in Gorman, M. E., *Trading Zones and Interactional Expertise*, Cambridge, Mass: MIT Press, 2010, pp. 125 – 156.

[4] Jenkins, L. D., "The Evolution of Trading Zone: A Case Study of the Turtle Excluder Device", in Gorman, M. E., *Trading Zones and Interactional Expertise*, Cambridge, Mass: MIT Press, 2010, pp. 157 – 180.

[5] Galison, P., "Tading with the Enemy", in, Gorman M. E., *Trading Zones and Interactional Expertise*, Cambridge, Mass: MIT Press, 2010, pp. 25 – 52.

第四章 图 像

　　除了交易区之外，伽里森另外一条贯穿其思想始终的主线是对 image 的关注。图像，英文为 image，这一单词在伽里森的研究工作中具有多重含义。

　　Image 本身在英文中就具有多种含义，既可以指具体的图像，也可以指头脑中的意象。具体的含义包含以下几点：第一，映像或翻版、复制、相似的形象；第二，塑像、肖像、圣像，也包含有图形程式的意义，这一含义与 icon 相同；第三，在心里对形象的描绘；第四，心像、印象，用来指代图形在观看者心中构成形象认知的心理过程。与 image 相对的另外一个词是上文中提到的 icon，icon 是早期用来指代"图像"的常用词，其衍生词 iconography 为图像志，iconology 为图像学。视觉文化研究逐渐兴起之后，image 代替 icon，成为视觉文化的核心词汇。icon 的原意为希腊正教的圣像，其作为"图像"用的主体含义为图形程式，因此现在多将 icon 翻译为"谱像"，将 iconology 译为"谱像学"。

　　相应地，在伽里森的研究工作中，image 主要具有以下两层含义。

　　image 的第一层含义是图像，主要指伽里森对科学史中图像的关注和研究工作。在伽里森的前三部著作中，其将目光逐步聚焦于 20 世纪的微观物理学实验中所拍摄到的粒子运动径迹照片，这些照片在发现和判定粒子性质的过程中起到了决定性的作用，这一类图片可归结为作为实验数据的表征形式的图像。之后，伽里森进一步将目光拓展到 16、17 世纪在科学共同体内部广泛使用的科学图集，并且深入图集的制作过程中去探寻科学客观性如何随着科学图集的发展而逐步演变为现在的客观性的历史，这一类科学图集中的图片属于另外一种表现形式，即对自然的可视化表征。

　　Image 的第二层含义是形象，主要指代以图像为主要依据的形象思维。伽里森对得出实验结果的论证过程中图像所起到的特殊作用展开了详细的

图像与交易区的双重变奏

论述。其中，以图像作为主要判据的实验论证过程属于形象思维的范畴，而以统计学和数理模型为基础的实验论证过程属于与形象思维相对的逻辑思维的范畴。形象思维又对应着以形象思维和视觉化的数据论证过程为主导的形象实验传统。伽里森按照实验仪器和论证形式的不同，将20世纪的物理学实验分为形象和逻辑两大实验传统，对应着两种相对的实验形式。"一种是视觉探测器，比如云室和气泡室，他们将单个事件的细节呈现于底片上。另一种传统基于电子探测器，例如与电子逻辑线路相连的计数器和与逻辑线路相连的火花室。"[1] 与这两种传统相联系的是信念和对待证明的态度。依赖图像一方的形象传统的实验者怀疑逻辑传统的实验者背后隐藏着机械论，与此同时，逻辑传统的人则信奉"任何事都只能发生一次"，因而能够提供大量的数据统计的计数器相比于拍摄单个粒子事件的视觉探测器更为可靠。这两种实验传统在以往的研究中经常被当作相互竞争的对立面出现，与此不同，伽里森则表明，在实际的物理实验中，形象与逻辑两大实验传统历经了从最初的分立到逐渐走向融合的历史进程。

由上面的论述可以看出，伽里森的研究工作中 image 的两重含义是层层递进、逐步深化的关系。首先由其对科学实践活动中图像这一视觉表现形式在实验的论证过程中所起到的特殊作用的关注为基础，进而阐释了以图像为主要依据的形象思维与以统计和数理模型为基础的逻辑思维之间的竞争与互动，在此基础上，进一步对两大传统之间从分立逐步走向融合的演变过程进行分析。由此，也可以看到，伽里森的研究工作中，其对图像的关注是出发点和基础。[2]

图像作为一种论证形式在科学发展中的作用，它与文字不同，但也是知识的一种表征方式。我开始关注图像作为一种特殊的材料是在完成《实验如何结束》一书之后，我试图让人们可以通过从一张图像到下一张图像的方式来跟随历史的发展线索，即构造一个全新的视觉历史。《形象与逻辑》则更是如此，因此，1989年，我开始与达斯顿一起工作。[3]

---

[1] Galison, P., *How Experiments End*, Chicago: Chicago University Press, 1987, p.248.
[2] 伽里森思想中 image 的两层含义均与图像有关，其也非常注重科学史中图像的研究，因此，笔者将其概括翻译为"图像"。
[3] 笔者对伽里森的访谈，2010年11月6日，波士顿。

第四章 图像

达斯顿对客观性非常感兴趣，伽里森对科学图集感兴趣，他想知道的是为什么物理学家制作这些图集，它们如何工作。"因此，我到医学院图书馆的地下室，发现上千册的图集，里面除了图片还有一些关于为什么这些图片是客观的以及为什么这些图片接近自然的讨论。我惊奇地发现这些图集并非写给公众或者是哲学家，而是写给另外一些科学家。"①

1989—1990 年，伽里森和达斯顿谈起这件事的时候，他当时对客观性很感兴趣，因此，达斯顿建议伽里森可以通过图集来探讨科学的客观性，因为这是科学家自己使用的图集，与公众和其他人无关。因此，二人决定开始收集客观性的片段，1992 年共同发表了论文"客观性的形象"②，这是伽里森研究科学客观性的开始。

1999 年伽里森发表了另一篇论文"浪漫的客观性"③，之后，和达斯顿开始思考将这些文章结集成一本书。2001—2002 年，伽里森与其家人到德国专门和达斯顿一起完成这部书的写作。"书和文章完全不同，我和达斯顿需要重新开始思考如何将文章转变成一部书。在 2001—2006 年期间，我们一直处于《客观性》的写作中。"④

在写作过程中，有一些事情发生了改变。"首先，在将文章重新写成书的过程中，我和达斯顿发现科学家需要重新为自身定位，图像所展示出的主观性和客观性的建构过程是缠绕在一起的，它们彼此需要。"⑤ 另外，伽里森和达斯顿逐渐认识到："通过对图像的实践活动的研究，客观性在伽里森这里不再是一种元哲学或是形而上学的哲学定义，而是一种科学家日常实践活动中的某种道德标准。"⑥

除此之外，"在《爱因斯坦的钟与庞加莱的地图》中，虽然交易区不再被重复地提及，但是交易区的观点依然存在。技术、物理与哲学三个亚文化，这也是一种简单的交易区"⑦。而到了《客观性》一书，交易区理论变淡，其中的一个原因是伽里森开始和另一个人合作，但其仍认为图像可以作为一种

---

① 笔者对伽里森的访谈，2010 年 11 月 6 日，波士顿。
② Daston, L., Galison, P., "The Image of Objectivity", *Representations*, 40, 1992, pp. 81 – 128.
③ Galison, P., "Objectivity is Romantic", in Friedman, J., Galison, P., Haack, S., *The Humanities and the Sciences*, Philadelphia: American Council of Learned Societies, 1999, pp. 15 – 43.
④ 笔者对伽里森的访谈，2010 年 11 月 6 日，波士顿。
⑤ 同上。
⑥ 同上。
⑦ 同上。

交易区，图集可以被很多来自不同理论背景的人所共同运用。

由此可以看出，伽里森对于图像的研究工作与交易区理论的提出和完善是紧密咬合在一起的，二者互相缠绕，共同构成了伽里森科学史工作发展的两条主线。其中交易区理论为明线，其对图像的研究工作为暗线。

与交易区理论相似，伽里森对图像的关注也并非凭空而来，而是与科学史本身以及其他相关学科的发展有着极为密切的关联。这里，首先对相关领域的研究背景做简要介绍。

第一节　图像研究背景概述

一直以来，图像都是各个学科各个领域的焦点话题之一，包括艺术史、心理学、教育学、视觉文化、自然辩证法、科学哲学以及科学史等在内的各个领域皆对图像有着广泛的研究和深入的谈论。

其中，艺术史和心理学对图像的关注由来已久，以瓦尔堡（Aby Warburg）、帕诺夫斯基（Erwin Panofsky E.）、冈布里希（E. H. J. Gombrich）为代表的图像学研究是艺术史研究中非常重要的一个分支。"'图像学'一词源于文艺复兴时期为艺术家提供参考的描述象征图像的小册子——切萨雷·里帕的《图像学》（*Iconologia*）。19世纪艺术史学科确立后与'图像志'（Iconography）一词通用为对艺术品主题的辨认。"[①] 1912年，德国的艺术史大师阿比·瓦尔堡在第10届国际艺术史大会上宣读了他的论文《弗拉拉的无忧宫意大利艺术与国际占星术》，首先使用了"图像学分析"（Iconological analysis）一词，开启了现代意义的图像学。

图像学中最有影响的研究者是帕诺夫斯基，他在《视觉艺术的意义》[②]一书中将美术作品的解释分3个层次：解释图像的自然意义；发现和解释艺术图像的传统意义，即作品的特定主题的解释，即图像志分析；解释作品的更深的内在意义或内容，称为图像学分析，也即帕氏所谓象征意义。

[①] 刘晋晋：《并非图像学的"图像学"——论W. J. T. 米切尔的一个概念》，《美术观察》2009年第11期。

[②] Panofsky, E., *Meaning in the Visual Arts*, London: Penguin Books, 1993.

第四章 图像

除此之外，心理学中也有以图像为主要研究对象的图像心理学、科学意象的研究等①。近年来，科学哲学以及科学史领域也注意到科学实验、科学书籍中的图像在实验论证过程中以及科学传播过程中所起到的重要作用。在众多以图像为研究对象的领域中，与伽里森的研究工作密切相关的可以分为几大领域，主要包括：艺术史对于科学图像的关注、近些年兴起的以图像为主要研究对象的视觉文化的研究以及科学史领域自身近年来对图像的关注。

下面，将主要从这三个领域出发，着重介绍伽里森对图像关注的理论背景。

一 艺术史领域对科学图像的研究

早期对科学史中图像产生兴趣的人中，大多数来自艺术史和艺术心理学领域。特别是艺术史中，存在专门对与科学相关图像历史进行的研究，比如植物学的插图史、地图史等，还有一些大的研究领域中也涉及科学图像，比如绘图技术史、印刷史和版画技术史等。这一时期研究工作的重点在于梳理具体史实，主要以编年史为主。研究者关注的焦点问题是图像的发展历程，以及图像在历史中所起到的作用。

其中，以《植物学插图艺术》②和《形象艺术与视觉传播：19世纪的照相技术》③为代表。这种对图像发展历史的编年史研究传统一直保持下来，至2006年出版的埃伦贝里（Ralph E. Ehrenberg）的《绘制世界：地图绘图法的插图史》④仍然保留了编年史的传统。

然而，虽然写史的方式主要以通史为主，但作者通过对图像历史发展的研究，也得出了对图像的发展历史及其在历史中所起作用的独到见解。比如，《植物学插图艺术》的作者通过对从旧石器时代动物骨骼上的植物图画到20世纪植物学插图发展史的考察，得出虽然植物图画自古有之，但对

---

① 滕瀚、赵伶俐、汪宏：《心理学视域中的科学意象研究》，《科学学研究》2008年第2期；赵伶俐：《艺术意象·审美意象·科学意象——创造活动心理图像异同的理论与实证构想》，《自然辩证法研究》2007年第7期。

② Blunt, W., *The Art of Botanical Illustration*, London: Collins, 1955.

③ Jussim, E., *Visual Communication and the Graphic Arts: Photographic Technologies in the Nineteenth Century*, New York: R. R. Bowker Co., 1974.

④ Ehrenberg, R., *Mapping the World: An Illustrated History of Cartography*, Washington, D. C.: National Geographic Society, 2006.

植物力求准确的自然主义描绘是在这些植物的药学属性被以科学的方式普及之后才出现的。《形象艺术与视觉传播：19世纪的照相技术》则叙述了照相设备的产生和发展历史，同时，重点阐释了照相技术改变"形象艺术的艺术性和信息量"的方式这一主题。

二　视觉文化领域对图像的关注

视觉文化（visual culture）最早出现于20世纪60年代[1]，新的视觉文化研究则以1986年米歇尔（W. J. Thomas Mitchell）[2]的《图像学：图像、文本、意识形态》[3]一书为标志。书中，米歇尔首次提出"图像转向"（Pictorial turn）的概念，描述了继"语言转向"之后人们日常生活中发生的又一次深刻变革，由此，视觉研究开始逐渐兴起。到了当代，电视、互联网、多媒体逐渐取代了报纸和杂志，成为人们日常生活中最为主要的信息传播和获取渠道，一些学者对此表示担忧，以批判图像霸权等为主要内容的视觉文化研究也成为各领域学者关注的焦点。

"在西方英语国家学术界，对视觉文化的研究，大致有英国学派和美国学派。"[4]二者的交流非常频繁，但也有着各自的不同。就方法论而言，二者基本相同，都借用了"20世纪欧美哲学理论、文化研究理论、美术史研究方法和美术批评方法，并采纳了当代影视理论、传播学理论和大众传媒的方法"[5]。不同之处在于二者的研究领域和研究对象，英国学者的视觉文化研究主要是视觉艺术，例如绘画等，而美国学者则有所超越，还研究美术之外的图像及其功能，例如新闻、媒体、广告等日常生活元素中的图像。

美国视觉文化研究中的领军人物就是米歇尔。他在视觉文化研究方面

---

[1] Gattegno, C., *Towards a Visual Culture*: *Educating through Television*, New York: Outerbridge & Dienstfrey, 1969.
[2] 米歇尔（W. J. Thomas Mitchell, 1942—），任教于芝加哥大学英文系和美术史系，并担任著名的学术期刊《批评探索》的主编。米歇尔的学术专长是比较文化和美术史论，对20世纪的批评理论和方法比较擅长。
[3] Mitchell, W. J. T., *Iconology*: *Image*, *Text*, *Ideology*, Chicago: The University of Chicago Press, 1986.
[4] 段炼：《视觉文化研究与当代图像学》，《美术观察》2008年第5期。
[5] 同上。

主要有 3 部著作：《图像学：图像、文本、意识形态》①、《图像理论》② 和《恐怖的克隆：图像战争，从美国九一一到当下》③。

不同于美术史研究中将美术作为一种艺术现象来看待，米歇尔认为："视觉文化关注的是'非艺术的图像'（non-artistic image），也即'世俗的图像'（vernacular image），犹如语言研究中对日常用语及其使用方法的关注。"④ 而其所主张的"图像转向"也并不意味着语言文字的表意功能被图像取代，而是"语言文字自有其价值，不可能被视觉图像所取代。今天，所谓图像转向，是说图像研究超越了美术研究的疆界，而进入了摄影、电视等新的大众传播领域"⑤。

三 科学史领域对图像的研究

作为一名科学史家，伽里森对图像产生兴趣，除了与其研究的领域——20 世纪的微观物理学的典型特征有关，也受到来自科学史以及其他领域中以图像为对象的研究工作的影响。作为一名科学史家，伽里森对于图像的研究工作与科学史对图像的研究进展息息相关，因此，将伽里森的工作放回到科学史以图像为研究对象的大背景中加以考量，将有助于深入理解伽里森图像研究工作的特点、发展脉络以及意义。下面，笔者将图像研究的发展过程分为几个不同的阶段来展开具体论述，其中，每一阶段对应着对图像的不同认知和利用方式。

（一）萌芽期——作为文字补充形式的图像

同艺术史和视觉研究类似，科学史中对图像的关注也由来已久。20 世纪 30 年代，包括柯瓦雷（Alexandre Koyre）、萨顿（George Sarton）等科学史家的科学史工作中就涉及对图像的分析，至近现代，图像在科学研究中的作用日益重要，也使得科学史的相关研究工作中对图像的研究更为深入

---

① Mitchell, W. J. T., *Iconology: Image, Text, Ideology*, Chicago: The University of Chicago Press, 1986.
② Mitchell, W. J. T., *Picture Theory: Essays on Verbal and Visual Representation*, Chicago: University of Chicago Press, 1994.
③ Mitchell, W. J. T., *Cloning Terror: The War of Images, 9/11 to the Present*, University of Chicago Press: Chicago, 2011.
④ 段炼：《视觉文化研究与当代图像学》，《美术观察》2008 年第 5 期。
⑤ 同上。

和具体。由于各个时代的科学史家的科学观和史学观不同,虽然研究对象都是图像,但无论从研究内容、侧重点还是结论方面都存在很大差异。

最初,科学史领域对于图像的关注和研究是随着科学社会学和思想史的兴起而逐步发展起来的,主要包括关于图像研究的社会史和观念史两方面,比如柯瓦雷的《牛顿研究》[1]、《从封闭世界到无限宇宙》[2]、《伽利略研究》[3]等著作。

之后,图像成为科学史家的主要研究对象是在"地质科学中视觉语言的浮现"[4]。文中,作者强调了图像等视觉材料在地理学中起到重要作用,却一直被地理学史的研究者忽视的现状,进而指出对视觉材料的忽视是科学史领域的普遍现象。

自此,科学史研究领域开始逐渐对图像注意。与之前艺术史等领域有所不同,科学史领域的研究者并不注重写关于图像发展的通史,而更为注重图像在科学史发展中所起到的特殊作用。同时,由于受到萨顿的科学社会学编史学思想的影响,研究者在研究中,多将关注点放在科学与社会互动。具体研究内容,主要以图像绘制、复制技术、摄影术等为主,关注图像在对象及科学理论中的表现等方面的功用等。

同时,随着科学社会学的兴起,科学的视觉表现与视觉传播的科学社会学研究进路逐渐萌芽并迅速发展起来。"这种进路强调图像的社会功用,注重研究图像与政治、经济、宗教等文化因素的互动,多进行跨学科研究,在强调图像的写实功用的同时,开始关注图像的修辞功用。"[5]

这一时期的代表作主要有《作为变革动因的印刷机:现代化早期欧洲的传播和文化转型》[6],《描述的艺术:17世纪的荷兰艺术》[7],《通往物质的

---

[1] 柯瓦雷:《牛顿研究》,北京大学出版社2003年版。
[2] 柯瓦雷:《从封闭世界到无限宇宙》,北京大学出版社2003年版。
[3] 柯瓦雷:《伽利略研究》,北京大学出版社2008年版。
[4] Rudwick, M. J. S., "The Emergence of a Visual Language for Geological Science, 1760 – 1840", *History of Science*, 14, 1976, pp. 149 – 195.
[5] 宋金榜:《科学的视觉表现与视觉传播》,《视觉文化与科学传播(中国科协生产资料专项资助课题结题报告)》2009年版。
[6] Eisenstein, E., *The Printing Press as an Agent of Change: Communications and Cultural Transformations in Earlymodern Europe*, Cambridge: Cambridge University Press, 1979.
[7] Alpers, S., *The Art of Describing: Dutch Art in the Seventeenth*, Chicago: University of Chicago Press, 1983.

航行：艺术、科学、自然和插图的航行记录》①等书籍，以及"地图绘图法与艺术之间的历史连接"②、"维多利亚中期英国作为人类学家的艺术家"③等文章。

其中，《作为变革动因的印刷机：现代化早期欧洲的传播和文化转型》的作者认为，在欧洲现代化早期，印刷技术的发展成为社会变化的主要动因之一，不仅因为印刷技术带来信息传播方式的改变，更因为它带来社会职业结构的改变。而《通往物质的航行：艺术、科学、自然和插图的航行记录》一书在详细考察了从18世纪中期到19世纪中期，欧洲摄影术开始替代手工插图时，带有插图的旅行记录中的地形图之后，特别关注了艺术、文学、科学和探险之间的相互关系。

虽然这一时期的作品对社会因素给予充分重视，但是其基本的编史学理念仍然将图像与文字同样看待，作为记录客观世界的真实方式加以讨论。同时，讨论对象也多为科学插图等与社会相关的通俗图片，而对实验室图集等科学数据图像化表征涉及并不多。

塔克（Jennifer Tucker）发表在《爱西斯》的"历史学家、图片与档案"④一文，对这种现状做了深刻反省，他提到："在许多科学史工作中存在一种不对称。一方面，是对科学及其复杂性日益成熟的分析，另一方面，是对视觉图像作为科学表征的毫无问题意识的应用。"⑤同时，文章中还提及当前科学史研究工作中存在将科学文化与视觉文化分离开的现象，具体包括两点："首先，史学中多将关注的焦点放在图像作为一种例证的材料，或者作为通俗科学吸引潜在受众的产品的谈论上，这反映出作者和评论者对科学图形所讲述的历史多样性的遗忘。其次，不确定语境通常被史学家作为分析文字和文件的基本前提之一，而在视觉图像中却往往被忽略。"⑥因此，以科学图像为对象的研究中更应该认识到图像的异质性，制造它们

---

① Stafford, B. M., *Voyage Into Substance: Art, Science, Nature, and the Illustrated Travel Account*, 1760 - 1840, Cambridge, Mass: MIT Press, 1984.
② Rees, R., "Historical Links Between Cartography and Art", *Geographical Review*, 01, 1980, pp. 61 - 78.
③ Cowling, M., "The Artist as Anthropologist in Mid - Victorian England: Firth's Derby Day, the Railway Station and the New Science of Mankind", *Art History*, 04, 1983, pp. 461 - 477.
④ Tucker, J., "The Historian, the Picture, and the Archive", *Isis*, 2006, pp. 111 - 120.
⑤ Ibid..
⑥ Ibid..

的不同语境,以及它们所扮演的各种文化和社会功能。

近些年兴起的科学知识社会学对科学中图像的研究工作恰好符合了这一研究趋势。与此同时,由于自身理论预设需求,科学知识社会学虽然关注图像本身制造的语境性和异质性,但却将重点主要放在通过科学图像的制作过程来展现科学知识是社会建构的产物这一中心观点,这也为科学图像的研究带来了某些局限性。

(二) 发展期——作为人工产物的图像

与之前的科学社会学不同,科学知识社会学在强调科学的社会维度的同时,深入科学知识的产生过程进行考察,并得出科学知识不是"发现"客观事实,而是科学共同体依据各自的动机和社会利益的产物。换句话说,科学社会学只单纯强调作为结果的科学知识与社会因素的互动,其并不否定科学知识的客观性。而科学知识社会学则连科学知识本身也贴上了社会的标签,认为科学知识本身就是社会建构的结果。

在科学知识社会学影响下的科学史中,对图像的研究相应地也具有更强的社会建构意味。其中,最具代表性的观点是主张实验室中的工作者描述的并非真正的"自然对象",而是一种被高度程序化的材料。例如,在《制造知识》[1]中,赛蒂纳将实验室的工作描述为一种类似工业制造的流程,而科学知识社会学的领军人物拉图尔和伍尔加的《实验室生活:科学事实的建构过程》[2]一书则主张"铭写"(literary inscription)为科学研究提供了材料。之后,在拉图尔的"可视化和认识:用眼睛和手思考"一文中,对这一概念进行了发展,同时提出"不变的动者"(immutable mobiles)概念,对科学视觉化的研究起到了推动作用。文中全面回顾了当时与视觉表现和表现技术相关的研究工作,包括艺术史、文学研究、人类学、科学史和科学社会学。

这一领域的另一位重要人物是林奇,在其博士论文《实验室科学中的艺术和人造物》[3]中,他展示了实验室中的科学家如何通过包括曝光、选择等一系列日益复杂的程序来提高样品成像的清晰度,同时,这些加工后的

---

[1] Knorr-Cetina, K. D., *The Manufacture of Knowledge: An Essay On the Constructivist and Contextual Nature of Science*, Oxford; New York: Pergamon Press, 1981.

[2] 拉图尔、伍尔加:《实验室生活:科学事实的建构过程》,东方出版社2004年版。

[3] Lynch, M. A., *Art and Artifact in Laboratory Science: A Study of Shop Work and Shop Talk in a Research Laboratory*, London; Boston: Routledge & Kegan Paul, 1985.

第四章 图像

图片却被当作"自然的"产物。在其另外一篇文章"图像的学科和物质形式：一个科学可视性的分析"[1]中，林奇通过两个生物学的案例来说明科学家实际工作中的对象需要通过复杂的仪器和极为仔细的准备程序才得以显现，因而是高度人工化的产物。仪器和实验程序扮演的不仅仅是通向实际世界的窗口，它们为那些利用文字资源进行特定的分析操作并利用绘图展示实验现象的工作打下了基础。

与此同时，另外的一些学者关注视觉化在科学写作的修辞中所扮演的角色。例如，夏平的"空气泵与环境：罗伯特·玻义耳的修辞技巧"[2]，古迪（Jack Goody）的《野性思想的驯化》[3]、《写作逻辑和社会构成》[4]等。

之后，随着科学知识社会学强纲领对社会因素的过于偏重，使得无论从外部还是科学知识社会学内部都开始反思强纲领中所强调的自然与社会分处两极的图景。比如，后科学知识社会学就将关注点转向实践活动中人与物质因素的互动和网状关联，试图在自然与社会的两极之间寻求到一个新的平衡点。同时，以哈金为代表的新实验主义，劳斯为代表的科学实践哲学以及伽里森为代表的关注实践的新一代科学史家，都开始将科学实践活动作为其工作的考察重点，试图从中发现人与物互动的新模式。

关于科学中图像的研究也由此有了新的发展。

(三) 成熟期——作为实践活动考察对象的图像

这一时期，对科学图像的研究更加注重图像的制造过程，特别是实验室中以图像形式固化的数据图像，并试图从其如何被制造的实践活动中寻求实验者、仪器和作为科学研究对象的自然之间的多重网状关联。同时，这一时期的科学史领域对图像的研究还开始关注理论背景、研究范式、学科的专业知识和特定视角，甚至是情感、人格和美学修养在图像的制造过程中所起到的特殊作用。

---

[1] Lynch, M. A., "Discipline and the Material Form of Images: An Analysis of Scientific Visibility", *Social Studies of Science*, 15, 1985, pp. 37–66.

[2] Shapin, S., "Pump and Circumstance: Robert Boyle's Literary Technology", *Social Studies of Science*, 1984, pp. 481–519.

[3] Goody, J., *The Domestication of the Savage Mind*, Cambridge; New York: Cambridge University Press, 1977.

[4] Goody, J., *The Logic of Writing and the Organization of Society*, Cambridge; New York: Cambridge University Press, 1986.

注重图像产生的历史语境和其所承载的多重文化含义标志着科学史中图像研究的成熟,这一时期的作品主要可分为以下几个方面。

1. 对图像在科学史发展中所起作用的研究

与之前单纯注重图像对科学理论作用相比,之后的研究更注重图像作为一种视觉语言的表现功能、传播功能和修辞功能。同时,也开始注重对仪器等物质维度的考察。

主要的代表作品有"描绘天堂:伽利略和视觉天文学"①、"伽利略和海涅论太阳黑子:一个关于天文学视觉语言的案例研究"② 以及"图画和想象穴居人:考古学中技术绘画的角色"③,其中,前两篇为关于伽利略视觉天文学的文章。第一篇里,作者论述了伽利略和他同时代以及后继者们发展了一种天文学视觉语言。第二篇中,作者研究了早期绘画在沙伊纳(Christoph Scheiner)和伽利略(G. Galileo)关于太阳黑子的科学争论中如何起到决定性作用。

除此之外,还有"观看图案:麦克林托克(Barbara McClintockr)工作中的模型、视觉证据和图像交流"④、"维多利亚时期科学宣传家的视觉理论:从虔诚之眼到化学视网膜"⑤、"描绘气候:绿色和平组织和气候变化传播中的表现策略"⑥ 等。

2. 关于图像及其制作与复制技术历史的研究

主要代表作品有"作为科学的艺术:图画、木版画和铜版画中的科学插图1490—1670"⑦、《引人入胜的人体:从莱奥纳尔多(Leonardo)到现在

---

① Winkler, M. G., Van Helden, A., "Representing the Heavens: Galileo and Visual Astronomy", *Isis*, 02, 1992, pp. 195 – 217.

② Van Helden, A., "Galileo and Scheiner on Sunspots: A Case Study in the Visual Language of Astronomy", *Proceedings of the American Philosophical Society*, 03, 1996, pp. 358 – 396.

③ Van Reybrouck, D., "Imaging and Imagining the Neanderthal: The Role of Technical Drawings in Archaeology", *Antiquity*, 275, 1998, pp. 56 – 64.

④ Keirns, C., "Seeing Patterns: Models, Visual Evidence and Pictorial Communication in the Work of Barbara Mcclintock", *Journal of the History of Biology*, 01, 1999, pp. 163 – 196.

⑤ Lightman, B., "The Visual Theology of Victorian Popularizers of Science: From Reverent Eye to Chemical Retina", *Isis*, 04, 2000, pp. 651 – 680.

⑥ Doyle, J., "Picturing the Climactic: Greenpeace and the Representational Politics of Climate Change Communication", *Science as Culture*, 16, 2007, pp. 129 – 150.

⑦ Pyle, C. M., "Art as Science: Scientific Illustration, 1490 – 1670 in Drawing, Woodcut and Copper Plate", *Endeavour*, 02, 2000, pp. 69 – 75.

的艺术与人体科学》①、"风图和中世纪宇宙论"②、"微观世界的描绘：19世纪科学显微摄影中对客观性的申明"③、"绘图师、植物学家和自然：建构18世纪的植物学插图"④ 等。

其中，"绘图师、植物学家和自然：建构18世纪的植物学插图"中，作者通过研究发现，这些图片刻意表达了植物的典型特色。为了达到这一目的，绘图师经过专业训练，包括从图书上复制早期样本和标准化的主题。这种复制以前的印刷图并把它们加入新图片中的方法得到了广泛传播。当然，只有仔细选择图像，并加以改进，才能得到比已有图像更适合要求、更令人满意的插图。从这一点看，植物学插图也可以成为研究18世纪植物学家和绘图师的工作实践的历史资料。

另外，还有从技术史的角度来研究图像的，比如白馥兰（F. Bray）的《中国技术知识作品中的图形和文本：经线和纬线》⑤ 就是关于中国古代的"图"，即技术图像，以及它们与书写文字在技术知识作品中关系的论文集。

3. 通过图像研究来探讨科学与其他学科，比如科学与艺术、色彩学等的关系

例如"20世纪艺术和科学中细胞的图像"⑥ 一文主要考察了细胞图像在科学和艺术两方面的应用，从中可以看到来自科学和艺术的细胞图像相互补充，从而有助于对生命的基本个体的理解。

4. 对三维物体的研究工作

比如论文集《实验室科学中表现方法的工具和方式》⑦ 和《模型：科学

---

① Kemp, M., Wallace, M., *Spectacular Bodies: The Art and Science of the Human Body from Leonardo to Now*, London: Hayward Gallery; Berkeley: University of California Press, 2000.

② Obrist, B., "Wind Diagrams and Medieval Cosmology", *Speculum*, 01, 1997, pp. 33 – 84.

③ Breidbach, O., "Representation of the Microcosm: The Claim for Objectivity in 19th Century Scientific Microphotography", *Journal of the History of Biology*, 02, 2002, pp. 221 – 250.

④ Nickelsen, K. D., "Draughtsmen, Botanists and Nature: Constructing Eighteenth – Century Botanical Illustrations", *Studies in History and Philosophy of Biological and Biomedical Sciences*, 01, 2006, pp. 1 – 25.

⑤ Bray, F., Dorofeeva – Lichtmann, V., Métailié G, *Graphics and Text in the Production of Technical Knowledge in China: The Warp and the Weft*, Boston: Brill, 2007.

⑥ Flannery, M., "Images of the Cell in Twentieth – Century Art and Science", *Leonardo*, 03, 1998, pp. 195 – 204.

⑦ Klein, U., *Tools and Modes of Representation in the Laboratory Sciences*, Dordrecht; Boston: Kluwer Academic Publishers, 2001.

的第三维》① 等。

5. 随着对科学图像研究的深入和成熟，开始出现关于科学视觉表现的编史学研究工作

其中，《科学革命中视觉表现的角色：一个编史学的考察》② 较系统地讨论了科学史中视觉表现的编史学问题，作者通过对萨顿等科学史巨匠涉及视觉表现的著作的分析，认为他们介绍的少数概念形成了此后关于现代早期科学中图像的研究基础。作者还认为，20 世纪 70 年代的历史学家并不把图像看作现代科学出现的关键因素，80 年代的科学社会学研究的浪潮更冲淡了图像的重要性，近期关于早期现代科学的考察既没有考虑视觉表现的地位也没有把图形放到他们的陈述中。最近的几个带有提示性标题的出版物，如《早期现代科学中图像的功用》③ 则显示出力图重新发现科学革命中图像作用的倾向。

第二节　伽里森对图像的研究

上文已经提到，伽里森对图像相关问题的关注由来已久，早在 1984 年他就曾对图像在狄拉克几何学研究中起到的作用进行过研究，此后，在第一部著作《实验如何结束》中，伽里森开始对粒子物理实验室中云室等仪器拍摄的粒子轨迹图像在实验数据分析和论证过程中所起到的特殊作用进行分析和讨论。在伽里森看来，从另一个角度来看，"《实验如何结束》中所展现的粒子物理实验的事例，可以通过一个一个的粒子轨迹图像串联在一起"④。自此，他对图像产生了更为浓厚的兴趣。1989 年，其开始关注科学图集，并先后发表了一系列的文章，2007 年出版的《客观性》一书就是

---

① De Chadarevian, S., Hopwood, N., Eds., *Models: The Third Dimension of Science*, Stanford: California: Stanford University Press, 2004.
② Baldasso, R., *The Role of Visual Representation in the Scientific Revolution: A Historiographic Inquiry Centaurus*, 48, 2006, pp. 69–88.
③ Lefèvre, W., Renn, J., Schoepflin, U., Eds., *The Power of Images in Early Modern Science*, Boston: Birkhauser Verlag, 2003.
④ 笔者对伽里森进行的访谈，2010 年 11 月 6 日，波士顿。

第四章　图像

这种持续研究的结晶。其间，在其第二部著作《形象与逻辑》中，伽里森将图像作为两大核心之一，深入图像的制造过程中，试图从图像制造的实践活动本身，考察图像形式的数据与仪器、实验论证与结果之间的关联，以及图像形式的数据与文字形式的数据之间的关系。之后，伽里森与达斯顿合作出版了《客观性》一书，书中进一步扩展了对图像的研究范围，将考察的重心放在科学图集在科学客观性的发展过程中所起到的特殊作用上。

与交易区的发展脉络相似，伽里森对图像的关注也可以按照其著作划分为初期、发展期和成熟期。同时，这三个时期也与交易区三个时期的发展紧密地联系在一起，二者互相影响和促进。同时，随着研究的不断深入和拓展，伽里森的这两条主线之间的关系也发生着演变。

下面，分别就这三个时期展开论述。

一　初期——《实验如何结束》中作为科学数据表现形式的图像

伽里森在其第一部著作《实验如何结束》中，就涉及图像研究的内容。这一时期，伽里森集中于 20 世纪微观物理学中作为实验数据的视觉表现形式的图像的研究工作，主要关注的是图像作为科学数据的一种视觉化表征形式，在实验数据的分析和论证过程中所起到的特殊作用。其关注的是非统一的、各自为政的图像的运用方式，例如云室、核乳胶室和气泡室等，它们被不同的人群所使用，使用的方式也有所不同。伽里森关注的是使用过程中，图像如何与人的实践活动产生互动，图像本身的运用如何反作用于人的实践活动，从而重新塑造了人的实践活动。

在这一时期，和伽里森同时关注实验中科学数据图像的还有一部分科学史家和科学知识社会学家，例如米勒、拉图尔、皮克林等。其中米勒主要探讨的是以图像为出发点的意象在科学思维中所起到的特殊作用；拉图尔等科学知识社会学家的注意力集中于科学实践中图像作为一种人造物的社会属性，主要以生理学、生物学实验中的图像为研究对象，将这些图像当作科学知识相对于文字的另一种表现形式，论证在图像的制造过程中社会因素的介入；皮克林与伽里森的研究对象相似，皆为现代物理学实验室中的数据图像，但皮克林的出发点则与科学知识社会学家相似，皆试图通过在此类图像的制造和使用过程中寻求社会因素所起到的特殊作用。

20世纪的高能物理学实验中，图像占有非常重要的地位，围绕同一主题展开的实验中，可以按照一系列的实验数据图像串联在一起。伽里森在《实验如何结束》中，力图通过实验图片的制造和使用过程的历史描述，展现理论、实验和仪器三者之间的多维非线性关系。在他看来，图像是一种工具，或者是一种武器，用来反对以文字史料为中心的史学研究中理论与实验二分所带来的"框架主义"[1]。图像作为一种不同于文字的科学知识表征形式，以更为直观的形式与现象产生更为直接的关联，它使得实验者的思维跨越数理模型和统计计算，直面自然现象本身，从而建立起与自然更为直接的关联。同时，这种更为直接的关联也使得以图像为研究对象的史学工作得以脱离理论框架，从现象、仪器与实践活动中追寻科学研究与自然的内在关联，从而建立一种科学的物质文化史。

以围绕 μ 子发现展开的一系列实验为例，伽里森认为 μ 子的发现并非发生在安德森拍摄到 μ 子那张完美的运动轨迹照片之时，而是发生在与之相关联的一系列实验中。伽里森"更愿意将 μ 子的实验结束归结为一系列现象，它们日益紧密地咬合在一起"[2]。其中，这些日益紧密咬合在一起的现象对应着一张张实验图片，通过对这些图片的分析，伽里森展示了 μ 子得以发现的历史，从中也能够看到理论、实验与仪器三者之间发生相互作用的微观过程，这正是交易区理论的核心思想。

实际上，在发现 μ 子的过程中，存在着相互竞争的两个阵营，这两个阵营身处不同的地域，持有不同的理论预设，使用不同的实验仪器并采取不同的论证方式。在围绕 μ 子展开的系列实验中，双方一直各持己见、争论不休，然而，正是由于双方激烈的争论，最终导致了 μ 子的发现。

其中，一方处于西海岸，以密立根（Robert Millikan）和安德森（Carl Anderson）为代表，其理论出发点为密立根的原子诞生理论和光子假说，实验仪器主要以云室和验电器为主，采取的论证方式是以通过云室拍摄的单个珍稀事件为主要判据的视觉传统的论证模式。另一方处于东海岸，以罗西（Bruno Rossi）、施特雷特（Jabez Curry Street）为代表，其主要依据的理论为量子力学和狄拉克的对偶发生理论（Pair Production Theory），因此，东

---

[1] 笔者对伽里森的访谈，2011年2月3日，波士顿。
[2] Galison, P., *How Experiments End*, Chicago: Chicago University Press, 1987, p.127.

第四章 图像

海岸选择的实验仪器是计数器和符合电路,这就决定了其所采取的论证方式不是以单个的事件为主,而是以大规模的统计数据为主。

下面,就来看伽里森如何通过图片来展现物理学实验中理论、实验和仪器三者之间的互动关系。

第一张图片是安德森1932年所拍摄到的正电子图,如图4-1所示。

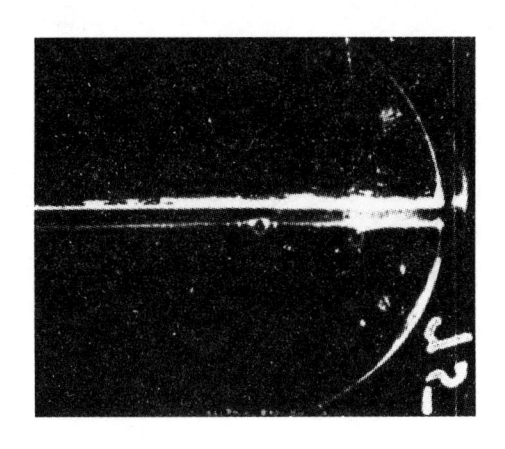

图4-1 安德森的正电子图,1932年8月2日,照片75[1]

其时,安德森是加利福尼亚技术学会的研究生,就读期间曾使用云室来进行其博士论文的研究工作。"在完成其博士论文之后,密立根建议安德森运用他的云室技术来进行宇宙中的原始γ射线入射到地球大气层之后引起的微粒辐射能量的研究。"[2] 密立根希望这些实验能够提供更好的宇宙光子的原始能量值。自此,便开启了μ子的发现之旅。然而,这一时期,所有的人包括安德森和密立根在内,都不知道他们的实验最终会导致μ子这种新粒子的发现,他们的理论预期与实验结果之间存在巨大的鸿沟。

当安德森通过云室拍摄到这张粒子运动轨迹时,他并不能确定图片中所显示的粒子的性质,因此,在实验笔记中安德森写道:"铅板透射,能量改变,或者双喷射。"[3] 这意味着他第一次设想了两种可能性:"(1)正电子从下方入射,并在铅板中损失能量。(2)一对正负电子对从原子中被光

---

[1] Galison, P., *How Experiments End*, Chicago: Chicago University Press, 1987, p.91.
[2] Ibid..
[3] Ibid..

子激发。第二条很可能暗示着安德森没有特别地考虑狄拉克的对偶发生理论。"①

之后，1932年9月1日，安德森向《科学》杂志提交了一篇短文，文中他对其所拍摄到的这张粒子运动轨迹进行了四条分析，前两条沿用了笔记中的分析，后两条是新提出的分析，并没有在他的笔记中提到。"（1）一个正电粒子穿透铅板。（2）两个粒子喷射，一个是电子，另一个是正电荷轻质量粒子。（3）一个能量为20MeV的电子在穿透铅板时获得40MeV的能量。（4）两个独立的电子轨迹完美地（纯属偶然）拟合为一条贯穿轨迹。"② 其中（1）和（2）支持新粒子的存在，（3）违反了能量守恒定律，（4）则缺少可能的基础。因此，安德森通过这张粒子运动轨迹，支持一个带有正电荷、拥有电子质量的粒子存在。

几个月后，布莱克特（Patrick M. S. Blackett）和奥基亚利尼（Giuseppe P. S. Occhialini）证实了安德森的结果。卡文迪什实验室的研究者证明，正电子符合狄拉克的对偶发生理论，其中高能量的光子在真空中产生一个正电子和一个负电子，这并不像密立根和安德森主张的那样，是粒子从原子核内部发射。安德森拍摄这张正电子轨迹图片的目的是证明密立根的原子诞生理论，所采用的仪器和论证方式也皆属于视觉实验传统，但实验的结果却支持了其竞争对手的量子力学相关理论。这表明理论和仪器的变化并非必然，即理论、实验和仪器之间的断裂并不同时发生。

之后，布莱克特和奥基亚利尼的实验对狄拉克的对偶发生理论提供明确支持。在贝特（Walther Bothe）等人的实验仪器中，计数器和符合电路起到了基础性作用。密立根必须要将他的理论和实验值统一起来，同时，因为计数器实验提供了被宇宙射线穿透更深的物质，这威胁到密立根的海平面宇宙射线是光子的理论。随后，贝特证明："高能量下的辐射所损失的能量的理论值与安德森的实验值差距甚大。"③ 在伦敦召开的会议上，安德森等人将他们的实验结果与新的量子计算相比较，并在会议之后指出，甚至贝特－海特勒理论（Bethe–Heitler theory）所预测的辐射损失相比实验结果也太高了。

---

① Galison, P., *How Experiments End*, Chicago: Chicago University Press, 1987, p. 91.
② Ibid., p. 92.
③ Ibid., p. 98 – 100.

第四章 图像

对此，伽里森认为："安德森的声明看上去宣布了量子电动力学的死亡，但从现在的观点来看，我们却要说安德森看到了 μ 子的存在。毕竟，安德森和内德梅耶（Seth Neddermeyer）表明放射物不是电子——不符合理论，也不是质子——不符合实验。"[1] 此时，奥本海默（J. Robert Oppenheimer）等人面临两种选择：拒绝量子动力学理论来保持原有粒子序列，或者接受量子力学理论，同时为亚原子世界增添一种新的实体。

之后，实验家通过云室和计数器观测到簇射现象，随即，研究者开始对组成簇射的粒子是电子还是易于引发簇射的"红电子"，或是还有新类型粒子组合而成提出疑问。

第二张图片"厚铅板中的复合事件"正是这样一个簇射现象的珍稀事件图片，如图4-2所示。

图4-2 厚铅板中的复合事件[2]

从这张图片中，可以看到当粒子入射到铅板时，发生簇射和贯穿两种现象，现有的理论无法对这两种现象提供合理解释，施特雷特通过将计数器和符合电路联合在一起，对簇射现象进行研究。在这一过程中，施特雷特与罗西发现了维度效应，从而彻底否定了密立根的光子假说。之后，施

---

[1] Galison, P., *How Experiments End*, Chicago: Chicago University Press, 1987, p. 91.
[2] Ibid., p. 111.

特雷特和史蒂文森（Edward C. Stevenson）采用了混搭装置，在木质的云室两边分别放置了两个与符合电路相连的计数器。用这个改进的装置，1934和1935年他们得到单个带电粒子可以到达至少45厘米的铅板，这有力地证明了他们和罗西的工作。

从围绕着这张"厚铅板中的复合事件"图片展开的实践活动中，我们可以看到施特雷特采用逻辑传统的计数器和符合电路得到的研究结果否定了密立根的理论预设，同时，施特雷特等人又采用了计数器、符合电路等与密立根所在的视觉实验传统的实验仪器云室联合在一起进行研究，用来证明自身的工作。这体现了在两种理论相互竞争的过程中，其所对应的实验仪器却能够实现联合，即理论的改变并非必然带来仪器的改变，二者的断裂不同时发生。

至1936年，西海岸的安德森、内德梅耶小组以及东海岸的罗西、史蒂文森和施特雷特小组都通过实验确定了贝特-海特勒理论不可能与实验结果相符。此时，理论家卡尔逊（John F. Carlson）和奥本海墨建立的簇射模型为贝特-海特勒理论与实验建起了一座桥梁，其关键所在就是"成功地指出簇射的粒子是物理学界还不熟悉的粒子"[1]。

正是由于簇射模型指出簇射粒子是一种新粒子，才使得量子理论与安德森小组以及罗西小组的实验结果相吻合，最终判定了这种新型的粒子为 μ 子。因此，簇射模型提供了一个极好的例子，"用以说明理论物理模型复杂性的增长如何将量子领域的'高深理论'与粒子实验的日常观测结合在一起"[2]。

对于 μ 子发现的这段历史，伽里森用一张图表（表4-1）来进行总结。

如表4-1所示，在发现 μ 子的过程中，东海岸和西海岸的两个小组处在相互竞争的关系中，尽管经常具有平行的结果，但他们的动机、设备和论证模式都不相同。

西海岸，密立根的光子理论与原始宇宙射线理论决定了他强调辐射的吸收曲线的研究。正是出于这样的目的，他让安德森对可能由原始光子激发的"次级电子"的能量进行测量，并借此找到确凿证据。最终，安德森发现了核裂变和对偶产生，密立根将这一结果当作原子诞生理论的额外证据。

---

[1] Galison, P., *How Experiments End*, Chicago：Chicago University Press，1987，p. 117.
[2] Ibid., p. 115.

表4-1　东海岸和西海岸发现 μ 子概述[①]

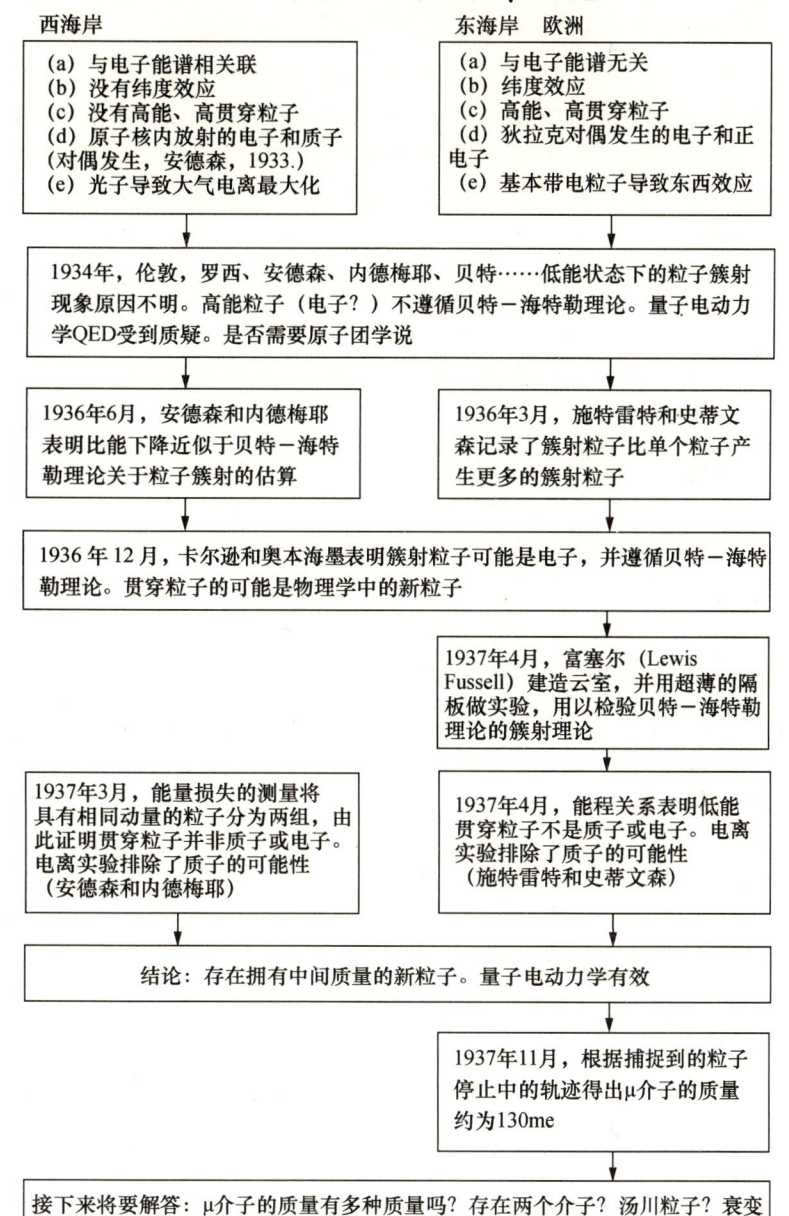

西海岸
(a) 与电子能谱相关联
(b) 没有纬度效应
(c) 没有高能、高贯穿粒子
(d) 原子核内放射的电子和质子（对偶发生，安德森，1933.）
(e) 光子导致大气电离最大化

东海岸　欧洲
(a) 与电子能谱无关
(b) 纬度效应
(c) 高能、高贯穿粒子
(d) 狄拉克对偶发生的电子和正电子
(e) 基本带电粒子导致东西效应

1934年，伦敦、罗西、安德森、内德梅耶、贝特……低能状态下的粒子簇射现象原因不明。高能粒子（电子？）不遵循贝特－海特勒理论。量子电动力学QED受到质疑。是否需要原子团学说

1936年6月，安德森和内德梅耶表明比能下降近似于贝特－海特勒理论关于粒子簇射的估算

1936年3月，施特雷特和史蒂文森记录了簇射粒子比单个粒子产生更多的簇射粒子

1936年12月，卡尔逊和奥本海墨表明簇射粒子可能是电子，并遵循贝特－海特勒理论。贯穿粒子的可能是物理学中的新粒子

1937年4月，富塞尔（Lewis Fussell）建造云室，并用超薄的隔板做实验，用以检验贝特－海特勒理论的簇射理论

1937年3月，能量损失的测量将具有相同动量的粒子分为两组，由此证明贯穿粒子并非质子或电子。电离实验排除了质子的可能性（安德森和内德梅耶）

1937年4月，能程关系表明低能贯穿粒子不是质子或电子。电离实验排除了质子的可能性（施特雷特和史蒂文森）

结论：存在拥有中间质量的新粒子。量子电动力学有效

1937年11月，根据捕捉到的粒子停止中的轨迹得出μ介子的质量约为130me

接下来将要解答：μ介子的质量有多种质量吗？存在两个介子？汤川粒子？衰变

[①] Galison, P., *How Experiments End*, Chicago: Chicago University Press, 1987, p.128.

图像与交易区的双重变奏

直到1934年，粒子在非常高能量下的轨迹使得密立根的理论无法支持安德森的实验结果，安德森开始倾向于正在形成的量子力学。此时，安德森的实验技术仍然是其早期工作的延续。

东海岸小组在与西海岸小组完全不同的理论和实验技术的组合的指引下走向了施特雷特所认为的有说服力的证据。量子力学很早就介入进来，贝特与罗西等实验家保持着紧密的联系，这也是罗西的实验能够很好地与微粒宇宙射线辐射相吻合的原因。在美国，弗里（Wendell Furry）也同样从事量子力学的研究，他与施特雷特在哈佛交往密切，这使得他了解实验的细节。弗里的帮助加上施特雷特长期以来对罗西工作的关注，使得哈佛小组将注意力集中于运用逻辑电路和计数器来积累统计数据作为证据。

因此，尽管东海岸和西海岸的工作组均发现了 μ 子，但他们拥有非常不同的实验方式。结果，他们找到了不同的证据。

每个小组都刻画出贯穿粒子的领域，然后从新粒子的现象中分离出哪些是电子，哪些是质子。这种分离需要若干阶段。大体来说，第一阶段包含着计划的目的：理论的和实验的。西海岸是原子诞生理论，东海岸和欧洲是量子力学。这决定了他们将要研究的现象：西海岸是光子理论，东海岸是带电微粒。与这两个主要目的相关，他们选择的仪器分别为：西海岸是带有铅板和电磁铁的云室，东海岸和欧洲是符合计数器。最终，仪器决定了决定性证据的形式。计数器传统中，施特雷特和其他人越来越依赖于统计论证，同时避开个别照片中的珍稀事件。安德森则在能量损失的照片中找到了证明正电子存在的最有说服力的论据。

因此，理论最初是以一种直接的、定性的方式起作用：看贯穿粒子，或是看簇射粒子。实验传统同样引导着论证的长项结构：用计数器还是云室；依赖大规模的统计或是依赖珍稀事件。之后，理论第二次发挥作用，这一次理论并非指出现象的类型，而是提供定量分析，这种分析构成了结论的结构性部分。在这一层次，理论往往以模型的形式充当着中介的角色。因此，卡尔逊-奥本海墨簇射理论从量子力学中借用了对偶发生理论，但是并没有运用整个量子力学理论。

仪器和技术并不需要与特定的理论相联系，但是在 μ 子发现的案例中，两个小组各自习惯于一种特定类型的仪器：对于西海岸小组来说是验电器和云室，对于东海岸小组来说是计数器和符合电路。最终，仪器和理论二者共同作用使得新现象从已有背景过程中分离出来。对于西海岸，能量损失测量使得贯穿粒子和簇射粒子分离；对于东海岸，射程能量关系影响着这种划分。同时，卡尔逊和奥本海墨关于量子力学的定性模型在双方的研究中皆将簇射粒子与电子联系在一起，使得贯穿粒子成为新粒子。

两个实验传统在1937年得出：存在新的尚未被物理学所知的粒子，质量介于电子和质子之间。当两个小组取得一致，当他们彼此决定结束实验，他们立即成为仪器、实验、高层理论和特殊模型的裁判。①

从上面的过程可以看出，理论在实验结束的过程中起到了多层次的作用。"理论在结束实验中所扮演的第一个角色是以事实为依据的表观角色，即为现象划定一个范围；其二是构成性的本质角色，接受量子电动力学和通过粒子簇射对其进行证明不能与接受一个新的粒子相分离。这两个问题是同一概念结构中的互补部分。"②

通过以上对于围绕着物理学实验中作为数据视觉化表征形式的图像所展开的实践活动的分析，伽里森揭示出理论、实验和仪器之间的多维非线性相互作用。同时，其具有开创性的一点是将理论在实验结束过程中的影响分为不同的层次加以论述，其中每一个层次所起到的作用各不相同，这相比于之前科学史和科学哲学等相关领域的研究者将理论作为一个整体来考量其对实验的影响更为细致，也更为符合现代科学的实际发展情况。

正是通过将理论、实验和仪器分层考虑，伽里森展示了三者之间的多维非线性互动关联，这种关联所展示的是一种三个因素的各个层次之间彼此渗透和咬合的作用机理，伽里森虽然在这里没有提及，但实际上其对理论、实验和仪器三者之间关系的刻画，已经是交易区的萌芽和雏形阶段。接下来，将从《形象与逻辑》一书，继续深入探讨其图像研究的特点，以及其图像研究与交易区理论之间的相互关联。

二 发展期——《形象与逻辑》中作为仪器与实践、形象与逻辑交点的图像

《实验如何结束》将仪器作为与理论和实验地位相同的一个元素引入

---

① Galison, P., *How Experiments End*, Chicago: Chicago University Press, 1987, pp. 129–131.
② Ibid., p. 130.

科学发展的历史舞台，之后，伽里森将注意力进一步集中于仪器，以及围绕仪器所展开的科学实践活动。其中，图像是其关注的焦点问题之一。他相继发表了一系列文章，在1997年出版了《形象与逻辑》，这是一本无论篇幅还是内容都很有分量的著作。整本书以仪器为主题展开，论述了历史发展中围绕仪器展开的具体科学实践活动，包括仪器等物质文化与人的实践活动之间的互动；以云室等视觉仪器为代表的形象传统与以电子计数器为代表的逻辑传统之间的竞争、碰撞与融合；科学家、工程师、技术人员等各个不同的文化群是如何通过仪器相互协商与合作，以及各种不同的亚文化之间相对独立的实践活动是如何通过仪器等交易区彼此联系在一起。

伽里森在此书中，主要以仪器的发展为主线展开讨论，其中每种仪器对应着其特有的图片表现形式，从对图片不同的表现形式以及围绕着图片展开的实验实践活动的具体考察，伽里森展示了仪器的变革所带来的在实验结果获得过程中论证方式、物理学家与其他群体的合作关系等物理学文化的变革，从而强调了物质文化对人类实践活动的反作用。

（一）云室

云室是形象传统中最为重要的仪器之一，最早由威尔逊发明，最初的目的是进行气象学的研究，后被卡文迪什实验室引进，成为当时研究粒子物理学和宇宙射线最为重要的仪器。由此，云室的功能由最初的对自然界存在的真实现象的还原变为实验室中时自然的理想化，从而完成了传统博物学意义上形象传统的第一次转变。

图4-3为云室的发明者威尔逊制作的一个云室，从中可以看到，云室是一种非常小型的操作台式仪器，主要工作方式是单个物理学家进行的独立操作，通过云室得到的图片的表现形式是直接通过照相设备拍摄到的粒子运动轨迹；主要使用群体为实验物理学家和理论物理学家；论证模式是以云室拍摄到的珍稀事件作为判据，实验物理学家得到一个珍稀事件，通过珍稀事件得到的实验结果与理论学家的预期或理论相符，则可判定实验结果正确。

第四章 图像

图4-3 威尔逊云室（1911）①

　　图4-4是威尔逊采用云室拍摄到的第一张珍稀事件的图片，图4-5为云室发展至成熟期时所拍摄的图片。之后很长一段时间内，云室在粒子物理学实验中扮演着极为重要的角色，其所拍摄到的珍稀事件导致了众多新粒子的发现。其中就包括图4-5中所示的 μ 子。

图4-4 第一个珍稀事件（1911）②

---

① Galison, P., *Image and Logic: A Material Culture of Microphysics*, Chicago: Chicago University Press, 1997, p. 111.
② Ibid., p. 112.

图 4-5 第一张慢速可测量 μ 子轨迹（1937）①

（二）核乳胶室

之后，物理学家将云室中的过饱和水蒸气替换为更为稳定、敏感度更高的核乳胶，云室演变为核乳胶室。核乳胶与云室相比，规模有了很大增加（图 4-6），同时，感光度也有了很大提高，所拍摄的图像更为清晰和精细（如图 4-7）。同时，这一时期，出现了一种新的图形表现形式——达利兹图（图 4-8），它并非直接由照相设备拍摄得出，而是许多个直接拍摄到的粒子轨迹图片的统计处理图。因此，达利兹图代表了以图像为基础的形象思维和以数理统计为基础的逻辑思维的部分融合。

图 4-6 SS Mauritania 引擎室（1907）②

---

① Galison, P., *How Experiments End*, Chicago: Chicago University Press, 1987, p.123.
② Ibid., p.162.

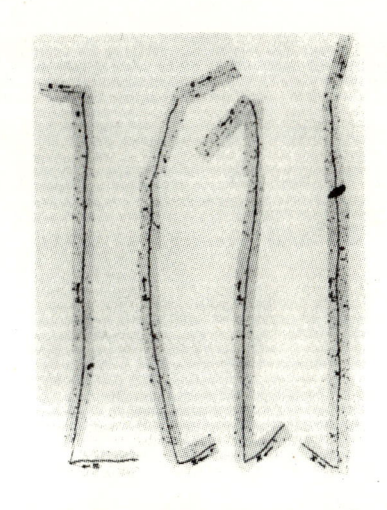

图 4-7 μ子在介子衰变中的常量区域 (1950)①

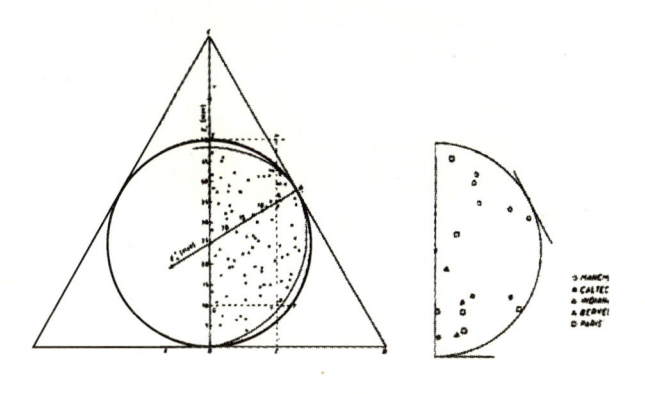

图 4-8 达利兹图②

(三) 气泡室

之后,核乳胶室进一步发展成为气泡室。气泡室的规模进一步扩大,成为实验室工厂(如图 4-9)。同时,气泡室的精度和可测量范围有了显著提高,拍摄照片数目也急剧增加。这就使得在气泡室中进行的实验需要几

---

① Galison, P., *Image and Logic*: *A Material Culture of Microphysics*, Chicago: Chicago University Press, 1997, p. 207.
② Ibid., p. 222.

个人到十几个人的合作小组来协同完成，同时，在图片筛选和处理过程中，需要另一种专门的工作人员——扫描员来进行大量图片的甄别工作。图 4-10 为气泡室中拍摄到的粒子径迹图，在图 4-9 所示的 72 英寸气泡室中，还引入了计算机来协助扫描员进行图片的筛选和统计，自此，计算机成为实验仪器的一部分被保留下来。

图 4-9　72 英寸气泡室（1959）[①]

气泡室规模的增加还带来了另外一个变化，即其建造过程和运行过程中需要专业的技术人员，特别是大型气泡室的建造过程中往往会遇到许多的技术难题，有时还需要借助军方的技术和设备才能完成。因此，技术人员也成为气泡室的一部分被永久地保留下来。此时，围绕气泡室展开的实践活动中，合作群体由之前云室的物理学家单一群体扩展为物理学家、技术人员和扫描员等多个群体。

（四）对撞机

之后气泡室逐渐被加速器和对撞机所取代，自此，仪器建造进入大科学时代。加速器和对撞机无论从规模还是图像表现形式、数据论证方式方

[①] Galison, P., *Image and Logic：A Material Culture of Microphysics*, Chicago：Chicago University Press, 1997, p. 366.

面都发生了巨大变革。

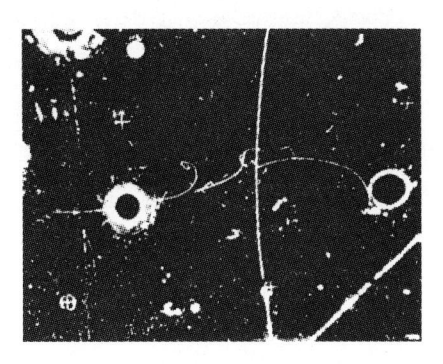

图 4-10 弱中性流（1973）[①]

首先，从规模来讲，对撞机不再是工厂式而是城镇式的，一个加速器的周长往往有几十公里，例如图 4-11 中的超导超级对撞机，其主对撞环周长就有 56 公里，预算达 110 亿美元，导致其因为严重超支而被美国国会否决而停工。不仅如此，在对撞机中的工作人员有上千名，不仅包括科学家、技术人员，还包括工程师、政府管理人员、后勤人员等群体。这些具有不同文化背景、来自不同领域、代表不同利益的群体聚集在一起，共同建造和维护着对撞机这个巨型机器的运行。

图 4-11 超导超级对撞机模型（1993）[②]

[①] Galison, P., *Image and Logic: A Material Culture of Microphysics*, Chicago: Chicago University Press, 1997, p. 418.
[②] Ibid., p. 676.

图像与交易区的双重变奏

其次，由对撞机产生的图片表现形式也有了很大不同。以图4-12中W子的珍稀事件为例，这张图并非由照相设备直接拍摄而来，也不像达利兹图是由众多单个事件的统计运算，这张图是由150位物理学家经过多次实验，通过火花室、漂移室、计数器等多种复杂的实验仪器得到的实验结果经过计算机合成的电子图。其中，图上的每一个像素都经由物理学家精心验证，可以说，这张图是科学共同体集体协作的结果。

这带来了数据论证模式的变革，同时，意味着形象思维与逻辑思维的融合。

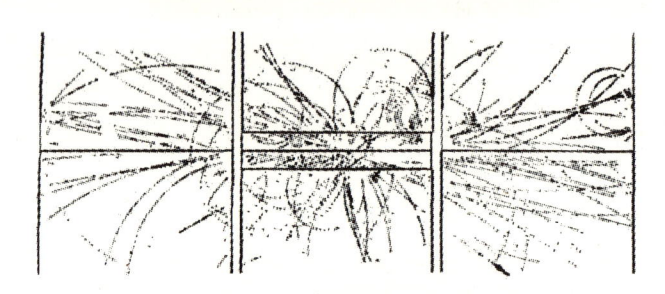

图4-12　W子珍稀事件（1983）①

综上所述，从物理学实验中作为数据的视觉化表征的图片形式的变化可以看到，物理学实验在发展过程中经历了规模扩大化、数据论证形式复杂化和合作群体多样化的趋势，特别是大科学时代，更使得围绕着科学仪器所进行的实验活动日趋复杂，而传统的逻辑实证主义和历史主义所倡导的理论和实验二分的科学发展模型已经过于简化，远远不能描述现代科学的实际发展过程，也正因为如此，伽里森以具体科学史研究工作为出发点，提出交易区理论，对现代科学实际发展的历史过程进行描述和诠释。

伽里森在《形象与逻辑》一书中对图像的作用、图像的制造过程和图像的使用过程进行了详细考察和分析，在此基础上，总结出作为实验数据的图像主要有以下几方面作用。

第一，物理学实验——研究对象的实在化。

威尔逊发明的云室不仅在气象学中产生广泛影响，还使得卡文迪什实

---

① Galison, P., *Image and Logic: A Material Culture of Microphysics*, Chicago: Chicago University Press, 1997, p. 808.

验室模式的物理学也发生了转变。云室使亚原子世界成为可见,这让物理学获得了从一连串的推论中永远无法获得的实在性。[1] 在此之前,物理学实验中对微观世界的探索只能通过观测宏观现象,之后经由理论推论出微观机理,因而,微观世界一直都是以理论模型作为媒介,而非直接呈现,其实在性一直饱受争议。

摄影技术对威尔逊来说是第二自然,使他相信现象。[2]

第二,哲学中关于实在论和认识论方面的思考。

云室发明之后,作为微观世界的可视化表达,图像也引起了哲学家对于实在论的重新思考和争论,特别是通过计算机得到的虚拟图像,进一步引起关于实在论和认识论的哲学思考。

范·弗拉森(Van Fraassen)认为:人们对能够看到和感觉到的事物抱有一种日常实在论,但人们与微观世界则必须通过仪器来建立关联:通过云室,观察现象的规则得以揭示,但仅仅如此,云室并没有提供一个与看到一个建筑物或是人相同的或是类似的直接观看方式。作为实在论者的马斯格雷夫(Alan Musgrave)回应说,通过云室能够探测到粒子的存在,那么就应该相信粒子真实存在。对于美国的操作主义者布里奇曼(Percy Bridgman)来说,云室仅仅意味着赋予原子的亚可见世界以意义的程序,这同时也提供了一个我们在何种意义上使用"存在"这个词的事例。对于奎因(W. V. O. Quine)来说,云室图像可以作为理论实体最为直接的例证,同时与物理学的其他部分以及我们对于微观世界的估算相联合,共同提供了一个实际的实在论(pragmatic realism)。作为完全的反实证论者的汉森(William Hanson)和赫西(Mary Hesse),将云室图片作为"中性数据"的最佳事例,但是同时,他们主张即便是这些图片也不能真正地独立于理论。对于图尔明(Stephen Toulmin)和玻恩(Max Born),云室是实在论的象征:威尔逊的轨迹就是针对日常对象和亚微观世界之间存在鸿沟这一观点的最为有力的反驳。

与玻恩相反,范·弗拉森认为,粒子轨迹间存在的理论关联不需要承诺有任何实体最终导致了轨迹。继而,随着实验和科学的进一步发展,计

---

[1] Galison, P., *Image and Logic: A Material Culture of Microphysics*, Chicago: Chicago University Press, 1997, p. 140.
[2] Ibid., p. 112.

算机模拟中的蒙特卡罗算法带来了更大的哲学问题。

首先,借鉴实验中处理误差分析的方法是蒙特卡罗算法运行试验的第一个认识论问题,之后,第二个形而上学的问题也接踵而来:与差异性的方程式不同,正如自然本身,以计算机为基础的蒙特卡罗算法过程依赖一系列随机的、有限的事件。在这种情况下,早期的蒙特卡罗算法应用气体扩散、中子散射和宇宙射线簇射的产物来模拟自然。在这种意义上,蒙特卡罗算法为16世纪之前符号学意义上的符号和意指之间提供了一种相似关系。当蒙特卡罗算法成为解决无随机元素问题的标准工具,模拟作为提供一个独特的具有特权的优越地位的观点便不再成立。[1]

对于理论家来说,蒙特卡罗算法具有高于电子工程师及其近似方法的优势,因为这种分析法可以提供有些事件发生的原因。而对于实验者来说,蒙特卡罗算法永远不能与真实实验相媲美。这使得工程师和计算机工程人员处于一种独特的地位:"他们使用一种媒介语言,类似成型的克里奥耳语,能够被理论家和实验者双方所理解。上述类型的模拟器成为连接高能理论和束流物理学、粒子碰撞的细节之间的不可或缺的纽带。"[2]

在这里,计算机成为一种工具,一个操控机器、对象和公式的客体。在这个过程中,彼此无关联的科学领域通过事先被研究对象所分离的实践策略连接在一起。曾经分离的科学家联合起来,一个新的子领域占据了区域间的边界。[3]

第三,实验过程中新粒子的发现。

云室等视觉仪器中拍摄的粒子轨迹图片,赋予理论和宏观实验现象所揭示的微观世界以实在性,同时引发了哲学中对于实在性的进一步争论和思考,在实际的实验过程中,这些图像的确令人振奋地带来了一个又一个新粒子的发现。伽里森关注的并非作为结果的新发现,而是图像如何导致新发现的过程。伽里森更为细致地展现了图像如何与理论、实验仪器等相互作用,最终导致发现的历史过程,从而得出比以往科学史工作更为精致的图像、理论与实验之间关系的微观图景。

例如,云室在发明之后,很快成为卡文迪什实验室的中心,布莱克特、

---

[1] Galison, P., *Image and Logic: A Material Culture of Microphysics*, Chicago: Chicago University Press, 1997, p. 776.

[2] Ibid..

[3] Ibid., p. 777-778.

第四章 图像

威尔逊等人都用云室探寻原子核亚原子领域。

1919年，卢瑟福发现氮和其他轻元素在快α粒子的撞击下分裂，并产生非常快的质子。布莱克特负责用云室找到一个珍稀事件。在检查了40万张径迹照片之后，布莱克特挑出18张不符合弹性碰撞的照片，也就是发生分裂的图片。但云室的图片显示，氮核在快α粒子的撞击下并没有发生"分裂"，而是"整合"，也就是说氮核将快α粒子吸收，生成新的粒子，同时发射一个质子。这一情况在以往的实验仪器中无法观测到，而只能在云室中得到直观呈现。[1]

第四，实验数据的论证过程中，对实验数据的分析和论证方式的改变。

视觉仪器所制造出来的图像不仅带来了新发现，同时，对于实验中的数据分析和论证方式也带来深远影响。

比如，随着视觉仪器规模的逐渐扩大，10英寸以上气泡室的出现给物理学家带来了两方面的转变：一是物理学家和作为补充的技术人员中又加入了新成员——设计和建造气泡室的工程师。二是物理学家无法应付上千张照片所包含的信息，开始采用硬件和软件来处理大量增加的数据容量。[2]

至大型粒子加速器和对撞机时代，实验过程以及实验数据和图像的分析过程已经完全交由计算机来控制和完成，物理学家作为实验主导者的地位进一步被限制，计算机成为实验的主要力量，无论是图像的生成、筛选、分析还是完全由计算机程序来进行模拟实验，所有这些数据的生成、筛选、分析过程，以及实验结果最后的确认，无一不渗透着计算机的参与。

同时，在图像的生成和分析过程中，我们还能够看到工程师、技术人员甚至管理人员与物理学家之间日益紧密的相互协作，也正因为如此，伽里森强调，在阅读数据的过程中，我们能看到的不仅仅是数据本身。在阅读的技术中，包含着工作场所的社会秩序，对发现的认识论立场，以及对于物理学、工程学和人文学科之间关系的洞察力。

第五，从图像的制造过程看仪器、理论、实验之间的关系。

关于仪器的制造过程中是否有理论参与这个问题，应该关注的不是理论是否介入，而是哪个理论介入了，以及它怎样起作用。

---

[1] Galison, P., *Image and Logic: A Material Culture of Microphysics*, Chicago: Chicago University Press, 1997, p. 118.

[2] Ibid., p. 349.

图像与交易区的双重变奏

伽里森认为:"数据总是被解释的。但是被解释并不意味着被更高层的具有统治力的理论所形塑。"① 并没有原始的、纯粹的和无瑕疵的数据,有的是判断,这种判断有时包含于机器中,有时直接汇编在软件里。一些判断通过扫描员和物理学家在事件显现时注视 CRTs 的方式得以进入,另一些则在柱状图中和缩微胶片的复制品中。②

观察、原始数据、理论都预设了理论和实验的二分,实证主义者认为数据是稳定的,理论是暂时的,反实证主义者认为数据是可调的,而理论是有力和起操控作用的,这两方都不充分。③

第六,从图像的制造过程和使用过程看形象与逻辑两大传统的异同和相互影响。

伽里森在《形象与逻辑》一书中,有两条叙事主线:一是仪器,二是形象和逻辑两大实验传统,将这两条叙事主线结合在一起的是围绕仪器展开的实践活动,其中,以图像为中心展开的实践活动在现代物理学实验活动中占有异常重要的作用。首先,形象传统本身就是以图像为主要论据,珍稀事件在实验结果的确认过程中起到决定作用。其次,在形象与逻辑两大实验传统从分立、竞争到逐渐融合的过程中,图像不仅具有不可替代的位置,同时,从图像的制造过程和使用过程的考察中,我们也能够看到两大传统的异同和如何相互影响。

形象传统主要是指对表征的处理依赖对构成的模拟,以非干涉主义者的客观性为目的的照相术制造了自然的同型表征。而在逻辑传统中,统计模式是对事件逻辑关系的记录,是一种电子实践,它制造自然的同构表征。两大实验传统所包含的仪器见表 4-2。

其中,云室是形象传统中最为重要和基础的仪器,核乳胶和气泡室都是在云室的基础上逐步改进和发展起来的,在云室的阶段,物理学实验已经开始将云室和计数器配合起来使用,核乳胶和气泡室更是如此。火花室发展之后,也加入了拍照功能。因此,形象传统和逻辑传统在仪器的使用上多有交叉和联合,只是在实验方法和对数据的筛选和论证过程中存在差异。

---

① Galison, P., *Image and Logic: A Material Culture of Microphysics*, Chicago: Chicago University Press, 1997, p. 543.
② Ibid., pp. 543-544.
③ Ibid., p. 543.

表 4-2　　　　　　　形象传统的仪器与逻辑传统的仪器①

形象传统	逻辑传统
云室	计数器
核乳胶	火花室
气泡室	丝室
电子图像	

之后，随着加速器和对撞机的出现，形象传统和逻辑传统开始走向新融合，即电子图像。电子图像主要是通过计算机直接控制实验过程，并通过即时的数据计算和处理，使实验过程形成新的可视化过程，物理学家可以通过这些数据形成的新的图像来实时观看和操控实验过程。

使用计算机电子图像的优势之一是能够快速返回数据和曲线信息："由于几乎是同步进行的在线计算机数据处理过程，这个复杂的计算器系统（通常情况具有固有缺陷——不可视）给出一种不寻常的视觉角度。现在，我们能够看到几乎即刻发生的实验过程，并在任何时刻进行标准检查。"②

这里，对于视线的还原有了多重含义。首先，计数器的不可视性源于它们无法传递视觉记录：它们不能像云室或是气泡室一样拍照。但是，与此同时，实验者第一次"看到"了他们实验的过程——这里的"看"指的是能够显现正在发生着的事情并且对事件过程进行控制。又一次，人们能够将视觉和操作性通过形象和逻辑的综合特征联合在一起。

第七，形象与逻辑两大实验传统通过图像而形成的交易区。

伽里森通过对图像的关注，刻画了形象与逻辑两大实验传统通过图像的实践活动形成若干个交易区，在这些交易区中，两大实验传统进行着局域性的协调和合作。

其中，威尔逊发明云室，最初的目的是模仿自然界的气象现象，但经由卢瑟福等人将其应用到物理学粒子实验中，使得原本只能由宏观现象和理论进行推论的微观世界得以显现，以气象学和地质学为传统的模拟实验和以抽象为目标的分析实验通过云室结合，从而刻画出模拟实验和分析实

---

① Galison, P., *Image and Logic: A Material Culture of Microphysics*, Chicago: Chicago University Press, 1997, p. 20.
② Ibid., p. 493.

验之间的一个交易区，这也是形象传统和逻辑传统的一次意义重大的局部融合。

伽里森通过图像的应用呈现的另一个形象与逻辑传统间的交易区是达利兹图。从围绕着达利兹图展开的一系列实践活动的刻画中，伽里森用历史的视角向我们展示了形象与逻辑两大实验传统发生相互作用的微观物理学史。

在1950年初，核物理学家与乳胶物理学家所使用的语言并不相同。理论家用统计学论证 τ 介子，这种统计学既不是轨迹中的颗粒，也非简单平均数。理论家按照性质（自旋和宇称）为介子分类，这种方法早已是理论工作的核心，但在乳胶实验者的分析过程中并未应用。达利兹图为应用于实验视觉法的精确的统计学方法提供说明，这种方法一直延续到气泡室时期，为维持实验和理论的交易区的一系列实践活动提供了简洁证明。

第八，作者身份。

达利兹图除了表明理论家和实验者可以将世界进行不同的划分，还提出关于论证和科学的作者身份的两个要点。毫无疑问，鲍威尔与其他乳胶物理学家发现，基于单个明确事件的论证具有充分的论证力量。然而，当个体事件之间发生冲突的时候，则必须借助于统计学。这一统计学的转向使得科学的作者身份发生了转变，不仅如此，对于一个珍稀事件，无论是鲍威尔或是珀金斯（Donald Perkins）来解释，科学的作者身份相等，但是达利兹图并非如此。达利兹图必须通过均匀分布在半圆上的各点来进行论证，这些点来自8个国家的15个实验室的物理学家和扫描员。如此，单个事件的特性曲线消失在达利兹图的点中，科学作者的个人签名也随之消失。在关于 τ 介子的论证中，单独的点并不代表什么。科学共同体作为一个整体充当了 τ 介子不同于 θ 介子的作者。

因此，当采用各个实验室实验结果的平均数来确定最终实验结果时，单个实验者就通过单个事件的联合而组成一个整体，即科学共同体的作者身份。

关于作者身份的另一个改变发生在大型视觉仪器出现之后，比如气泡室，在大型气泡室的建造过程中，技术人员和工程师是物理学家必不可少的合作者，同时，他们也在气泡室建成中作为实验室不可分割的组成部分被保留下来，技术人员和工程师已经作为重要力量参与到气泡室等大型视觉仪器的实验过程中来，氢气泡室产生轨迹方面的第一篇论文的作者伍德

(John Wood）即是一位技术人员而非物理学家。

第九，图集作为物质的克里奥耳语，从中可以看到物质文化与人的实践活动之间的确相互作用，以及作为一个过渡地带，从而成为物质与人的实践活动之间的灰色地带。

在力图展示形象传统和逻辑传统之间既竞争又合作的互动关系的同时，伽里森还展示了两个仪器化的亚文化群是如何建立一种默会的克里奥耳语的，这也是《形象与逻辑》一书的目的之一。从这两个传统的相互影响中，出现了默会的洋泾浜语，之后又演变成默会的克里奥耳语，对此伽里森进行了历史、社会学以及哲学的讨论。

随着威尔逊云室在发现粒子方面的巨大成功和广泛应用，一种视觉语言开始在图像的分析中得到应用，云室图集就是其中之一。[①] 图集是由地理学的地图集发展而来，主要在地理学和天文学中应用，后来扩展到生理学等领域。云室发明之后，对云室中拍摄到的图像进行筛选和分析需要特定的背景知识。随着云室规模的不断扩大和实验者的日益增多，单凭经验丰富的实验者对新手进行面对面的传授已经无法满足需要，因此，1940年金特纳（W. Gentner）、莱布尼兹（H. Maier Leibnitz）和贝特共同完成了云室照片集，用来训练使用云室的物理学新手识别典型现象，进而发现新现象。

云室图集的一个固定功能就是为学习模式识别技巧提供便利，这是发现新现象的先决条件。在使用过程中，它逐渐成为一种视觉化的物质克里奥耳语。通过云室图集，实现了新手和老手之间知识和传统的传递，也实现了实验者和理论家之间的交流和协商。类似的以图像为表现形式的克里奥耳语还可以实现各个学科间的交流，比如，大型气泡室的建造者格莱泽将气泡室的仪器成功地引入其微生物学的研究，他之所以能够在看似毫无关联的两个领域里穿行，主要是由于伴随着图像分析技术的类似默会的克里奥耳语为其提供了可能性。[②]

第十，客观性。

除了交易区、交际语言等，伽里森还在《形象与逻辑》中通过对图像的研究，对客观性进行了相关探讨。

[①] Galison, P., *Image and Logic: A Material Culture of Microphysics*, Chicago: Chicago University Press, 1997, p. 120.

[②] Ibid., p. 422.

例如，在直径超过10英寸的大型核乳胶气泡室中，对阿尔瓦雷斯小组来说，客观性停留在一个不稳定的中间区域，它既完全不属于专家判断，也不属于人工智能。具体来说，实验主题、实验者处于一个复杂的硬件和软件系统之中。扫描员和物理学家在一个机械的和纲领性的阅读制度的网络中行动。客观性被定义为人眼与液态氢、压缩机、照相器材等相互作用的产物。

伽里森认为，阿尔瓦雷斯合作组不再被看作是个人的延伸。正如桑代克（Alan Thorndike）在他的书中所说："实验者不是一个单独的人，而是一个复合体。他是一种社会现象，形式多种多样，不可能精确地加以定义。然而，有一样东西可以确定，他不是……一个隐藏在实验室中的与世隔绝的科学家。"微观物理学实验的作者已经在探测器、计算机和协作之间的互动中驻足。[①]

三 成熟期——《客观性》中作为客观性与主观性竞争与协作产物的图集

《形象与逻辑》之后，在《客观性》一书中，伽里森对图像的关注点进一步扩展为包括物理学、植物学、生理学、解剖学等众多学科在内的科学图集，时间也从20世纪延伸至16、17世纪。通过围绕着科学图集展开的实践活动的研究，伽里森试图探索和展现客观性这一被看做科学本质性质之一的概念如何产生和逐步发展的历史。通过对这一历史的考察，伽里森和达斯顿得出结论：科学客观性的历史并非像人们想象的这般悠久，客观性这个概念是伴随着现代摄影术的兴起才逐渐形成与自然的对应关系，同时，如果从历史发展的脉络中考察客观性这一概念，它是一个多层次多维度的复合体，是随着不同类型认识论的变化而不断演变和杂糅的历史混合概念，而非像现在一些哲学家、科学家以及公众所认为的那样，是一个无时间性的单一概念。

通过对图像的研究，伽里森与达斯顿开始思考关于科学认识论和科学美德等问题。

[①] Galison, P., *Image and Logic: A Material Culture of Microphysics*, Chicago: Chicago University Press, 1997, p.431.

第四章 图像

　　这里，对图像的关注主要集中于图集的制作过程，通过对图集制作过程的考察，作者展现了科学的客观性发展的三个阶段，伽里森称为三种认识论美德，即自然真相、机械客观性和专家判断，其中，自然真相主要以手工绘画为主，机械客观性随着现代摄影技术的出现而兴起，专家判断则对应着计算机模拟图像时期。

　　伽里森对科学图集的研究主要刻画了两个问题，其一是从科学图集的制作过程分析和讨论科学的客观性发展的三个阶段，其二是科学图集本身就是一个交易区。伽里森虽然在这一阶段对交易区这一概念很少提及，但从内容上来看，交易区理论已经内化为其研究工作的视角和方法。下面，就分别从这两个方面来展开谈论。

　　（一）从科学图集的制作和发展过程看科学客观性的历史演变

　　此书中，伽里森论证科学的客观性出现在 19 世纪中叶与之前的"自然真相"有着很大不同。

　　客观性的演变历史关系到科学的方方面面，伽里森之所以将注意力主要集中在图集以及相关书籍上，首先，是想要展示出认识论美德不仅贯穿于概念，同时也贯穿于科学的实践；其次，科学图集曾经是科学实践的中心，它跨越了规则和分期；最后，是科学图集为如何观察和展现现象制定了标准。科学图集的图像是工作中的图像，整整几个世纪，从解剖学到物理学、从气象学到胚胎学，它们一直在科学观察者的眼中发挥着作用。[1]

　　除此之外，还有两个方面的重要原因："其一是视觉和事实之间强有力的联结使得图集承载了新的客观性；其二是图集的使命一方面是要刻画现象，而非简单的记录，另一方面则是对理解的禁止，二者之间的冲突使得想要获得客观性的科学家们付出了极高的代价。"[2] 换句话说，现代意义上的科学客观性的形成与自然的可视化表征密不可分，而科学图集恰好处于视觉与事实之间的连接点，在围绕着科学图集展开的实践活动中，能够追索到以视觉表征为基础的客观性与自然、科学家之间的冲突、互动和协作。

　　历史学家，尤其是科学哲学家历来将客观性作为一种超越历史的敬语，用来褒奖这样或那样的科学素养，却很少关注其发展历史，它在源头上是

---

[1] Galison, P., *Image and Logic: A Material Culture of Microphysics*, Chicago: Chicago University Press, 1997, p. 27.

[2] Daston, L., Galison, P., "The Image of Objectivity", *Representations*, 40, 1992, pp. 81 – 128.

什么。无论有没有认识论的来源，还是出于对科学的忠诚，客观性一直被认为是抽象的、与时间无关的、牢不可破的观念。但是，伽里森认为："如果仅仅是一个纯粹的概念，与其说客观性是一个模具造就的青铜像，不如说是一些即兴拼凑起来的自行车、闹钟和水管的零部件。"[1]

为此，伽里森和达斯顿力图通过对围绕着科学图集展开的科学实践活动的历史考察，刻画出客观性作为一个概念如何产生和逐渐发展起来，最终成长为科学的一个本质属性。通过对这一过程的考察，伽里森想要说明："科学历史中的事件并非瞬间发生，就像是雪崩，一些特定的相关条件积累到一定时候，便会由某一特定条件所引发，科学历史中的突变也是这样，有着自身的连续性。"[2] 伽里森的兴趣点在于：一方面，捕捉到认识论中的不稳定条件；另一方面，界定关于何者为客观性的新模式。

通过对19世纪前期至20世纪中期欧洲和南美洲科学图集中的图像制作的考察，伽里森还揭示了客观性与主观性仅仅是对立面的关系，二者的联系如胶似漆，虚实结合，相辅相成。[3]客观性的每一个成分都与主观性中的某个独特形式相对立；每一个成分都是由对主观性的某些方面的排斥来界定的。

是否有世界和心灵之间错误的匹配，这是17世纪认识论关注的问题。而19世纪图集制作者们则坚决抵制主观性向内的诱惑，道德上要求自律自制：图像机械地制造出来，并不加修饰地出版；文本极其简洁，以至于好像几乎要完全消失掉才算好。如果说17世纪的知识论渴望着天使的观点，那么19世纪的客观性则追求圣人般的自律。正是这种英雄式的自律将机械客观性的正反面统一在一起。一方面，诚实和自我约束要求杜绝判断、理解甚至是个人自己感觉上的证言；另一方面，绷紧神经的专心致志要求精确的观察和测量，夜以继日的无休止的重复。这是一种道德化的景象，自制战胜了肉体和精神的诱惑以及薄弱的意志。就像几乎所有道德品行一样，它也宣扬一种禁欲主义，尽管是非常特殊化的一种类型。因此，机械化的科学乍看之下与道德化的科学并不相容，但事实上这两者却是紧密相连的。[4]

---

[1] Daston, L., Galison, P., *Objectivity*, Boston: Zone Books, 2007, p. 9.
[2] Ibid., p. 50.
[3] Daston, L., Galison, P., "The Image of Objectivity", *Representations*, 40, 1992, pp. 81–128.
[4] Ibid..

第四章 图像

这里以客观性之前科学中存在的认识论美德——自然真相为例,来具体说明伽里森如何通过对图集的研究来揭示客观性发展历史中,客观性与主观性之间的相互界定关系以及机械客观性与道德化的科学之间如何密切相连。

从16世纪起,视觉型的科学工作者们已经制备了他们指定现象的图集版本,这些指定的现象是他们仔细筛选的可观察的事物,并出版了大量说明性书籍。无论是身体器官、星象,还是绽放的植物、仪器读数,皆从非常细心谨慎的视角来进行描绘。

对于起步工作或新手而言,图集训练眼睛挑选特定种类的对象作为范例,比如说,这个"典型"肝而不是那个带有肝炎的肝;以及从特定的方式去看待它们,比如,使用弗拉姆斯蒂德而不是托勒密天体假设。获得了这种专家的眼睛,就赢得了在大多数经验科学中的激励,图集训练新手的眼睛,也刷新着老手的眼睛,通过新的仪器主观得出的图像做成图集,比如20世纪早期的X射线图集,该领域中每个人都必须使用图集来学习如何"读"这个新东西。

对于19世纪的图集而言,所有领域的图集无不执着于其精确度和保真度。但是为了决定一个图集是否精确地表现了自然,图集制作者们必须首先决定自然是什么。所有的图集制作者必须解决选择问题:哪一些对象应该作为该学科的标准现象,从哪些视角出发加以展现?在19世纪后期,这些选择触发了一种焦虑否定的危机,因为这看起来会带来主观性,但在更早些时候,图集制作者面对他们的任务,却有着更多的自信和坦率。这并不是说他们将自己抛向了主观性,依据他们自己的兴致和古怪念头的判定来表现标本。与此相反,他们都是几乎狂热地警觉着以保证他们图片的精确度。然而,他们认为对典型的、特征化的、理想的或平均的图像进行选择判断,不仅仅无可逃避的是图集制作者的任务,而且是他们光荣的使命。

典型图像主宰了从17世纪到19世纪中叶的解剖学图集,其并非以某一个单独个体为原型,它很少体现于某一个个体中。但是,研究者们能依据积累的经验,由直觉察觉到它们(如图4-13)。这并不是说原型完全地超越了经验,而是研究中的观察一定总是成系列做的,因为由某人做的单个观察是高度异质性的:对于从未用他自己的眼睛看到纯粹现象的观察者而言,更多地取决于他的心情、感官状态,光线、空气、天气、物理对象是如何被处理的,还有千百种其他的周遭情况。因此,将典型从易变的和偶然的事物中提取出来,这并不是堕入了主观性,而恰恰是对主观性的警惕。

图像与交易区的双重变奏

图 4-13 高等植物和害虫的草图,意在表达没有特殊的植物,从形态学的原型可以得到所有高等植物①

典型图像主宰了从 17 世纪到 19 世纪中叶的解剖学图集,除了上文中两个重要的变体,我们将之称为"理想的"和"特征的",也在更早时期图集的插图上留下了烙印。简单地说,"理想的"图像旨在表现不仅是典型的,而且是完美的,即绘图者会依据自身对于完美的定义来对图像进行适度的完善。"特征的"图像则是在某个个体中定位典型,即找到一个接近于典型的个体,然后将其按照典型的特征进行完善。理想的和特征的图像是对现象的标准化,并且这二者的制造者都强调图像的精确性。但是他们潜在的本体论和审美旨趣却大相径庭,这里伽里森通过绘制解剖学图集的例子来具体说明二者的不同。

阿尔比努斯(Bernhard Albinus)是荷兰的解剖学教授,与荷兰艺术家以及雕刻师汪戴尔(Jan Wandelaar)一同合作,制作了一些最具影响力的理想化解剖学图集,在其著作《人体生理学原理》的序言中,阿尔比努斯描述了他看似矛盾的绘制图集的方式。在描绘标本时,他在醉心于苛求视觉上的精确性的同时,也创造了"最好的自然模式"图像(图 4-14)。为了能够创造"最好的自然模式"图像,他极为细致地对人的骨骼标本进行测

---

① Daston, L., Galison, P., "The Image of Objectivity", *Representations*, 40, 1992, pp. 81-128.

量,并重新组装和支撑起整个骨架,检测了髋骨、胸廓、锁骨等的确切位置,甚至找到一个赤裸的皮包骨的活人作为对照。他还亲自制作了栅格,将艺术家汪戴尔安置在栅格的支柱刚好与眼睛重合的位置,并在已经以纵横交叉线匹配的模式规定好的平板上一格一格地画出标本,以防汪戴尔所绘制的标本的比例不对。

图 4-14 《人体生理学原理》插图[1]

令人惊奇的是,这个阿尔比努斯花了3个月时间与汪戴尔苦心交涉,最终制造出来的图形竟然也不是阿尔比努斯精心准备的特殊骨架。"它是一个理想化骨架的图片,可能存在或者也可能不存在于自然之中,并且,它是对特殊骨架的最好近似。"[2]阿尔比努斯清楚图集制作者的困境,自然充满了多样性,但是科学却不能。他必须选择他的图像,而且,他选择的原则完全符合规范:"骨架在年龄、性别和骨头的高度以及完整度方面各不相同,同样,在强度、美感和整体的走向上也不同。我(阿尔比努斯)选择了一个可以展现强度和灵活度的骨架,它整体优雅,同时也不是特别脆弱,

---

[1] Daston, L., Galison, P., "The Image of Objectivity", *Representations*, 40, 1992, pp. 81-128.
[2] Ibid..

既没有展现出青少年和女性的丰润和纤细,也没有特别的粗糙与丑陋。简言之,它所有部分都很漂亮和顺眼。我想要展示出自然的示例,所以我认定它是来自自然的最好模式。"①

因此,阿尔比努斯选择了一副"男性的骨架,中等高度,有着很好的比例。具有最完美的外观,没有任何瑕疵、畸形或残缺"。②但这个骨架仍然不够完美,所以,阿尔比努斯毫不犹豫地用艺术改善自然。"完美"和"精确"是阿尔比努斯的北极星和罗盘,他看不出二者之间有什么矛盾之处。实际上,阿尔比努斯相信他完美骨架的普适性与特殊骨架一样,同时完美骨架所具有的普适性能够在特殊的图片中得以展现,甚至可能在一个现实中的特殊骨架中体现出来。这种普适性只有通过熟知特殊个体中所有细节后才能被认识到,但没有任何特殊的图像能够捕捉到"理想",这要求绘图者在长期经验中形成适当的判断力。

19世纪后期解剖学家和古生物学家相信,只有特殊性才是真实的,并且相信偏离了特殊性就会招致不可靠的理论对事实的扭曲。就像图集制作者在选择图像时充满了焦虑和担忧,唯恐他们屈从于主观性的诱惑。与此相反,阿尔比努斯和其他理想化的图集制作者们毫不犹豫地提供他们从未真正看到过的事物图片,却是出于对还原自然真相的考虑,而不是违背它。

从上面的事例可以看出,科学在发展的过程中,并非一直都与现代意义上的客观性相伴而行,对于何者更为贴近自然,在科学发展的每一个阶段都有着不同的含义。曾经被认为更为贴近自然的自然真相在照相技术发明之后被打上了主观性的烙印,而自然真相恰恰又是客观性的前身,因此,通过图集的研究,伽里森揭示了一个驳杂的关于客观性的历史。

(二)通过科学图集刻画的交易区

除了刻画客观性的实际发展历史之外,伽里森还通过图集的研究刻画了介于不同实践之间的交易区。

其中,图集本身就可以作为一个交易区,不同背景的人,不同学科和文化之下的实践活动通过图集联系在一起。首先,从制作过程来说,绘图者、图集写作者、绘图者和雕刻师之间通过图集来进行协商和合作;其次,在使用过程中,各种不同背景的研究者通过图集对一些观念有了共同的认

---

① Daston, L., Galison, P., "The Image of Objectivity", *Representations*, 40, 1992, pp. 81–128.
② Ibid..

识，换句话说，图集将不同背景、不同学科中的人的实践活动联系在一起。

第三节 分析与总结

从以上的论述中，我们能够看到伽里森对图像的研究工作与以往科学史和其他领域的相关学者对图像进行的研究密切相关，同时又有很大不同。伽里森对图像的研究工作在试图回答其对科学中理论、实验与仪器之间的关系，科学的客观性等问题的同时，也提出了新问题。下面，就从这两个方面具体展开论述。

伽里森对图像的关注有以下几个特点。

（1）伽里森早期关注的是作为实验数据的视觉化表征的物理学实验图像，其关注点主要是图像制造和使用过程，力图从围绕图像的制造和使用展开的实验实践活动的历史考察中，寻求理论、实验和仪器的多维非线性关联，以及仪器与人的实践活动之间的互动，同时，也开始关注物理学实验中的两大实验传统——以视觉仪器为基础的形象传统与以电子仪器为基础的逻辑传统——之间从分立逐渐走向融合的动态历史进程。

之前，科学史领域中对图像的关注主要集中于对科学插图等通俗化图像中所体现出的科学与社会的互动关系，或是科学数据图像所带来的科学实验中的新发现。视觉文化和艺术史等领域也对科学中的图像做了一些研究，主要集中于对植物图集、地理图集等历史发展过程，以及"图像转向"之后所带来的图像霸权等问题。

与此同时，与伽里森同一时期兴起的科学知识社会学的相关学者，例如拉图尔、皮克林、赛蒂纳等人也对科学中的图像予以高度关注。他们同样关注科学实验中作为实验数据的表征形式的图像，但有几点与伽里森有着本质不同。虽然他们也关注图像的制造和使用过程，但是关注的焦点问题是图像作为与文字相对的科学知识的一种表征形式，其制造和使用过程掺杂着社会建构，从而使图像作为文字的一种补充形式和延伸，为科学知识的社会建构这一中心议题提供案例支撑。因此，在科学知识社会学家看来，图像只是作为科学知识的另一种表征形式，与文字并无本质区别。

但伽里森眼中的图像，是作为物理学实验中与文字所代表的逻辑传统相对的另一大实验传统——形象传统的代表,这就赋予了图像以不同于文字的特殊含义,从而打破了以文字资料为主,图像资料作为文字资料补充说明的研究传统,还图像以更为丰富的意义。

此外,科学知识社会学的相关研究者主要研究对象是生物学等领域的图像,而伽里森以物理学这一处于近现代科学基础地位的硬科学中的图像为研究对象,无疑又增加了记叙的力量和深度。

最后,科学知识社会学关注的是图像制造过程中社会因素的介入,而伽里森则更为关注图像的制造和使用过程中,理论、实验和仪器之间的互动以及仪器与人的实践活动之间的相互影响,这使得伽里森对于图像的研究具有更为深厚浓郁的物质文化色彩。

(2) 经过初期尝试,伽里森在《形象与逻辑》一书中,将图像作为一个核心要素考量,这标志着其图像研究的成熟期,同时,伽里森图像研究强化了认识论和哲学意义。

在《实验如何结束》中,伽里森有意识地将图像与逻辑方法对立、突出,这里,伽里森进一步强化了图像与文字的分界,试图从形象与逻辑两大传统的冲突、碰撞与融合中追索科学是什么、科学究竟如何发展的哲学议题。这就使得图像开始承载认识论和哲学的双重含义。

同时,伽里森开始将视野从物理学实验中单独的珍稀事件扩展为云室图集等科学图集,通过对科学图集的讨论,伽里森呈现了理论、实验和仪器等亚文化之间分立的实践活动如何通过科学图集彼此联系在一起。也正是通过对这一过程的刻画,伽里森建立了其科学发展的新图景——交易区理论,同时,云室图集也在视觉化的物质交际语言中充当各个亚文化之间相互协商的媒介。而伽里森图像研究所发现的种种,在传统的文字材料中并不能得到体现,因为20世纪的物理学实验中,大家不再单纯依靠信件或是文档等书面材料进行日常交流,而是掺杂了电话、报告等各种形式,因此,对于图像的研究反而能够提供文字资料所不能够提供的更为丰富的细节,以及如何进行实践活动的历史脉络。这也表明,传统的以文字史料为主的编史学方法随着研究对象的改变而发生了重大变化,图像的重要性开始日益显现。

当然,与此同时,图像也具有局限性和特殊性,需要在运用的过程中给予充分注意。

(3) 在此基础之上,伽里森进一步扩展了对图像的关注领域,在2007年出版的《客观性》一书中,与达斯顿的合作使得伽里森的目光从物理学图像转向了包括解剖学、生理学、植物学、古生物学、天文学、X射线等众多领域在内的自16世纪以来的科学图集,这一次,其关注的焦点问题是科学客观性的发展。

这一时期的工作看似与《形象与逻辑》有了很大转变,但实际上有很强的延续性。在《形象与逻辑》中,形象具有与逻辑相对的一种认识自然的方法,至《客观性》一书,伽里森通过对形象这种表现方法的更为深入的研究,进一步揭示了形象在科学客观性这哲学中的重要作用。

传统客观性的说法也有很多,以马克思主义为例,其主张是独立于人的、不以人的意识为转移的客观实在,其认为虽然人的实践活动暂时无法认识到全部的客观实在,但世界是能够通过实践的进步和人类力量的日益强大而逐步被认识。当然,这种说法已经慢慢地被一些新观点取代,比如在霍金的《大设计》[①]一书中,就提出了一种依赖于模型的实在论,这种实在论可以用金鱼缸的金鱼来比喻,即生活在物质世界里的人与生活在金鱼缸里的金鱼有着类似的经历,金鱼只能通过鱼缸来观看外面的世界,其眼中的实在都经过鱼缸的折射。鱼缸即为霍金所说的模型,人也需要借助于模型作为媒介才能认识世界,这个模型永远也无法摆脱,因此,我们也无法真正抵达实在。

而伽里森借助于科学图集所展示的客观性却与以上的客观性差异更大。其认为,客观性的发展史其实就是人们在实践的过程中将何者定义为主观从而加以拒斥的历史;被看作主观性的、需要加以避免的各种形式从反面规定了客观性的各种形式。这种如何、为何和何时避免主观性的行为通常发生在人们思考怎样才能正确认识自然的过程中,也就是何种认识论在认识自然的过程中更为适用的问题。因此,作者用认识论美德一词来对应人们对主观性的定义和抗争过程,亦即客观性的发展过程。

长久以来无论是科学家、哲学家还是史学家都认为客观性是抽象的、与时间无关的、牢不可破的观念,伽里森则认为:"与其说客观性是一个模具造就的青铜像,不如说是一些即兴拼凑起来的自行车、闹钟和水管的零部件。"[②]

在具体研究中伽里森和达斯顿通过对围绕着科学图集展开的科学实践活

---

① 霍金、蒙洛迪:《大设计》,湖南科学技术出版社2011年版。
② Daston, L., Galison, P., *Objectivity*, Boston: Zone Books, 2007, p.19.

图像与交易区的双重变奏

动的历史考察,刻画出客观性作为一个概念产生和逐渐发展,最终成长为科学本质属性的历史进程。通过对客观性发展历史的展现,伽里森试图"捕捉到认识论中的不稳定条件,并界定关于何者为客观性的新模式"[1]。

综上所述,在伽里森的早期工作《实验如何结束》中,其关注的焦点问题是理论、实验与仪器三者之间的内在关联,图像的相关研究作为其中的一个侧面;之后伽里森逐步意识到图像作为一种与文字相对的科学知识的视觉化表征形式,在科学的发展过程中起到了重要作用,同时,通过对图像这种特殊类型的史料进行的研究,伽里森得出了与以往以文字资料为主的科学史研究非常不同的结论。由此,图像成为伽里森史学工作的一个特殊视角。

至《形象与逻辑》一书,伽里森通过以图像为基础的研究,呈现出物理学实验中形象与逻辑两大传统之间的竞争与合作,以及围绕图像展开的各种不同类型的实践活动的冲撞与融合,从而丰富和发展了交易区理论。同时,云室图集等也作为物理学家内部、物理学家与扫描员、各个不同实验室的物理学家之间进行沟通的"交际语言",从而赋予了交易区理论以物质文化的内涵。可以说,这一时期,伽里森对于图像的研究已经与交易区理论的发展紧密地缠绕在一起,成为伽里森研究工作中的两大主线。

至2007年《客观性》一书出版,图像已经成为伽里森研究工作的核心,而交易区理论则作为他的视角和方法退隐至幕后,从而完成了图像由暗到明、交易区理论由明至暗的转换。

可以说,正是通过图像,伽里森体现了仪器在实验论证过程中所扮演的特殊作用,同时,通过图像,伽里森将围绕着仪器、理论和实验,科学技术与社会等不同群体的实践活动联系在一起,也正是通过图像,伽里森建立了形象与逻辑、仪器与实践这两组通常被认为对立方的内在关联,展现了理论与实验、物理学与工程技术、科学内部与科学外部的对话和协商,这也正是交易区理论的要义所在。

与此同时,伽里森对于图像的研究工作在科学史领域引起广泛的兴趣和讨论,对此,伽里森和达斯顿也做了回应;[2] 不仅如此,还得到了来自艺

---

[1] Daston, L., Galison, P., *Objectivity*, Boston: Zone Books, 2007, p.50.
[2] Galison, P., "Author's Response", *Meta-science*, 03, 1999, pp.393-404; Daston, L., Galison, P., "Objectivity and its Critics", *Victorian Studies*, 04, 2008, pp.666-677.

第四章　图像

术史等领域相关学者的关注与肯定，例如艺术史家埃尔金斯（James Elkins）就认为"不仅科学史家要读《形象与逻辑》，每一位史学家都应该读这本书"，[①] 此外，埃尔金斯还探讨了伽里森对图像的相关研究对于艺术史领域的借鉴意义。

---

① Elkins, J., "Logic and Images in Art History", *Perspectives on Science*, 02, 1999, pp. 151–180.

第五章　伽里森与其他学者之比较研究

在本书的第三章和第四章，笔者分析了两条贯穿于伽里森科学史工作始终的主线——交易区和图像。其中，交易区理论产生于伽里森早期关于物理学实验史的研究工作，之后日益成熟，发展成为关于科学如何发展的新图景，在此基础上，进一步拓展和内化为其研究工作的一种视角和方法。同时，交易区理论也被教育学等众多领域的学者所应用，成为他们研究问题的一种视角和方法。在此意义上来说，交易区理论属于伽里森研究工作中的一条明线。

与交易区理论相对的是伽里森一直以来对科学中的图像的关注。从其第一本书《实验如何结束》，伽里森就开始注意到粒子物理学实验中的珍稀事件在实验结果的确证过程中的特殊作用。自此，伽里森对作为实验数据视觉表征的图像给予了更为深入的思考和探讨。《形象与逻辑》一书则将图像作为考察重点，通过粒子物理学实验中围绕图像展开的实践活动的历史考察，伽里森展示了物理学实验中的两大传统——以视觉表征为主的形象传统和以统计为基础的逻辑传统——的相互竞争和合作。可以说，这一时期，图像已经成为伽里森关注的主要问题之一。而到了《客观性》一书，作为科学图集的图像则成为伽里森研究工作的出发点，通过对科学图集这一特殊复杂的关系视角，伽里森和达斯顿揭示了科学客观性充满异质性的历史。因此，图像可作为伽里森研究工作虽未言明，但亦贯穿其研究工作始终的一条暗线。

通过对这一明一暗两条线索的追溯，笔者勾勒出伽里森科学史工作发展的脉络，在此基础上，力图追寻其自身所具有的特殊性和启发性。自本章起，笔者进一步将伽里森的工作与和其兴趣点和关注点都有很大相似之处的学者进行比较，从而更为细致和准确地把握其思想的独特之处。在此基础之上，提炼出其所持有的科学观、科学史观以及研究中所采用的科学史学方法，从而更为深层和系统地把握其科学史思想。

伽里森的工作不仅涉及科学史和科学哲学领域的相关理论，同时也汲取了来自历史学、哲学、人类学、语言学、文化研究、艺术史、视觉研究等众多领域的研究成果，因此，其属于汇聚型学者。与此同时，伽里森的科学史学工作也产生了极为广泛的影响，不仅在科学史、科学哲学领域，在艺术史、建筑史、教育学、心理学等领域皆被广泛引用和讨论，特别是近些年兴起的科学知识社会学、新实验主义、实践哲学等领域的相关学者，更是与伽里森的科学史学工作有着密切联系，伽里森在此种意义上又属于发散型学者。

想要将伽里森的工作与其他学者的关联完整地客观呈现，是一项巨大的工程。这里由于篇幅所限，仅选择与伽里森的研究工作关系密切又有所不同的几位学者进行一些初步比较，并试图在这种比较中发现伽里森科学史工作的独特价值。在这几人中，有科学史家派斯和米勒，科学哲学家哈金，科学知识社会学家皮克林和拉图尔。这五位学者分别来自不同的研究领域，他们和伽里森有着相似的兴趣点，包括现代物理学史、现代物理学实验、image 等，但由于理论不同，出发点不同，研究兴趣不同，使得他们的研究工作又和伽里森有着非常大的不同之处。

第一节　比较之一：伽里森与科学史家

首先，伽里森是一位科学史家，尽管他的作品中包含了其对科学、历史等相关话题的哲学思考，但其研究工作的基础始终是科学史，无论从材料的运用还是研究方法的选取，伽里森的工作都堪称科学史领域的杰作。因此，笔者将首先选取两位与伽里森研究领域相近，同时又极具代表性的科学史家以及他们的代表作。通过伽里森与其他科学史家工作的比较，我们能够更好地定位伽里森的科学史研究工作，同时，也能对伽里森科学史工作的独特之处以及背后的深层原因有更为深入的理解。

第五章　伽里森与其他学者之比较研究

一　伽里森与派斯——专业 vs. 业余

阿伯拉罕·派斯（Abraham Pais，1918—2000）是美国理论物理学家，美国科学院院士，荷兰科学院通讯院士，同时，他也是当代著名科学史家。他从事核物理、基本粒子物理、量子场论方面的研究，曾与科学巨人爱因斯坦、玻尔、费米、泡利长期共事或合作。他最为重要的贡献是确立新粒子"协同产生"的经验规则，这一规则后来导致奇异数这个新量子数的诞生。其第二个重要贡献是参与提出两种中性 K 介子的混合和再生，它实际上体现了量子力学里的叠加原理。另外，派斯还提出了 G 宇称，SU（6）对称性破缺等。

从 20 世纪 70 年代始，派斯开始物理学史的写作，成为一位近现代物理学史研究领域非常重要的物理学史家。其主要著作包括《上帝难以捉摸——爱因斯坦的科学与生活》[1] 和《一个时代的神话——爱因斯坦的一生》[2] 两部关于爱因斯坦的重要传记，以及一部关于玻尔的传记《尼尔斯·玻尔传》[3]，除此之外，派斯还有另外一部影响非常广泛的著作《基本粒子物理学史》[4]，这 4 部著作皆被翻译或中文。

《基本粒子物理学史》成书于 1986 年，该书问世以后好评如潮，曾被《美国科学家》杂志誉为"影响 20 世纪科学的一百本书"之一。杨振宁教授和著名理论物理学家彭罗斯极力推荐此书，其中，杨振宁曾评价此书："凭借其深厚的历史感，派斯教授对于物理学的长程发展具有敏锐的洞察力。同时，他还立志引入一种新的科学史叙述风格。将这两者结合起来，其结果就是一部展现人类探索自然奥秘的英雄时代的史诗。这将是一部不朽的著作。"（见英文原著封底）[5]

《基本粒子物理学史》是一部关于 20 世纪物理学发展的巨著，原名为 *Inward Bound*：*Of Matter and Force in the Physical World*，主要讲述了从 1895

---

[1] 派斯：《上帝难以捉摸——爱因斯坦的科学与生活》，广东教育出版社 1998 年版。
[2] 派斯：《一个时代的神话——爱因斯坦的一生》，东方出版中心 1997 年版。
[3] 派斯：《尼尔斯·玻尔传》，商务印书馆 2001 年版。
[4] 派斯：《基本粒子物理学史》，武汉出版社 2002 年版。
[5] Pais, A., *Inward Bound*：*Of Matter and Forces in the Physical World*，Oxford：Clarendon Press；New York：Oxford University Press，1986.

年伦琴发现 X 射线到 1983 年欧洲核子中心发现 W 和 Z 粒子将近一个世纪的历史。一言以蔽之，就是从 X 到 Z 的故事。作为一部 20 世纪物理学史的杰作，《基本粒子物理学史》堪称科学史研究的一部代表作。同时，派斯是一位杰出的理论物理学家和科学史家，具有深厚的物理学专业背景知识和历史感。此外，作为一名理论物理学家，派斯曾与科学巨人爱因斯坦、玻尔、费米、泡利共事和合作，亲历了这场伟大的变革，这也使得他的作品有着不同于一般科学史工作的特点。

伽里森《实验如何结束》一书于《基本粒子物理学史》次年出版，也是关于 20 世纪物理学史的研究工作。与派斯相似，伽里森是哈佛大学的理论物理学博士，也具有物理学的专业背景，同时，经常与温伯格等物理学家讨论问题，也是现代物理学的亲历者。然而，派斯和伽里森又有着非常大的不同。

作为科学家，派斯在其晚年开始进行物理学史的写作，这使得他的物理学史作品既有优势也同时具有自身的局限性。优势是他有专业的背景知识作为基础，同时，作为亲身经历者之一，他对物理学内部所发生的革命具有更为深入的体验和洞察力。与此同时，作为一名科学家，派斯并未受过专业的科学史学训练，因此他的物理学史作品对历史和科学自身的反思较少，更多的是以一种朴素的方式来记述历史，同时，其作品中也透露出作为一名科学家所特有的对科学的信任。因此，对于科学史家来说，派斯的工作具有很好的参考价值，但同时又需要以审慎的态度来对待。

与此相对，伽里森本身就是理论物理学博士，也具有专业的物理学背景，同时，他与温伯格等诺贝尔奖获得者保持着密切联系，也可算作物理学发展的亲历者；但伽里森同时又受到系统的科学史和哲学专业训练，与派斯相比，伽里森的作品中具有一名史学家和哲学家所特有的反思精神，他并非仅仅是为了说明科学如何发展，而是借助于历史事件，来思考历史是什么、科学是什么等更为深层次的问题。

也正是出于二者既相似又有很大差别的背景，使得对二者的比较研究更具有启发意义。这里，通过对两本书的比较，我们能够看到《实验如何结束》与同时代的科学史工作的相同点和不同之处，从而对伽里森的科学史工作的特别之处有更为直观的认识。二者的相同点和不同点主要包括以下几个方面。

第一，在材料的选取上，二者皆注意到了 20 世纪物理学发展的特殊性，但由于二者持有的历史观和写作目的不同,又使得二者存在很大差异。

20世纪物理学发展异常迅猛,从1895年到1983年,人类对于基本物质及其相互作用的认识速度在人类历史上是前所未有的。这一时期,发表的论文和其他种类的文献量很大,正如派斯所形容的那样,在"一个人要想在1年中了解高能物理整体的情形,就必须每天消化17本出版物"[1]。因此,20世纪的物理学史写作过程中史料的选取成为一个非常重要的问题。"作严格选择的一个重要理由倒不是因为有选择的余地,而是有其必要:在20世纪50年代末以后出版物像洪水一般涌来,我们必须要想办法对付这种局面。"[2] 因此,派斯选取的资料主要集中于研究论文和著作等公开出版物。与派斯不同,伽里森并非想要写一部20世纪物理学的发展简史,而是通过对三个具体主题的系列实验的研究来探讨实验文化,以及围绕着理论、实验和仪器展开的实践活动之间是如何通过实验结果的论证过程而联系在一起的。这是作为一位受过专业科学史和科学哲学训练的研究者带着史学和哲学的思考进行的史学研究工作,不同于派斯等具有科学背景的科学史家力图展现其所亲历的历史的写作目的,使得伽里森在史料的选取和利用方面更为广泛和有针对性。

在《基本粒子物理学史》的前言中,派斯声明:"理论和实验之间的相互作用,是此书选取材料的一个主要依据。"[3] 同时,理论和实验关系问题也是《实验如何结束》一书的主要议题,但伽里森在注重理论和实验的关系的基础上,还引入了仪器这一新维度,这就使得其选材更为广泛,除了常规的书籍、论文、信件等史料之外,伽里森还找到了计算机的输出结果、胶片记录、流程图、扫描记录甚至是仓库里面的一些旧仪器的残迹。

同时,伽里森非常注重考察关于实验和实验者的文化,其认为各种实践之间的协商和互动是理解20世纪物理学发展的重要方面,因此,他的史料中还包括了项目意向书、计划、进展报告,以及各个合作小组组员之间进行交流所使用的演示文稿。

第二,叙事方式和整体结构的差异。

除了在史料的选取上,伽里森与派斯写作目的也存在差异,这就决定

---

[1] 派斯:《基本粒子物理学史》,武汉出版社2002年版,第8页。
[2] 同上书,第6页。
[3] 同上书,第2页。

了二者叙事方式和整体结构的差异。

作为一名理论物理学家，派斯亲身经历并参与了物理学的飞速发展，他的这种经历，对于《基本粒子物理学史》的叙述风格和结构安排，都产生了重大影响。派斯力图以一个参与者的身份来展现20世纪物理学发展的宏大画卷，因此，其将《基本粒子物理学史》一书分成两部分。第一部分：1895—1945年时期个人的努力；第二部分：战后的回忆录。[①]

第一部分中，派斯以一位物理学史家的身份对1945年之前的物理学发展进行了严谨的史学研究。有研究者曾这样评论派斯的工作："本书第二篇是战后岁月：备忘录，这里作者撰写的风格容易使人想起《伯罗奔尼撒战争史》。就像修昔底德参与指挥过伯罗奔尼撒战争一样，派斯教授也参与了战后岁月高能物理的发展。以这种经历和身份来撰写一份备忘录式的历史纪要，派斯教授有着一般史家所不具备的双重便利。首先，作为一名第一流的物理学家，他能够俯视混乱纷呈的局面，并对当代的发展做出自己的判断。其二，由于参与了当代高度发展的口头交流的传统，他可以在一定程度上从战后急剧增长的发表物中解脱出来，而不致于迷失在信息洪流之中。"[②]

与之相对，历史在伽里森看来只是探索其所感兴趣的关于实验文化以及实验论证过程的途径。因此，《实验如何结束》一书中，伽里森着重选取了三组在物理学的发展过程中有着重要意义的系列实验，通过对这三个主题系列实验的考察，伽里森将仪器作为一个重要维度引入科学发展的图景中，打破了理论和实验的二分，在此基础上，从具体的史实中重新定义了理论、实验和仪器三者之间的多维非线性关联。

第三，二者所持有的历史观和科学观不同，使得二者的写作目的存在差异。

正如上文中提到的，派斯首先是一位科学家，其对科学抱有作为科学工作者所共有的信任，同时，派斯更倾向于将科学的历史以一名局内人的视角更加完备和真切地加以展现。因此，派斯在书的前言中强调：

> 我将尽力完整地展现发展道路上的进步和停滞、秩序和混乱、清

[①] 派斯：《基本粒子物理学史》，武汉出版社2002年版，第8—9页。
[②] 郝刘祥：《20世纪的英雄史诗——〈基本粒子物理学史〉》，《自然科学史研究》2003年第3期。

第五章 伽里森与其他学者之比较研究

晰和迷惑、信任和怀疑、传统和反传统的种种情态；当然，我也将尽力反映出革命和保守、个体科学和大联合科学、小机器和大机器以及小投入和大投入等全面的情况。①

其想强调的是："进步如何导致迷惑，然后又导致进步，而且这一进程从未间断过。"② 也正因为如此，派斯写此书的主要目的是："描述思想是如何产生的，所以我将在各种不同的情形中讨论散布于进展间的虚假的思想、不正确的即兴想法以及僵局绝境。"③

与此相对，身兼文理双重背景的伽里森的作品中除了对物理学的发展也抱有朴素的科学家的一些观点之外，同时时刻具有一名史学家和哲学家所特有的反思精神，他笔下的历史并非仅仅是为了说明科学如何发展，而是借助于历史事件，来思考历史是什么、科学是什么等更为深层次的问题。

因此，伽里森的研究工作虽然也在写物理学的历史，但是他却仅仅选取了三个系列的代表性实验，并通过对这三组实验的微观描述和分析，揭示出实验论证过程中，是哪些因素起到了至关重要的作用，以及在科学发展的过程中，理论、实验和仪器三者之间的互动关系。同时，伽里森还在此基础之上，发展出其关于科学发展的新图景——交易区理论。相比于派斯，伽里森更具有一位史学工作者和哲学家的历史感和对科学的哲学思考。

总之，从以上的论述可以看出，虽然派斯和伽里森都有理论物理学的专业背景，关注的也都是20世纪粒子物理学和核物理学的发展历程，但由于派斯本身就是一位科学家，这既使他的科学史作品更为生动和相对可信，与此同时，其对科学持有的科学家所共有的朴素唯物观，也使得他对科学的发展历史以及科学的本质等问题缺乏历史学家所应有的反思精神。从此种意义上来说，派斯属于科学家出身的"业余"的朴素科学史家。

与此相对，伽里森作为哈佛大学科学史博士、物理学博士以及剑桥大学的哲学硕士，经过了严格的历史和哲学训练，因此，他的研究工作与派斯相比，对科学的发展历程以及科学的本质等问题更具有历史的思考和哲学的批判精神，也正是由于专业科学史家与非专业科学史家的区别，使得

---

① 派斯：《基本粒子物理学史》，武汉出版社2002年版，第1页。
② 同上书，第5—6页。
③ 同上书，第6页。

他与派斯无论从对历史的观念、意识、科学观,还是所采用的研究方法和思路、关注的兴趣点以及最终所得出的结论方面都存在很大的不同。

二 伽里森与米勒——激进 vs. 传统

伽里森的《爱因斯坦的钟与庞加莱的地图》一书在研究爱因斯坦狭义相对论发现过程的科学史相关著作中独树一帜。该书一经出版非同一般地数次再版,并很快被译为多种语言,由此可见,其在近代科学史中的地位。本书特地选取了另一位狭义相对论历史与研究者阿瑟·米勒(Authur I. Miller)作为对比。与伽里森相同,米勒师从研究爱因斯坦的权威学者霍尔顿(Gerald Holton)。虽然二人皆关注爱因斯坦、庞加莱与相对论的发现这段历史,但编史进路的不同使得两人对庞加莱为何没有提出相对论而爱因斯坦提出了相对论的原因分析却不相同。以下我们试对二者做一比较。

首先,先简单介绍伽里森和米勒对于狭义相对论的研究工作,主要是对爱因斯坦和庞加莱的编史进路和得出的结论,然后再围绕这段历史做进一步对比,最后总结伽里森给编史学带来的启示。

米勒从事科学学和技术学研究,曾是哈佛大学副教授,后任伦敦大学科学史和科学哲学教授。他对19—20世纪科学和技术、认知科学、科学创造性、艺术和科学的关系等研究做出了很大贡献,其中,以对爱因斯坦思维及认知方式的研究为代表。

米勒在1986年出版的著作《科学思维中的意象:创造20世纪的物理学》[1]中指出,20世纪创立的新物理学的两大基石——相对论与量子力学,都与科学家们心理意象的转换与抽象化有着紧密关联。他将科学史作为认知研究的"实验室"[2],尝试用皮亚杰发生认知论来探求科学思维的进化结构,试图建立一种揭示知识特别是科学知识的发生认识论,并勾勒出科学思维的动力机制。米勒用爱因斯坦和庞加莱的事例,将科学的认识论分成两个部分,"一是潜科学知识的建构,即知识的来源,也可称为认识的理论;二是科学家对科学理论结构在知觉世界的认识与科学理论本质研究之

---

[1] Miller, A. I., *Imagery in Scientific Thought: Creating Twentieth Century Physics*, Cambridge, Mass: MIT Press, 1986.
[2] 米勒:《科学思维中的意象——创造20世纪物理学》,湖北教育出版社1991年版,第11页。

第五章 伽里森与其他学者之比较研究

间的关系"①。这样划分有助于探讨这类问题：1905 年，在具有相同经验资料的情况下，为什么庞加莱和爱因斯坦处理问题的方法却如此不同，除此之外，其还可以揭示哲学与科学联系的内在动力。

米勒指出，庞加莱的心理意象方式是感觉意象（sensual imagery），而爱因斯坦的心理意象方式是视觉意象（visual imagery），即从我们在感觉世界中实际目睹的对象或现象中抽象出来或者建构起来的意象。爱因斯坦正是运用形象思维（即视觉思维，它是一种视觉意象），尤其是思想实验，超越已知的实验事实。庞加莱面对同样的材料，却通过构造性的努力，达到的只是电子动力学（它在数学上和预言上与狭义相对论等价，但在解释或概念上却不同），②而没有达到爱因斯坦那样的原理理论，其中一个原因就在于他们的心理意象方式不同。另外米勒还认为，爱因斯坦对形象思维的偏爱，直接得益于德国科学家和哲学家亥姆霍兹、玻尔兹曼和赫兹的著作，爱因斯坦上大学时自学了他们的著作。在书中最后，米勒写道："……20 世纪物理学的进程已经与认知心理过程相结合。科学的进步与知觉和意象的转换紧密相连，科学的历史不也正是知觉和意象理论的历史吗？"③

在《爱因斯坦·毕加索：空间、时间和动人心魄之美》一书中，米勒将庞加莱作为"间奏曲"出现，与爱因斯坦做比较。米勒想用他的事例说明艺术审美在科学创造力中起到的作用。为何庞加莱这个"经验丰富，履历优秀，占据法国科学金字塔塔尖"④的人物不是那个最终发现相对论的人？米勒指出，爱因斯坦具有一种将空间和时间统一在单一框架里面的极简主义的审美观，正是这一点使得他最终成功建立了相对论。

与此同时，伽里森关于这段历史的著作《爱因斯坦的钟与庞加莱的地图》一书则既不是关于时间这一概念的历史，也不是关于爱因斯坦的狭义相对论和庞加莱的电动力学的历史。伽里森只是将人类历史长河中的一段截取出来，并将该断层中的物理学、技术和哲学之间的相互影响进行分析，在时间同步化、在海洋电缆光缆的面积铺设、在约定主义对于物理学观念的作用中讲述狭义相对论的发现。对于伽里森而言，时钟的协调就是个别

---

① 米勒：《科学思维中的意象——创造 20 世纪物理学》，湖北教育出版社 1991 年版，第 16 页。
② 李醒民：《创造性科学思维中的意象》，《哲学动态》1988 年第 2 期。
③ 米勒：《科学思维中的意象——创造 20 世纪物理学》，湖北教育出版社 1991 年版，第 310 页。
④ 米勒：《爱因斯坦·毕加索：空间、时间和动人心魄之美》，上海科技教育出版社 2006 年版，第 205 页。

与整体的联系，时间表面上看在帝国权力之争、民主战争、世界文明进展和反无政府主义中产生，"但所有的这些象征都有一个共同点，即每一口钟指示着的只是个别的时间，而时钟的协调则是建立在人与人、民族与民族之间联系的逻辑之上的。确切地说，这是一个抽象—具体（或者说具体地抽象）、城镇、地区、国家的乃至全球时间协调成为一种对现代性结构的定义方式。时间的同步化还是一个社会历史、文化历史、智识历史、技术、哲学和物理学都无法逃脱的混合"①。

米勒笔下的爱因斯坦和庞加莱无疑都有着异于常人的创造力，而他的目标就是寻找并重构这种思维的形成过程。在米勒看来，从物理意义上讲，爱因斯坦的方法扎根于概念、形象思维和公理化体系的综合，其过人之处在于在形象思维与概念的结合上超越了感性知觉，所以他能够做出诸如同时性的相对性这类发现。也正是由于这一点，虽然爱因斯坦关于几何学和空间概念起源的思想与庞加莱是相似的，但不同之处在于他抛弃了庞加莱的先验组织原则。②

而对于环境对这种思维起源的贡献，米勒强调玻尔兹曼与亥姆霍兹的思维方式对爱因斯坦的影响。米勒同时注意到1905年社会技术在爱因斯坦"思考中提供了关键信息，尤其是发电机的设计和解决无线电报的实际问题"③。但对于米勒而言，技术仅仅是提供信息。而对于爱因斯坦当时供职的专利局，他提到："1905年左右爱因斯坦窘迫的生活境况，毫不奇怪，当他走出家门坐在专利局的办公室时，他从日常生活的焦虑中解脱出来，产生最有创造性的工作。"④当伽里森花大量篇幅描述爱因斯坦在专利局的上司对其工作的影响和好友给他提供的援助时，米勒也从爱因斯坦的文集中看到了这样的史实，但是他对此的处理轻描淡写："在专利局，爱因斯坦与他的约30位同事以及他直率、精明又实际的上司哈勒尔相处得很好。1905年他的亲密朋友和共鸣板贝索与他须臾不离。"米勒更重视科学前辈，包括亥姆霍兹和玻尔兹曼等人在爱因斯坦思维方式塑造中的作用。

---

① Galison, P., *Einstein's Clocks, Poincarés Maps: Empires of Time*, New York: W. W. Norton, 2003, pp. 327–328.
② 米勒：《科学思维中的意象——创造20世纪物理学》，湖北教育出版社1991年版，第43页。
③ 米勒：《爱因斯坦·毕加索：空间、时间和动人心魄之美》，上海科技教育出版社2006年版，第7页。
④ 同上书，第209页。

第五章 伽里森与其他学者之比较研究

伽里森最看重爱因斯坦的却不是他的思维方式,而是他对物理学基础的改造及其由外向内的动力机制。相较同时代的那些徘徊在狭义相对论门前的物理学家庞加莱、亚伯拉罕、洛伦兹等,爱因斯坦之所以能像一颗明星一样脱颖而出,发出跨世纪的璀璨光芒,并成为一个时代文明的标志,是因为他对物理学或者自然科学的贡献绝不仅仅囿于相对论,而是颠覆了人类的时空观和带领人们重新思考物理学的基础。

1905年,"运动物体的电动力学"成为20世纪最著名的物理学论文,是令人震惊和费解的。它从钟表、尺子和自由动体的基本设定出发,而这些设定正是以上那些资深物理学家们期望从电子结构的假设中获得证明的东西,还包括力的本质,以太动力学。爱因斯坦的这种依据尺子和协调钟对空间和时间的定义,直接影响了后来量子力学的奠基者们,例如海森堡和玻尔。[1] 而对于米勒来说,恰恰是爱因斯坦的感官意象的思维模式在量子力学阶段已经不能够适用,从而探讨了从玻尔到海森堡等人对爱因斯坦视觉意象的限制与发展。

在米勒看来,庞加莱的认识论类似于新康德主义,建立在两个先验综合直觉即分别是利用数学归纳原则把知觉组织成知识和连续群的直觉之上,这些直觉"把同化的直觉混合物组织成认识"。[2] 米勒把这种思维方式称作感觉意象。庞加莱提出空间的相对性和位置的相对性原理。既然这个原理没有讨论知觉世界中的现象,那么它就是不可证伪的,庞加莱称为"约定"。约定在米勒给出的庞加莱认识论图解中是最高水准的假说。[3] 解释力和预测力都达到了科学定律的要求,牛顿三原理就是在这一水准上的归纳,无须再受经验检验。庞加莱用一个特别生动的方法描述了空间的相对性这一约定,即如果世界和世界上的各种东西的尺度突然在一夜间发生了变化,我们不会意识到这种变化,因为测量仪器的尺度也发生了变化。

此外,二人同时注意到了为众多科学史家忽略的一点,即庞加莱的工作职位。但伽里森对庞加莱的社会地位及面临的一个难题——观察者对北极光的各种观察,如何说明这些相距遥远的观察者所报道的北极光现象是否同时发生——给予了密切的关注,并将其由美国气象局到法国巴黎经度

---

[1] Galison, P., "Einstein's Clocks: The Place of Time", *Critical Inquiry*, 02, 2000, pp. 355 – 389.
[2] 米勒:《科学思维中的意象——创造20世纪物理学》,湖北教育出版社1991年版,第19页。
[3] 同上书,第31页。

局的事情详细地展开来论述。1893年1月4日起,庞加莱曾经就职于巴黎经度局数十年,并且在1899年担任经度局局长一职。当时经度测定的关键正在于时间的同步化。同时,他也参与了1898年法国的铁路安全紧急事件和时区工程,并在其中承担了举足轻重的角色。正如爱因斯坦一样,庞加莱也使用光作为交换信号使远距离时钟保持同步。在此之前,他选择的是相对笨重的电磁信号。

对此,米勒的解释则是庞加莱的所有考量和决定都出于他的认识论,实验室数据对于庞加莱而言始终是真理的唯一来源,这一价值连同庞加莱对感性知觉的强调,导致其最终得出结论:不可能给远程同时性下一个系统的定义。远程同时性不过是一个定性的问题,而时间本身,则是定量的问题。也就是说,庞加莱承认同时性的相对性,但并没有更深层次地认同时间的相对性。

这一点上不同的地方就在于米勒认为庞加莱固守绝对时间观而承认同时性的相对性是出于强调感性知觉的认识论,以及缺乏深思远虑。而伽里森的解释则是庞加莱对同时性的定义不过是出于实用目的,其认为庞加莱在科学界所处的地位决定了他不会背叛牛顿力学。

下面将借为何最终发现狭义相对论的是爱因斯坦而不是庞加莱这一两人都给予极大关注的问题上,说明伽里森和米勒具体是在哪里一同出发,又是在哪里分道扬镳。

(一)相对论论文

伽里森和米勒都以爱因斯坦1905年"运动物体的电动力学"论文为开头。爱因斯坦将麦克斯韦电动力学中存在的不对称性作为其分析的起点,并做了图来示意其对这一现象出现的不对称的解释:导电线圈与磁铁做相对运动时线圈中产生同样的电流,但当观察者位于导线线圈上时,电流由穿过磁体的磁场线圈产生,而当观察者位于磁铁上时,电流的产生归因于磁铁产生电场给的力。

伽里森和米勒同样指出,爱因斯坦对此的诊断是:"人们对这一点考虑不够,电动力学是依赖于运动学的,即依赖于如尺子和钟是如何在无受力情况下作为的。"

但米勒接下来将此归因于爱因斯坦对简洁的和艺术化的科学追求,于是他根据他所给出的图讨论相对性原理。米勒这样评价爱因斯坦狭义相对论的第一假说相对性原理:"爱因斯坦的下一步纯粹是虚张声势,他把这个不准确的相对性原理提升为一条公理。"① 这个评估显然带有米勒本人的猜测和想象成分，将相对性原理作为基础假说提出，很显然仅仅用虚张声势一词给予评断是不公允的。因为，不管是米勒，还是伽里森，事实上都提到爱因斯坦构造理论公理化系统的偏好，即喜欢像热力学一样，由一两条最基本的原理和公设出发（对于热力学而言，这条原理是能量守恒定律），可以构架和推导出整个学科的所有结论。

伽里森则直接将不对称解释归结到爱因斯坦对时钟和尺子的测量作用如何发挥之上，进而引出爱因斯坦在专利局的工作。两人对同一篇文章不同语句（甚至是相邻的语句）的关注和发挥，使得二人在对爱因斯坦的解读上出现了微妙的不同侧重。

（二）相对性原理

在对同时性的相对性以及时间测量、庞加莱的观点及其来源等问题上，米勒和伽里森给出的说明看起来几乎是一致的，好像仅仅是伽里森提供了更多的史料来说明这一点。然而，细分之下，二者又有着很大的不同。以下我们具体来看二者的异同。

米勒认为爱因斯坦和庞加莱提出相对性原理的不同之处在于，在爱因斯坦看来相对性原理仅仅是由经验世界提出的。但爱因斯坦的相对性原理是一个限制性原理，它先验地断言测定相对于以太的运动是不可能的，不需要任何理由。而为了使认识理论和认识论一致，庞加莱的相对性原理是一个构造性原理，它建立在对以太漂移试验的经验材料作动力学解释的基础之上。这个解释起源于束缚电子的以太相互作用，这些电子被假定为物质的基本成分。爱因斯坦的两个公理并不能解释以太漂移实验的失败，也不能揭示光速测量总是 c 的原因。按照公理，以太漂移实验注定失败，而光传播必然是各向同性和均匀的。

所以，米勒的诊断是，庞加莱追求比爱因斯坦更大的目标，他要寻找的是电磁力和引力的统一理论，只有爱因斯坦意识到，物理学还没有成熟到可以承担这样一个野心勃勃的纲领，主要是因为它还没有接受光的波粒二象性。② 其实这一点和伽里森的诊断结论是一致的，但途径却截然不同。

伽里森认为，庞加莱虽然表面上说协调时间的约定在直观上是很显然

---

① 米勒：《科学思维中的意象——创造 20 世纪物理学》，湖北教育出版社 1991 年版。
② 同上书，第 276 页。

图像与交易区的双重变奏

和绝对的事情，但实际上他并没有由此而抛弃牛顿的动力学，他坚信牛顿力学的世界是可靠的，只不过需要进一步复杂化和精细化而已。对庞加莱而言，理论的必然性胜于理论的简洁性。虽然爱因斯坦关于远距离同时性的观点和庞加莱几乎是一模一样的，但当庞加莱将光信号同步化看作将会导致不可避免的复杂性时，爱因斯坦则将其视为使物理学变得更简单的预兆。①

1900年和1904年之间，庞加莱所持的关于同时性的实用主义陈述很大程度上与其对电动力学的细节研究之间是相互分立的。但是，甚至当庞加莱在他的电动力学中引入地方时间的概念以坚持同时性的约定式判断时，他也没有像爱因斯坦一样使用光信号坐标来重整力学和电动力学。对于爱因斯坦而言，这在精确意义上说是运动学的论题，而时间和空间测量的作用，将会在动力学之前介入。

综上所述，米勒和伽里森同样意识到使不同的时钟同步的讨论位居爱因斯坦论述的核心，即所有结果都从时钟同步的规则中导出。但米勒尚未解决的问题在于，爱因斯坦之所以这样构造他的论证，是因为他觉得对时间性质的不充分考虑乃是物理学的阿基里斯脚踵。"至于爱因斯坦是如何通过使钟和灯光信号在时间上同步来构想出一种分析时间和同时性的方法，则一直是个谜，就像我们不知道毕加索是如何意识到几何学是艺术上一种新的艺术表现方法的关键一样。"② 伽里森则通过交易区的分析，说明庞加莱在时间测量中始终面临着简单性和约定的选择，这二者始终贯穿于他的物理、哲学和技术（作为铁路职工、电气工程师，天文学家）各个交易区进行的协商活动中。正是对时间的约定主义观念使得他最终在相对论上走到了爱因斯坦后面。而对庞加莱约定主义的观念追溯中，伽里森描述了庞加莱向来是一个被老师们称赞的好学生，仕途一直顺风顺水。而爱因斯坦则有着藐视和反叛权威的精神气质，仕途也充满坎坷。在爱因斯坦之前，庞加莱等人都没有抓住最关键的一点，即时钟的同步化将会使物理学中的一些原理（分子热力学、电动力学和光学）协调一致。他们也并不期待时间的重新定义能够颠覆以太、电子和运动物体的现有概念。尽管1902年庞

---

① Galison, P., *Einstein's Clocks, Poincarés Maps: Empires of Time*, New York: W. W. Norton, 2003, p. 384.
② 米勒：《科学思维中的意象——创造20世纪物理学》，湖北教育出版社1991年版，第232页。

加莱尽管已经改变了对以太的用法,但他始终没有动摇对以太作为一种思考工具的巨大价值和使用创造性直观应用条件的价值的信念。所以,他从未将显象时间(在运动坐标系中测定的时间)和绝对时间(在静止以太中测量到的时间)二者等同起来。①

所以,伽里森的结论是,时间协调对于庞加莱的重要性在于,他带着一种实用的、约定性的目的建造新力学;而对于爱因斯坦而言,则是重新定义时间,以便推导得出洛伦兹变换。"就像一个古典拱桥一样,爱因斯坦的时间同步化支撑着相对论的基础原理的桥柱,和绝对光速这个原理桥柱一道,使相对论成为稳定结合的整体。"②

爱因斯坦发现了相对论吗?庞加莱在爱因斯坦之前就已经发现了吗?伽里森认为这个老问题既沉闷又没有结果。相对论已然成为开启现代物理以及现代性的代名词。但我们从解决这个问题中获得的收益是爱因斯坦和庞加莱在时间同步性这个问题上的故事。更为重要的是明晰这样的状况:爱因斯坦和庞加莱身处于 20 世纪时间协调转折的节点上,而且都置身于技术、物理和哲学的滚滚洪流中,而且都"曾为将同步性从形而上学的天空中拉拽到定量的、程序化的定义的地面上而奋斗"③。时间的标准化铸就现代科学,也铸就了现代人的生活。

总之,米勒认为科学家的创造性思维是头脑中认知,在其物理、哲学和美学理念的指导下产生的;虽然科学家所处的历史和社会背景会对促成科学发现起到作用,但内在与外在之间,内在的认知作用是起到决定性作用的。但对于伽里森而言,无论是爱因斯坦,还是庞加莱,都处于时代变迁的风口浪尖处,他们的职位和所处的社会地位与他们自身带着时代烙印的认识一起相互作用,在三方的交易区内形成统一的信念。

然而,爱因斯坦解决电动力学和光学难题真的能归结为他是一个处理新时间技术的专家上来吗?我们可能会觉得这是可以想象的,但应该有极少的证据可以确证这个猜想。在采访中,伽里森自己也强调了这一点:"物质联系并不是像深处涌动的暗流引起水面的涟漪那样引发或者产生观念和观点。这里,并不是协调时钟导致了爱因斯坦引入同步化程序,而远程经

---

① Galison, P., *Einstein's Clocks, Poincarés Maps: Empires of Time*, New York: W. W. Norton, 2003, p. 242.
② Ibid., p. 310.
③ Ibid..

度地图绘制也并没有迫使庞加莱得到同时性规程。"①

由上面的论述可以看出,虽然都是职业科学史家,但两人在研究风格上体现出差异。米勒是一位相对传统的科学史家,其《科学思维中的意象》、《爱因斯坦·毕加索:空间、时间和动人心魄之美》等作品关注的仍然是作为思想形式的科学演变及其与艺术等领域的关联,因此,在科学观和历史叙事上更偏向于内史。然而,米勒在研究工作中关注意象在科学思维中所起到的特殊作用以及从意象的角度探讨爱因斯坦与毕加索在科学创造与艺术创作之间的关联性,这又有其工作的独特之处,因而,在此种意义上,米勒的工作具有有限创新性。

与此相对,伽里森则在对新的研究方法和观念上更有意识地体现出了一种相对激进的创新,他不仅更加关注社会、文化等诸多外史因素的影响,而且,其对科学仪器等物质因素在科学实践活动中所产生影响的关注和研究工作,虽然在传统上可归为实验设备装置等内史范畴,但伽里森不仅关注仪器作为设备或是技术革新的产物对科学实验的推动作用,而且将仪器放入实践的大背景下,来考察仪器作为一种物质文化载体,其自身的发展是如何反作用于围绕其展开的科学实践活动,乃至科学论证的模式和论证过程的。可以说,从某种意义上讲,伽里森通过仪器的物质文化研究,部分地消解了物质与文化之间的二分。同时,伽里森还将仪器作为连接理论、实验等物理学文化与技术、社会、经济、政治等诸多因素的节点,从而消解内史与外史的界限。

第二节 比较之二:伽里森与科学哲学家

伽里森除了是一名善于反思的科学史家,同时,也是一位极具洞察力的科学哲学家。他的作品中,不仅描述了具体的科学史是如何发展的,同时,伽里森试图通过对具体史实的考察,来对背后更为深层次的哲学问题进行思考,这也是伽里森科学史作品不同于以往科学史作品的特点之一。

---

① Galison, P., Burnett, D. G., "Einstein's Clocks, Poincarés Maps: Empires of Time", *Daedalus*, 02, 2003, pp. 41–55.

第五章 伽里森与其他学者之比较研究

因此,伽里森的科学史工作与科学哲学最新的发展方向密切相关,科学哲学中的一些学者,例如哈金、卡特赖特等人都与伽里森有着非常紧密的联系,虽然他们工作的出发点不同,但其工作中却有着很多的相似之处。

这里,以新实验主义的代表哈金作为比照,来具体阐释伽里森工作与科学哲学的关联,从中,笔者也试图从伽里森与哈金等人的互动中追索现阶段科学史和科学哲学领域所呈现的一种日渐紧密的发展趋势。

在科学哲学界的最新发展中,哈金首先将注意力集中于实验的实践层面,将实验从抽象的语义和结果还原为科学家的具体实践活动,并提出"实验有自己的生命"(Experiment has a life of its own),从而对理论优位的科学哲学传统提出了强有力的挑战,被誉为"新实验主义"的先驱。与此有关联的科学知识社会学的一些学者,则是从实验室外部的视角看科学家的活动,利用人类学等方法说明实验如何利用社会力量得到认可和传播。而科学史界,伽里森主要从科学史的角度对实验内部过程进行深入描述,说明高能粒子实验者们如何利用实验观察和数据处理技巧使他们的实验令人信服,碰到干扰因素时如何克服这些背景因素,从而使实验结果被学界认可的过程。伽里森的研究进路不仅是对传统科学史家只注重实验结果的研究进路的突破,同时,将科学家的活动与科学实验紧密相连、还实验以全景式的本来面貌的微观研究视角,也使我们对科学史和科学本身有了全新的认识。可以说,哈金和伽里森分别代表了科学哲学和科学史界研究的新趋势,这两种研究进路都将目光集中于实验的实践活动本身,但二者的研究又因为领域的不同而各有侧重,观点和结论也不尽相同。

这里,笔者将以伽里森的代表作《实验如何结束》和哈金的代表作《表征与介入》为出发点,探讨二者研究进路和思想的异同,以及这种异同背后的原因。

通过这种分析比较,我们可以看到科学史与科学哲学在新研究趋势上的一种融合;同时,更为重要的是,从二者的相同点和不同点中,还可以看到科学史与科学哲学既相互借鉴又因为各自不同的出发点和方法而导致的观点差异,以及这种因研究视角和方法的不同而带来的结论上的差异。

伽里森主要关注的是 20 世纪微观物理学,包括原子、核能、粒子物理学等。《实验如何结束》是伽里森的第一部著作,也是其早期思想的代表作。

在书中,伽里森中并没有刻意强调实验在科学发展中的重大意义,而是着重探讨工作中的科学家如何设计和运用20世纪物理学实验的复杂技术，并对实验者用来获得可靠和可信结果的各种复杂策略进行了详尽的叙述。这对于从事相关研究的科学哲学家和科学史家从实际的科学实践活动层面理解科学实验无疑有着重要意义。同时，对相关领域的研究者理解当代自然科学的实验者如何处理实验中的常见问题，例如决定实验中的哪一个现象和数量来自自然过程，而不是他们使用的复杂仪器产生的干扰等，作出了实质性的贡献，而这些问题在实验中往往起到了关键的作用。

同《实验如何结束》类似，《表征与介入》也是哈金早期思想的代表作。此书在科学哲学的领域中，主要从理论层面对以往的科学哲学研究进路对实验实践活动方面的忽视提出质疑。在书中哈金系统地分析了自逻辑实证主义以来各个学派之间关于实在论与反实在论的争论，并认为关于实在论与反实在论的争论主要停留在表象和真理层面，而解决这一争论需要将目光从真理和表象转向实验和操作，而"不能仅仅把科学理解为对自然的表象，不能仅仅把目光停留在理论、命题和指称上。科学是一种实践活动，是对物质的干预和介入"[1]。正是由于提出了从表象到介入的研究进路，哈金由此成为新实验主义的先驱，此书也成为新实验主义的代表作。

可以说，《表征与介入》代表了科学哲学研究中实践转向的新进路。与此相对应的是，虽然《实验如何结束》是一部科学史著作，但因为伽里森兼备科学史、哲学以及物理学等多重学术背景，使得此书兼具物理学的专业、科学史的严谨以及对科学史深入的哲学思考。伽里森通过对三个具体科学实验实践活动的研究，恰好从科学史的角度为哈金的科学哲学研究提供了案例支撑。尤其是，在书的前言中伽里森曾提到与哈金、卡特赖特等科学哲学家有过多次讨论，并深受启发。同时，其书中也多处引用了哈金《表征与介入》中的观点。二人还曾互为对方的《实验如何结束》和《表征与介入》写过书评。[2] 可以看出，伽里森与哈金的联系紧密，二者的某些观点具有相似之处也不足为奇。同时，二者所处的不同学术领域和视角的差别，也决定了他们的观点存在分歧。

---

[1] 孟强：《科学的权力知识考察》，《自然辩证法研究》2004年第4期。
[2] Hacking, I., "Review", *The Journal of Philosophy*, 02, 1990; Galison, P., "Review", *Isis*, 1, 1986, pp. 118–120.

第五章 伽里森与其他学者之比较研究

一 相同或相近之处

1. 力图消解理论与实验的二分，强调实验相对于理论的独立性，以及实验与理论关系的多元性

传统的科学史和科学哲学中，无论是将实验等同于独立于理论的考察自然的活动，还是必须有理论参与的"观察渗透理论"，都是通过理论来考察实验。因此，皆以理论优位与实验和理论的二分为前提。哈金和伽里森都认识到这种研究进路的弊端，并力图展现实验与理论关系的多元性，从而消解二者的二分，还实验以相对独立性。

《表征与介入》第一次把重心转向实验和介入，试图扭转理论优先性的偏见，赋予实验以独立的地位。特别是那句"实验有自己的生命"，对理论和实验的关系进行了全新的界定。但"实验有自己的生命"并不等同于实验与理论毫无关联，它与内格尔的"实验定律有自己的生命力"[①] 截然不同。按照内格尔的说法，实验定律无须借助于任何理论便可以得到理解，但哈金意在强调实验相对于理论的独立性，而且在哈金看来，"理论与实验的关系在不同的发展阶段并不相同"，[②] 并非一维线形关系。因此，不能只将理论作为出发点来定位实验，正如哈金在书中所提到的那样："一些理论产生了意义深远的实验，一些实验产生了伟大的理论。一些理论因为不符合实在世界而沉寂，一些实验因为缺乏理论的支撑而失去意义。让人欣慰的是还有一些情况中来自不同方向的理论和实验会合了。"[③]

同样，伽里森的《实验如何结束》也主张实验相对于理论的独立性，并认为实验和理论的关系存在多重复杂性，从科学史的角度为认识实验和理论的相互作用提供了新的研究视角。书中强调，从实验开始到实验者接受实验结果的有效性并决定终止实验，这是一个复杂的过程，它是理论、实验和仪器等各方面原因共同作用的结果。与哈金不同的是，伽里森通过具体的实验史实来阐明理论等因素在确定实验结果有效，从而终止实验的过程中所起到的共同作用。

---

① 内格尔：《科学的结构》，上海译文出版社 2005 年版，第 96 页。
② Galison, P., *How Experiments End*, Chicago: Chicago University Press, 1987, p. 154.
③ Hacking, I., *Representing and Intervening: Introductory Topics in the Philosophy of Natural Science*, Cambridge; New York: Cambridge University Press, 1983, p. 159.

图像与交易区的双重变奏

尽管伽里森强调实验具有相对独立性,但他并不否认理论对实验的重要作用,特别是在决定实验何时终止的过程中,理论起到了不可忽视的作用,这一点也同哈金相似。《实验如何结束》主要从以下几个方面强调理论在实验终止过程中的作用。

首先,实验者所持有的理论预设在实验终止过程中具有重要作用。[1] 伽里森认为,当实验者们相信他们得到了一个将会得到认可的结果时,便决定终结实验。例如,当爱因斯坦和德哈斯得到旋磁率 $g=1$,刚好符合他们用电磁学处理轨道上旋转的电子的信念,基于此他们便决定终止对系统误差的研究实验。也就是说,决定终止实验的合理时机是当实验结果与之前的测量相符,或是它符合现存的理论。

其次,在实验数据中,哪些数据被视为有效结果,哪些需要解释技巧,哪些是背景因素产生的作用,在这些判断中有来自理论的影响。这里伽里森举了 μ 介子实验的例子。在 μ 介子的发现过程中,奥本海默和卡尔森经过计算,预测了当电子通过物质时将发生簇射,其中具有穿透力的粒子便是 μ 介子。因此,经过实验得到的数据中,那些符合这一理论预测的数据便被保留,而不符合的则被当作背景因素加以排除。

最后,理论还能给出可预期的效果尺度和背景尺度,从而能够对实验的可行性进行预测。这并不是说伽里森同意理论对实验结果的选择具有决定性作用,相反,他认为理论和仪器对实验者的约束在实验者选择实验结果时同样有效。在讨论中,伽里森还强调背景因素的排除并非无关紧要的外围活动,背景因素极有可能对实验结果产生影响,有时甚至会与实验结果混淆,从这种意义上来说,确定实验结果和背景因素的范围,以及背景因素的排除是实验工作中至关重要的部分。

然而,尽管理论在判定实验结果的有效性中起到非常重要的作用,单凭理论却并不能终止实验。因为在伽里森看来,理论自身存在局限,比如在判定实验结果是否背景噪音的时候,理论便显得无能为力。正如其书中所说:"这个世界远比把所有可能的背景有限的名单都放在一起的理论世界复杂得多。在实验科学中,根本没有严格意义上的逻辑终点。待定的不同类型的实验语境,似乎也不是对发现或者基于归纳逻辑的事实重建的普遍

---

[1] Franklin, A., "Reviewed Work: How Experiments End by Peter Galison", *The British Journal for the Philosophy of Science*, 03, 1988, pp. 411–414.

公式富有成效的探索。"① 此时，来自仪器、实验等方面的其他因素就起到了至关重要的作用。

也正是基于此，伽里森、哈金以及卡特赖特、劳斯等来自不同领域的学者都不约而同地将目光集中于实验自身的情境性，并认为情境性是考察实验活动的重要方面。

2. 强调实验自身的情境性

哈金很早就意识到科学哲学的理论优位传统中将实验简化为单纯的观察或经验命题的弊端，在《表征与介入》中他对实在论和反实在论之间的争论进行了详细的谈论，并由此得出结论，认为两方的分歧之所以无法解决，关键的问题是二者对科学的讨论仍停留在真理与表象的层面，而解决争论的根本途径是将目光回归到科学实践活动中的实验和操作中来。在此基础之上，哈金进一步提出：必须从实践活动本身认识实验。对实验来说，"记录并报告刻度盘的读数——这就是牛津哲学词典对实验的描绘——对于实验活动来说并没有什么作用。真正重要的是另一类观察：在仪器异常时发现新奇、错误、启迪或扭曲的独特能力。"② 而以往在科学哲学领域，研究者往往将注意力集中于实验的意义和结果上，对实验活动本身并没有充分的关注。

伽里森对这一点十分赞同。在以往的科学史研究中，同样也存在着忽视实验过程，只考察实验结果在科学理论发展中作用的问题。在《实验如何结束》的开篇伽里森便引用了哈金关于实验的观点："许多年来，科学史和科学哲学所依赖的是一幅透过理论看到的实验图景。当人们讨论实验时，所指的都是观察、观察的心理学以及理论家们对观察的应用……只有在实验室中，才能看到矿工是怎样从黄铁矿中找到金子的。"③ 基于此，伽里森将目光投向科学实验过程本身，并着重探讨了实验自身情境性在实验终结过程中所起到的重要作用，主要包括以下几点。

首先，不同实验传统对实验结果的影响。书中，伽里森对粒子物理学中视觉探测器（如云室、气泡室）同电子探测器（如盖革计数器、闪烁计数器以及火花室）的不同传统进行了详尽的讨论。例如，一些经验丰富的

---

① Galison, P., *How Experiments End*, Chicago: Chicago University Press, 1987, p. 3.
② Hacking, I., *Representing and Intervening: Introductory Topics in the Philosophy of Natural Science*, Cambridge; New York: Cambridge University Press, 1983, p. 230.
③ Galison, P., *How Experiments End*, Chicago: Chicago University Press, 1987, p. 19.

气泡室实验家在一般情况下会相信珍稀事件而非用计算机模拟的统计数据。另一些更习惯于使用电子探测器的实验家则有所不同。① 对电子探测器传统下的科学家来说，统计数据显然比单个的事件更重要。比如在弱中性流的实验中，需要大量实验事件，因此实验者需要从中子背景中间分离正确的结果。

其次，成员间的争论对实验结果的影响。在大型实验室或实验组织里，一些成员比其他成员更相信某些特定类型的证据。比如，在使用探测器Gargamelle进行弱电中性流的实验中，一部分成员认为中微子—电子散射的单幅照片异常重要。对于另一部分成员来说，具有决定性意义的是观察到的弱电中性流与中子背景之间的空间分布差异。同样，当代的高能物理学中，大型的实验组织可能既存在形象传统也包含逻辑传统。这就可能造成在这样的大型实验组织中，产生一些关于实验结果的有效性和可信性的讨论甚至争论，而这些耐人寻味的争论并不会呈现在最终发表的成果中，但毫无疑问，它们可能对实验结果的判定具有重大意义。

除此之外，伽里森还对来自仪器、实验中的背景处理、实验技巧、解释模型和策略等多方面的影响进行讨论，这里由于篇幅所限不再赘述。

二　二者思想中的不同点

除了相同点之外，伽里森和哈金所持有的观点也存在比较大的分歧，其中主要的原因之一，是二者作为科学史家和科学哲学家，有着不同的学术背景和不同的出发点。哈金倡导"实体实在论"，伽里森部分赞同他的观点，但在科学的稳定性方面与哈金有所分歧。按照哈金的提法，伽里森的观点可归结为"技术实在论"。② 下面，我们先来看哈金的"实体实在论"。

在《表征与介入》中，哈金对"实体实在论"做了具体阐述。首先，哈金认为当一个实验对象能够被控制，同时能够以系统的方式通过它来操控自然界的其他事物时，③ 实验对象便具有了实在性。例如电子，对它的

---

① Galison, P., *How Experiments End*, Chicago: Chicago University Press, 1987, p.18.
② Hacking, I., "Review", *The Journal of Philosophy*, 02, 1990, pp.103–106.
③ Hacking, I., *Representing and Intervening: Introductory Topics in the Philosophy of Natural Science*, Cambridge; New York: Cambridge University Press, 1983, p.262.

第五章 伽里森与其他学者之比较研究

"直接"证明是我们有能力运用我们熟知的低层次的因果性质来操作它们。[①] 同时,虽然人们很自信地把各种各样的性质赋予电子,但是这些确信的性质大多数是在众多不同的理论或模型中表现出来的。[②] 因此,同一实体在变换的理论体系中具有不变性。这种相对独立于理论的不变性使实验室科学的稳定性成为可能。

从上面的讨论不难看出,哈金的"实体实在论"中存在一个在变换的理论中相对稳定的量,即"实验实体",这个量的连续性是科学稳定性的重要原因。而伽里森则认为,科学发展过程中并不存在一条连贯的主线。在他看来,现代科学的分期需要一种异质表示法,它允许理论、实验和仪器之间的断裂。他在对物理学粒子探测器的一项详细研究中指出,在理论发生变迁的时候,实验和工具都没有马上随之改变。这样,科学就像一股绳子,绳子的强度不在于一根纤维穿过整个绳子,而在于众多纤维重叠在一起,在变迁的过程中,科学的非统一化确保了稳定性。

因此,科学的稳定性并不取决于以往一些学者所认为的建立在实验或理论的归纳主义基础上的科学的完全统一,而是基于与情景有关的事实,而这些与情景有关的事实又是在注重实验、理论和仪器等不同传统的亚文化群及其相互作用中具体体现的。在《实验如何结束》中,作者具体关注的是理论约束、仪器约束和实验约束。理论约束可以分为长期、中期和短期约束。例如,在弱中性流实验中弱力和电磁力的统一是长期理论约束,测量理论是中期理论约束,温伯格 – 萨拉姆理论(Weinberg – Salam Theory)是短期理论约束。仪器,则是按照类型、特殊设备和特定实验用具加以分类,分别对应于实验的长期约束、中期约束和短期约束。它们也同样会影响到实验者是否接受实验结果,并是否决定结束实验。正是在理论约束、仪器约束和实验约束的共同作用下,实验的稳定性才得以实现。

出于伽里森对仪器、实验等物质因素在科学发展中所起作用的前所未有的重视,哈金称其为"技术实在论"。除此之外,伽里森认为这些物理学中的亚文化群的断层并不同时发生;并且,这些断层之间只存在分段关联,而非整体聚合或还原。[③]

---

① Hacking, I., *Representing and Intervening: Introductory Topics in the Philosophy of Natural Science*, Cambridge; New York: Cambridge University Press, 1983, p. 274.
② Ibid., p. 263.
③ Galison, P., "Philosophy in the Laboratory", *The Journal of Philosophy*, 10, 1988, pp. 525 – 527.

综上所述，伽里森和哈金观点中的相同点和相似点在于，二者从各自的研究领域出发，认识到传统方法的局限性，将关注的焦点集中于实验的实践活动本身，并主张实验相对于理论的独立性和实验自身的情境性。这无疑代表了科学史和科学哲学新的研究趋势。其中，哈金主要从理论层面进行论述，伽里森则主要从科学史实出发，深入到实验实践活动的具体案例中进行研究，这就为哈金等人的观点提供了具体的科学史案例支撑。

同时，伽里森与哈金的观点中也存在不同之处。哈金所主张的"实体实在论"认为，实验实体是存在于不同变换的理论中相对不变的量，实验实体的这一连贯性保持了科学的稳定性。伽里森则从实际的案例研究出发，认为在科学的发展过程中，不存在唯一连贯的主线。现代科学的发展允许理论、实验和仪器之间的断裂，正是这种非统一化确保了科学的稳定性。在此基础之上，伽里森进一步提出其交易区理论。

由以上的分析可以看出，《实验如何结束》与《表征与介入》两本书中关于实验的思想有着千丝万缕的联系。特别是《实验如何结束》中，伽里森多处引用了哈金《表征与介入》中的观点，并且在前言中便提到曾与哈金、卡特赖特等人进行了多次讨论并深受启发。因此，伽里森的《实验如何结束》一书可以看作在科学哲学影响之下进行的科学史研究工作。而在这本书出版之后，不仅受到了科学史界的关注，同样在科学哲学引起了很大的反响，哈金、布鲁尔、皮克林等人先后为这本书写了书评。[①] 同时，卡特赖特、皮克林和一些建构论者在论文和著作中皆引用了伽里森的工作，从中我们也可以看到科学史对科学哲学一定程度的影响。因此，通过对两本书的比较分析，不仅可以看到科学史和科学哲学向科学实践的新的转向，更可以看到科学史和科学哲学在某种意义上的融合。

除了联系之外，两本书的观点也存在不可忽视的分歧。其中，伽里森主要从科学史实出发，对科学史中发生的具体实验场景进行了详尽的考察，进而得出其对实验活动的观点。而哈金主要从科学哲学理论自身的争论和困境出发，从理论内部得出其关于实验的创见。从中不难看出，出发点和研究方法的不同会对研究结果产生一定的影响。或者说，伽里森的研究对象是现实中的实验活动，而哈金主要针对的是理论中的实验。虽然同为实

---

① Hacking, I., "Review", *The Journal of Philosophy*, 02, 1990, pp. 103 – 106; Bloor, D., "Review of Galison, How Experiments End", *Social Studies of Science*, 01, 1991, pp. 186 – 189.

验，但由于二者研究领域的不同，实际上已经存在相应的差别。通过上文中分析二者所得观点的不同，也有助于我们进一步深化对科学史和科学哲学研究对象、出发点、研究方法和所得结论之间的关系问题的理解和认识。

总之，伽里森与哈金虽然皆反对理论和实验的二分，认为实验、理论和仪器具有多维非线性关联，同时注重实践以及实验室研究，强调实验在科学发展中的重要作用，以及仪器在实验中所起到的特殊作用，但是作为科学史家的伽里森与作为科学哲学家的哈金在研究的出发点和旨趣上仍然存在很大的不同。

作为一位科学哲学家，哈金的研究工作更哲学化，即使在讲实在问题，哈金虽然有不同于传统的新说法，但背后深层的关注要点仍是传统哲学中的实在；而伽里森作为科学史家则是以一种历史的方法进行研究，其中涉及科学的实在问题时，并不试图像哲学家那样抽象地进行形而上的思辨，而是将其还原为与具体的科学家的实践相联系的科学活动。但是，两者又有某种倾向上的殊途同归，这就是其研究中的实践视角。

第三节　比较之三：伽里森与科学知识社会学家

除了与科学哲学家有着异常紧密的联系之外，伽里森与科学知识社会学家也有着非常密切的关联。

科学知识社会学，即 SSK 兴起于 20 世纪 70 年代，最初在英国发展并逐渐壮大。SSK 反对传统科学哲学对科学权威的辩护，对早期以默顿为代表的科学社会学持有批判态度，将自然科学知识也纳入了社会学的考察范围，强调将知识社会学的原理推进到包括自然科学在内的全部知识领域，主张包括自然科学在内的一切知识都渗透着社会因素。

从事 SSK 研究的学者主要包括一些科学哲学家和一些社会学家，依据关注焦点和所采用的研究方法，可大致分为三类：

第一，"科学争论研究"，主要代表人物有巴恩斯（Barry Barnes）、布鲁尔、夏平以及柯林斯。通过对科学发展过程中发生的实际争论过程的考察，科学争论研究的学者揭示了参与争论的各方在争论背后所隐含的不同社会利益，从而揭示出看似客观的科学知识所负有的社会性。

第二，"实验室研究"，主要代表人物有拉图尔、伍尔加和赛蒂纳。"实验室研究"的学者主要通过对实验室进行人类学田野考察的方式来对科学知识的生产过程进行微观的社会学分析。

第三,"科学文本与话语分析",主要代表人物有马尔凯(Michael Joseph Mulkay)等。"科学文本与话语分析"的学者主张社会学家首先应对科学家的话语即科学说明进行分析,以解释科学实践活动的性质。

与其和科学哲学家之间的关联不同,科学知识社会学家并没有和伽里森分享相似的观点,二者的相似之处主要包括:在研究对象上都集中于物理和生物等实验室,研究的视角都从科学实验的实践活动入手,探讨的问题也集中于理论、实验和仪器几者之间的关系。除此之外,科学知识社会学家经常引用伽里森的科学史工作作为支持其论点的论据,但实际上,伽里森作品中所包含的观点与科学知识社会学家的主张差别很大,伽里森本人也并不同意科学知识社会学家将社会因素作为解释的出发点的说法。

这里,主要选取了与伽里森关系密切的两位科学知识社会学家,一位是同有物理学专业背景并以当代物理学实验为研究重点的皮克林,另一位是科学知识社会学的代表人物拉图尔。

一 伽里森与皮克林——解读 vs. 建构

安德鲁·皮克林(Andrew Pickering)现任美国伊利诺伊州立大学(University of Illinois at Urbana – Champaign, UIUC)社会学系教授。从1987年至今,他一直是伊利诺伊州立大学科学、技术信息与社会的跨文化研究小组的主任,主要从事科学社会学研究。

皮克林教授1970年毕业于牛津大学物理系,获学士学位。1973年获伦敦大学高能物理学博士学位。1976—1984年在英国爱丁堡大学的科学元勘研究所(Science Studies Unit)攻读社会学博士,并于1984年获取博士学位,其博士学位论文就是他的成名作《建构夸克:粒子物理学的社会学史》。[1]

皮克林与伽里森同样具有物理学专业背景,他们同样致力于20世纪微观物理学实验的研究,这使得二者的工作具有很大的相似性,然而,皮克

---

[1] Pickering, A., *Constructing Quarks: A Sociological History of Particle Physics*, Chicago; London: The University of Chicago Press, 1984.

第五章 伽里森与其他学者之比较研究

林属于社会学家，这使得他在研究工作中力图对物理学实验实践活动中的知识生产过程进行社会学的分析，即对科学知识和科学实践活动进行社会建构论解释，这就与伽里森的历史视角有着非常大的差别。这也成为二者对于同一实验实践活动的研究，经常得出不同结论的原因，同时，这一点也能够非常恰当地说明皮克林和伽里森作为社会学家和科学史家之间的差异。

比如，二人都对围绕着探测器 Mark I 进行的实验做了研究，但结论却存在差异。

皮克林在其代表作《建构夸克》中采用库恩以来的反实证主义者的科学哲学的视角论证了 Mark I 中发生的实验事件。其认为，实验学家认为探测器可靠的原因是他们通过探测器得到了可靠的证据，而这些数据之所以被认为可靠又是因为它们符合了预先存在的理论框架，即"理论是自然现象的概念化，并且提供了框架来固定经验事实"[1]。

站在库恩的立场上，皮克林认为现象是特定理论和实践活动的产物，当理论发生变革时，现象也随之发生改变，因此，现象无法充当新旧物理学之间转换和选择的共同基础。"每个现象世界都是部分自治的，部分自我指涉（self-referential）的理论和实验实践活动的封装物（package）。尝试在一系列共同现象的基础上对新旧物理学理论进行选择是不可能的——各种理论是不同世界的基础部分，并且彼此之间具有不可通约性。"[2] 伽里森在其《形象与逻辑》一书中则从历史的视角出发，得出在 Mark I 中进行的对撞束流物理学的实践活动并非完全被"自我指涉的封装物"所约束，不论是关于旧物理学还是新物理学。

同时，伽里森认为皮克林的观点非常重要。"首先，它们是对将理论看作是一系列先在的实验观察的有限归纳这一观点的基础。其次，如果随着实验调整理论使得理论遭受断裂，之后物理学的图景通过实验本身而一直被撕裂，世界分成两个不可通约性的部分。"[3] 伽里森认为："哲学上来说，皮克林实际上提供了不可通约性的一个例子；从历史学的角度看，它暗含

---

[1] Pickering, A., *Constructing Quarks: A Sociological History of Particle Physics*, Chicago; London: The University of Chicago Press, 1984, p.407.
[2] Ibid., p.411.
[3] Galison, P., *Image and Logic: A Material Culture of Microphysics*, Chicago: Chicago University Press, 1997, p.541.

了块状的历史分期；从社会学的角度看来，它是实验文化和理论文化充分地交织在一起，成为一个单独的范式。"①

虽然伽里森赞同皮克林的不可通约，但反对其理论和实验的二分。他认为："观察、原始数据、理论都预设了一种理论和实验的二分……实证主义者所认为的数据是稳定的，理论是暂时的，反实证主义者认为数据是可调的而理论是有力和起操控作用的。这两方皆不充分。"②"皮克林的分析中最根本的问题是倾向于证明，探测器在完美工作的算法规则和在理论建构的基础上调节实验的理论负载二者之间是对立关系。这像是一种二分法，实证主义和反实证主义科学哲学的特征都掩盖了一种更为丰富的、微妙的谱系，即关于实验争论过程的记录。"③

除了在理论和实验关系问题上伽里森与皮克林存在分歧之外，二者对于实验过程中科学家的判断所起到的作用也有着不同的认识。

皮克林在对弱中性流发现的典型实验进行研究的过程中，认为整个实验过程中都存在"判断"因素的介入。"从历史上来看，粒子物理学家从来不是被迫做出他们的选择；从哲学上来看，这种做出选择的义务似乎从来不曾产生。这一点很重要，因为这些选择产生了新的物理学世界，包括它的现象和理论实体。"④ 因此，皮克林认为科学家并不是被动地接受事实并据之得出结论，而是"既是思想家又是行动者，既是观察者又是建构者"⑤。即科学家不是被动地为事实所左右，而是主动地参与了建构，科学家的选择判断活动直接影响了世界观的形成。"理论的发展并不完全受到实验事实的限制，它呈现'半自主性'的特点，只是通过理论与实验的'共生'关系部分地受到经验事实的制约。"⑥

选择判断在现代科学发展的过程中被认为是普遍存在的，也是必需的，此前也有科学史家做过案例分析，但是没有像皮克林这样将其提到突出的地位来考虑。

---

① Galison, P., *Image and Logic: A Material Culture of Microphysics*, Chicago: Chicago University Press, 1997, p. 541.
② Ibid., p. 543.
③ Ibid..
④ Pickering, A., *Constructing Quarks: A Sociological History of Particle Physics*, Chicago; London: The University of Chicago Press, 1984, p. 404.
⑤ Ibid., p. 405.
⑥ Ibid., p. 407.

当然，对皮克林的选择判断存在一些批评。典型的批评是若判断是重要因素，在既定的时期和给定的数据情况下，不同的判断能否产生出一个与科学家所提供给我们的这个世界图景全然不同的、能够自洽而且经验可见的另外一幅图景？这实际上指出了选择判断如何能始终取得一致的问题，包括科学家群体的意见一致以及科学家的意见跟自然界的一致。在皮克林早期的社会学分析中，他一般不谈论判断是否跟自然界达成一致，认为那是科学家的事情，社会学的分析只谈论科学家之间如何达成一致。实际上他就放弃了以逻辑理性来探讨科学合理性的努力，这也是批评者们对他的社会建构论解释不满意的一个主要原因。

对此，伽里森部分同意皮克林的观点，他认为在实际实验论证过程中的确存在判断，然而这种判断并非只是科学家之间协调一致的结果，而是科学家、仪器、自然之间共同作用的结果。"这种判断有时包含于硬连线的机器中，有时直接汇编在软件里。一些判断通过扫描员和物理学家在事件显现时注视 CRTs 的方式得以进入，另一些则在柱状图中和缩微胶片的复制品中。"[①]

不仅如此，伽里森认为在实验过程中，从来不存原始数据。"数据总是已经被解释的，但被解释并不意味着被更高层的具有统治力的理论所形塑。"[②] 他通过对实验争论和论证过程的历史考察得出，在实际的实验过程中通过仪器得来的数据必定已经蕴含了解释的结论，这种解释是通过仪器等物质文化以及理论预设等方面的共同作用内嵌至数据中的。这里的解释和判断完全一致，但是，倘若称这些解释的运动为理论则过于粗略地误读了实验文化的本性。

从以上的论述中，可以看到，伽里森与皮克林的相同之处是二者的研究对象皆为 20 世纪的粒子物理学实验，同时，二者都认为现代物理学的发展具有异质性。在涉及理论和实验之间的关系时，皮克林则仍然抱有一种理论和实验二分的观念，认为理论通过选择判断的方式介入实验。对此，伽里森部分同意皮克林的观点。

首先，伽里森也认为实验数据的产生和选择过程中时时存在判断和解

---

① Galison, P., *Image and Logic: A Material Culture of Microphysics*, Chicago: Chicago University Press, 1997, pp. 543–544.
② Ibid., p. 543.

释,但他不认同皮克林将这种判断完全归结于科学家与科学家之间的相互协商,而是通过对具体实验的历史考察,得出对实验数据的判断和解释是理论、仪器和自然之间共同作用的结果的结论,从而赋予了理论和实验之间关系以更为丰富的物质文化含义。

其次,伽里森也不赞同皮克林将理论和实验二分的立场,其认为在实际的实验实践活动中,理论、实验和仪器三者之间是互相渗透,并以分层的方式相互介入和影响,这是一种更为丰富的、微妙的谱系。而皮克林仅从社会学的角度出发,强调科学家通过协商来实现理论对实验的介入,显然忽视了历史中实际实验活动的多样性。

综上所述,皮克林和伽里森虽然研究对象相同,但由于二者的理论出发点和研究历史的目的不同,导致了其通过同一段历史的研究所得到的结论却有着很大的不同。皮克林是一位社会学家,其关注的焦点问题是社会因素对科学知识的建构过程,这就决定了其研究历史的目的是为了通过实际的案例来证明科学知识是由社会建构的这一理论前提。与此相对,伽里森是一名科学史家,其理论出发点就是历史是如何发生的,因此,他能够以更为丰富的视角来看待历史,从中发现物理学实验中理论、实验和仪器之间的多维非线性关联。

二 伽里森与拉图尔——行动者网络 vs. 交易区

布鲁诺·拉图尔(Bruno. Latour)1947年出生于法国,是当代法国科学知识社会学家、社会建构论者、爱丁堡学派早期核心人物和巴黎学派领军人物。"其开创的'实验室研究',直接促成了科学知识社会学继'社会学转向'之后的又一次转向——'人类学转向';他在实验室研究基础上构建出的'行动者网络理论'(actor-network-theory,英文缩写ANT),标志着科学研究中与爱丁堡学派分庭抗衡的新学派——巴黎学派的诞生。"[1]

拉图尔在非洲服役期间开始关注社会科学的研究,同时接受了人类学训练,这种人类学训练一直被应用于其对当代实验室的研究过程中,成为

---

[1] 郭明哲:《行动者网络理论(ANT)——布鲁诺·拉图尔科学哲学研究》,复旦大学2008年博士论文,第1页。

第五章 伽里森与其他学者之比较研究

其实验室研究工作的一个典型特征。他的主要代表作品包括《实验室生活：科学事实的建构过程》①、《科学在行动》②、《法国的巴斯德杀菌法》③、《我们从未现代过》④、《阿拉米斯或对技术的爱》⑤，以及论文集《潘多拉的希望》⑥等。

拉图尔的行动者网络理论源于科学知识社会学，同时又吸收了巴黎学派卡龙和劳等人的工作成果，使其在科学研究领域产生了巨大的影响。拉图尔的"行动者网络理论"有3个核心概念，即行动者（actant）、转义者（mediator）和网络（network）。

其中，行动者一词"不仅指行为人（actor），还包括观念、技术、生物等许多非人的物体（object），任何通过制造差别而改变了事物状态的东西都可以被称为'行动者'"⑦。

在拉图尔看来："所有的行动者，包括人的（actor）非人的（object），都是成熟的转义者，他们在行动，不断地产生运转的效果，每个点都可能成为一个歧义"⑧。转义者与其说是一个概念，不如说是一种对待行动者的态度，由于扩展了的行动者概念实际上包含了传统观念中的主客体，所以这种态度也就是对待所有事物的态度。

"网络这个词暗示了资源集中于某些地方——节点，它们彼此联接——链条和网眼：这些联结使分散的资源结成网络，并扩展到所有角落。"⑨ "这种网络不是纯技术意义上的网络，如互联网，也不是格兰诺维特（Granovetter）那种对人类行动者之间非正式联结的表征（representation）的结构化网络，而是一种描述连接的方法，它强调工作、互动、流动、变化的过程，所以应当是Worknet，而不是Network。……在拉图尔的思想中，自然和社会不存在根本的对立，

---

① 拉图尔、伍尔加：《实验室生活：科学事实的建构过程》，东方出版社2004年版。
② 拉图尔：《科学在行动：怎样在社会中跟随科学家和工程师》，东方出版社2005年版。
③ Latour, B., *The Pasteurization of France*, Cambridge, Mass：Harvard University Press, 1988.
④ Latour, B., *We Have Never Been Modern*, Porter C. Trans. New York：Harvester Wheatsheaf, 1993.
⑤ Latour, B., *Aram is or the Love of Technology*, Cambridge, Mass：Harvard University Press, 1996.
⑥ Latour, B., *Pandora'S Hope*, Cambridge, Mass：Harvard University Press, 1999.
⑦ 吴莹：《跟随行动者重组社会——读拉图尔的〈重组社会：行动者网络理论〉》，《社会学研究》2008年第2期。
⑧ 郭明哲：《行动者网络理论（ANT）——布鲁诺·拉图尔科学哲学研究》，复旦大学2008年博士论文，第83页。
⑨ 拉图尔：《科学在行动：怎样在社会中跟随科学家和工程师》，东方出版社2005年版，第298页。

而完全是一体的,他们都是网络中的元素,在网络中相互运动,彼此共生。"①

拉图尔的行动者网络有三点重要的主张。

第一,广义对称性原则(general symmetry principle)。这个原则是理论的核心主张,即要完全对称地处理自然与社会、认识因素与存在因素、宏观结构与微观行动等相对概念。

第二,异质建构论。异质建构论是行动者网络理论的别称,主要指拉图尔往往倾向于将科学描述成由所有的行动者共同构成的网络。其中,凡是参与到科学实践过程中的包括人和物的所有因素都是行动者,"行动者存在于实践和关系之中,异质性(heterogeneity)是其最基本的特性,表示不同的行动者在利益取向、行为方式等方面是不同的"②。

第三,转译(translation)。"转译"这一概念主要用来说明网络链接的基本方法,具体是指行动者不断将其他行动者的问题和兴趣用自己的语言加以转换。所有行动者都处在转换和被转换之中,它意味着单个行动者的角色是通过其他行动者得以界定,即转译是一种角色的界定,只有通过转译,行动者才能被组合在一起,建立起行动者网络。

拉图尔的行动者网络理论一经提出,便引起了科学哲学以及相关领域的很大反响,同时,其与伽里森的交易区理论也有着非常大的相似之处。

第一,二者皆强调物质因素在科学知识形成过程中的重要作用。

从拉图尔对行动者的定义中就可以明确地看到其对物质因素的重视,他不仅认为人是行动者,同时,认为还包括观念、技术、生物等许多非人的物体皆为行动者,并且,这些行动者在关系上是平等的,皆处于彼此关联的网络之中,通过转义完成相互作用,从而赋予了物与人以相同的地位。同样,伽里森也强调了仪器等物质因素在科学发展中的特殊作用,同时,将仪器作为与理论、实验地位相同的一个因素引入科学发展的图景,从而,赋予了仪器与理论相同的地位。

第二,二者皆在某种意义上消解了自然和社会的二分。

拉图尔的行动者网络理论与之前布鲁尔等人的 SSK 最大的不同之处在于其对社会和自然二分的消解。拉图尔认为布鲁尔及其之前的众多哲学家

---

① 郭明哲:《行动者网络理论(ANT)——布鲁诺·拉图尔科学哲学研究》,复旦大学 2008 年博士论文,第 62 页。
② 同上书,第 88 页。

所持有的认知模式皆源于康德的主体—客体模式。康德设定的两极中，一极为物自体，另一极为先验自我，这两极交汇可用于说明知识的产生。据此，实在论者认为物自体（非人、自然、客体）是知识的起点，将社会因素排除在科学认识的形成过程之外；强纲领等社会建构论则认为先验自我（人、社会、主体）是知识的起点，用社会因素来解释知识的形成，忽视自然本身在科学认识形成过程中的重要作用。

而拉图尔的行动者网络构建了一张物与人相互交织、相互作用的行动之网，同时力图从实验室的实践活动中考察人与物的相互作用，在消解主体—客体模式的同时，还打破了主体与客体、自然与社会、人与非人、物与非物的传统的二元对立。

伽里森则从物质文化与人的实践活动的互动中消解了自然和社会的二分。在其前三本书中，伽里森分别以实验、仪器和理论为叙事主线，论述了三者之间的多维非线性相互作用，同时，其想要突出强调的一点是仪器、技术等物质文化因素并非单纯被理论所形塑，而是同样反过来形塑了理论以及科学实践活动，它们的变迁给实验数据的得出、实验的论证过程以及实验如何结束的过程都带来了深刻的变革。正是在这种互动中，伽里森将物质文化与实践紧密结合，从而部分地消解了自然与社会的二分。

第三，二者皆是一种动态的、描述性的研究纲领。

拉图尔所代表的后SSK与之前的布鲁尔等人的不同还有以下几点。"在本体论上，SSK主张一种基础主义的社会实在论，后SSK则认同一种人类与自然相互作用的混合本体论；在认识论上，SSK采取一种静态的规范主义进路，试图寻找科学现象背后的社会利益根基，而后SSK则采取一种动态的描述主义进路，仅仅关注科学研究的过程；在科学观上，SSK仍然因循表征主义传统，关注的是作为表征与知识的科学，而后SSK则将科学视为实践，反对表征与还原。"[1]

以上几点则与伽里森不谋而合。伽里森从历史的角度出发，其所关注的焦点问题就是从科学的历史中实际发生的事件里回答问题，因此，这就注定了他的研究是一种描述性的、以历史实践活动为基础的工作。

第四，概念上的对应关系。

---

[1] 郭明哲：《行动者网络理论（ANT）——布鲁诺·拉图尔科学哲学研究》，复旦大学2008年博士论文，第62页。

拉图尔的行动者网络中的3个概念：行动者、转义者和网络，分别对应着伽里森交易区理论中的亚文化、交流语言和交易区，其中，行动者较亚文化更为微观和个体，但所具有的相对关系却极为相像；转义者与交流语言的功能相同，都充当着行动者之间发生相互作用的桥梁，然而，转义者本身就是行动者，这一点上与伽里森略有不同；网络与交易区皆定义了一种人与物之间网状的相互关联。

与此同时，行动者网络与交易区也存在一些不同之处，具体表现在以下几个方面。

第一，研究方法不同。拉图尔采取的是人类学的田野考察方法，而伽里森采用的则是传统的以史料考据为基础的史学方法，这是由二者所选取的研究对象和时间的不同所决定的，同时，二者研究方法上的差别反映出他们理论出发点以及关注焦点的不同。

第二，进行研究和思考的理论出发点不同。拉图尔主要是从社会学的视角对科学知识的生产过程进行分析，他试图从实验室的具体科学实践活动中找到科学知识的社会建构性，因而，拉图尔属于一位社会学家和哲学家，先预设了科学知识是社会建构的产物这一理论前提，之后寻找例证来证明这一结论。与此相反，伽里森虽然也在其作品中对科学及相关问题做哲学的反思，但从出发点来说，伽里森首先是一位科学史家，其所采用的研究方法是以史料为基础的实证研究，虽然在写作过程中不可避免地涉及史料的选择，但是相比于拉图尔依据自己已有的理论预设来选择材料，伽里森更倾向于从历史的角度来选取史料，先进行历史描述，之后，再从历史的脉络中进行相应的思考。这是科学史和科学哲学研究的一个重要的差异。

第四节　分析与总结

由以上的讨论可以看出，伽里森工作的特点以及与其他科学史家、科学哲学家和科学知识社会学家等新兴学科学者之间既密切相关又各有特点的关系。从上面的分析中，也可以清楚地看到伽里森自身在进行科学史相关研究工作中所抱有的科学观、科学史观，以及所采取的科学史和方法论。

首先，伽里森是一位科学史家，其所采用的方法是以史料考证为基础的传统史学研究方法，但同时，由于其所拥有的物理学和哲学的专业训练，又使得他的科学史研究工作兼具专业深度和哲学反思，属于科学史研究工作中方法比较新、观点相对激进的新锐派，这也是其有别于以派斯为代表的科学家兼科学史研究者的一个显著特征。

其次，也正因为其哲学背景，使得他的作品中更具反思精神和抽象思维，同时，其对实践、实验室、仪器、物质文化等科学哲学和其他领域研究的热点的关注和运用都使得他的科学史作品更具科学哲学的味道，但其基本出发点和立足点仍然是史学研究，这使得他虽然关注科学哲学中的前沿和热点，但所得出的结论相比于皮克林、拉图尔科学知识社会学家却相对温和、保守；同时，也是其虽然与皮克林拥有相同的研究对象，但结论却不相同的原因。除此之外，相对于抽象的哲学思考，伽里森更乐于在历史叙述中让答案自行显现。这也是其区别于其他科学哲学相关领域学者工作的最为典型的特征。

可以说，伽里森代表了科学史发展的新方向，同时，从他的研究工作中，也能够看到科学史和科学哲学逐渐融合的一种趋势。

第六章 伽里森学术思想的重要意义

彼得·伽里森是美国当代科学史领域新生代的领军人物,他对20世纪微观物理学史的研究工作,以"实践"的视角展现了"仪器"作为一种物质文化载体在科学发展过程中的特殊作用,以及在实际的科学发展过程中,实验、理论和仪器三者之间的多维非线性相互作用。在此基础上,其所提出的交易区理论提出了科学的分立宣言,为现代科学的发展提供了与以往截然不同的解释模型,成为继库恩的科学革命之后,关于科学发展的另一全新图景。

伽里森以史料考证的传统科学史方法为基础,同时引入人类学、语言学、历史学、艺术史学等相关领域的理论成果,分别以实验、仪器和理论为叙事主线,对历史中围绕这三条主线展开的具体科学实践活动进行主题式的微观考察。其关注的焦点问题是日常科学活动中,各种不同文化背景下的实践活动是如何跨越文化的边界,互相作用和影响,最终形成科学的整体文化。正是基于对这一点的考量,伽里森提出交易区理论用以解释具有不同文化背景的群体间如何相互协商最终达成局域性协调的过程。[①] 在运用交易区进行具体考察的过程中,伽里森的视角从科学内部的实验、理论和仪器三种文化之间的相互作用逐步扩展到科学外部,最终着眼于科学、技术与社会等文化之间的互动。从此种意义上来说,伽里森的科学史工作兼顾科学哲学、科学社会学、科学技术与社会学等相关领域的视角。

在具体的研究中,伽里森以仪器和图像这两个通常被传统科学史家所忽略的方面为考察的重心,通过对图像在物理学实验不同阶段的表现形式以及在实验结果的论证过程中所起作用的不同,揭示出科学仪器的发展给实验实践活动带来的深刻变革,以及由科学仪器的类型划分的物理学实验

[①] 笔者对伽里森的访谈,2010年11月6日,波士顿。

中形象与逻辑两大实验传统之间由分立逐步趋向融合的历史演变历程，呈现出一幅关于科学如何发展的动态物质文化史画卷。从而，以图像这一特殊的史料为切入点，展现了仪器与人的实践活动之间的互动关联，赋予仪器这一物质载体以文化属性。因此，伽里森对图像和仪器的研究亦可算作视觉文化和物质文化领域的工作。

在其近期工作中，伽里森将其对图像的关注进一步延伸，从实验室中作为一种实验数据的视觉化表征形态的图像拓展到16—17世纪在科学家内部被广泛使用的科学图集。通过对科学图集的制作和使用过程的历史考察，伽里森揭示出作为科学基本属性之一的科学客观性如何一步步发展和成熟的鲜为人知的历史，以历史的视角回应了关于科学客观性的哲学争论。

从上面的论述中可以看出，一方面，伽里森的研究工作借鉴了人类学、语言学等相关学科的研究方法和理论成果，综合了实践、实验室研究、图像等科学哲学、科学社会学和视觉文化研究等众多领域关注的中心议题，属于汇聚型学者；另一方面，他的交易区理论不仅被科学史领域作为科学发展的新模型，而且被用于研究工程技术、心理学、教育学等众多领域中极为广泛的话题，同时，其科学史工作从历史的视角探讨了实验理论与仪器、形象与逻辑、物质与实践、主观性与客观性等基本哲学问题，从此种意义上讲，伽里森又是一位颇具代表性的发散型学者。

可以说，是伽里森所处的时代背景造就了他多元化的研究风格，同时，其独特的视角和隐藏在历史叙述中的哲学洞见又使得他立于众多学科的前沿和交汇点，引领着风格独特的科学史学研究进路。从对伽里森的研究过程中，具体可得到以下几点重要启示。

一 伽里森的交易区理论为科学史等学科视野中的科学发展提供了新的图景和解释框架

交易区理论是伽里森科学史思想的核心和贯穿于其科学史工作始终的一条主线，主要基于其实际的科学史案例研究工作提炼和升华而成，提出之初的目的是解释当代物理学实验中来自不同亚文化的实践活动是如何彼此协调，共同构成物理学整体文化的过程。之后，伽里森继续运用交易区理论来进行其科学史研究工作，并随着视角的拓展和深入，引入交流语言等概念，进一步完善和发展了交易区理论，并最终内化为其史学研究特有的视角和方法。

墙砖模型是交易区理论的具体表现形式,伽里森以各个亚文化群之间交错的互嵌式结构表明了其不同于以往的科学发展观,即科学的分立图景。

其中,分立主要针对的是之前逻辑经验主义以及之后的历史主义所倡导的科学发展观。伽里森认为,无论是逻辑经验主义所认为的观察的积累导致理论变迁,还是之后历史主义者所宣称的理论更迭带来科学的格式塔转换,实际上都没有脱离有一个要素——对于逻辑经验主义者来说是观察,对历史主义者来说则是理论——始终处于科学发展的基础地位,其变迁决定着其他因素的变迁。对此,伽里森认为不存在这样一条贯穿科学发展始终的主线,在实际的科学活动中,理论、实验和仪器等因素的变革并不同时发生,即其中的一个因素的变化并不必然导致其他因素的变化,各个要素的断裂是交错发生的,具有不确定性。换句话说,各个要素之间达成的是局域性的协调,而非全局性的统一。

同时,伽里森基于20世纪以降物理学实验的案例研究,发掘出仪器在实际的实验实践活动中所扮演的重要角色,以及其与理论和实验的多维非线性关联,这就将仪器作为与理论和实验等要素地位相同的第三个维度引入科学发展的图景,从而构建了科学发展的多元性和异质性特征。

总之,伽里森基于具体的科学史研究工作提出的交易区理论,通过围绕着仪器展开的实践活动的研究,赋予了仪器与理论和实验同等重要的地位,同时,为了表现理论、实验和仪器3个物理学文化中的亚文化之间多维非线性关联的墙砖模型,打破了以往科学图景中基于理论和实验的对立和相互作用的二元简化模型,对科学发展给出了更为精致和符合实际的动态的多元化解释模型。

二 伽里森以图像和仪器作为研究主题,突破了二者在科学史中原有的含义,将图像提升到与文字地位相等的科学视觉表征形式的地位,同时赋予仪器以文化属性,从而拓展了科学史研究的对象和视野,增进了科学史与其他学科在方法和观念上的交叉性

除了交易区之外,伽里森的史学工作中存在另外一条发展主线,即其

对图像的关注。在伽里森研究工作的初期和中期,其关注的图像主要包括物理学实验中作为实验数据的视觉化表征形式的粒子径迹图片,这就使得图像与制造图像的仪器紧密相关。因此,在伽里森的早期和中期工作中,围绕着图像和仪器展开的实验实践活动是伽里森考察的重点。与此同时,通过对以二者为中心的历史实践考察,伽里森揭示出实际科学活动中图像和仪器更为丰富的内涵。

(一) 图像

科学史领域对于图像的研究由来已久,以默顿为代表的科学社会学将科学中的插图等作为科学与社会互动的史料,之后,以拉图尔、皮克林等为代表的科学知识社会学同样也关注实验室中作为实验数据表征形式的图像,从图像的制造和使用过程中追索社会因素对科学知识建构的足迹。因此,无论是科学社会学还是科学知识社会学都将图像作为与文字相对的一种史料来加以运用。

在伽里森的研究工作中,图像被赋予了更为丰富的含义。

伽里森对图像的关注主要集中于两个方面,一方面是粒子物理学实验室中的粒子径迹照片,这一类属于实验数据的视觉化表征形式,其功能与符号形式的数据有着很大的不同。它们分别代表了以图像为主要论据的形象传统以及以数学和统计模型为主要论证模式的逻辑传统。伽里森正是注意到现代物理学实验中,图像所代表的形象思维与符号所代表的逻辑思维的冲撞与融合,勾勒出20世纪物理学发展中形象与逻辑两大实验传统从分立逐渐走向融合的动态过程。由此,伽里森注意到图像作为一种视觉表征与符号系统不同的属性和思维模式,从而赋予了以往仅作为文字补充材料的图像以与文字同等重要的意义。

伽里森对图像关注的另一方面是其对16—17世纪科学图集的研究,其中包括生理学、植物学等众多领域的上千册图集,然而,伽里森发现这些装帧精美、造价昂贵的图集并不在公众中流通,而是仅仅在科学家内部流传和使用,正是这一点激发了伽里森的研究兴趣。[①] 通过对这一类图集的制作和使用过程的研究,伽里森揭示了图集作为一种视觉化知识形式在科学客观性形成和建立过程中所起到的特殊作用,从而从另外一个方面探讨了科学知识的视觉化表征相对于文字等符号表征的又一重要差别。伽里森通

---

① 笔者对伽里森的访谈,2010年11月6日,波士顿。

过图集对科学家理解中的客观性的开创性研究,也是其图像研究之新意义的体现。

(二)仪器

之前,在科学史领域中也有对云室、气泡室等科学仪器的研究工作[①],但绝大多数的研究者关注的是科学仪器技术上的革新以及由此带来的新发现,而伽里森关注的是科学实验论证过程中仪器所起到的特殊作用。通过围绕着仪器展开的科学实践活动的考察,伽里森得出以下与传统科学史研究不同的几点关于仪器的含义。

其一,仪器也是一种物质文化的载体。从在实验论证过程中仪器所起到作用的研究,伽里森展现了仪器作为一种物质形式对围绕其展开的科学实践活动的反作用,同时也在此过程中形塑了科学实践活动,从而使仪器成为一种负载着文化的物质形式。

其二,仪器作为与理论、实验地位相同的科学发展的第三个维度,展现了理论、实验和仪器三者之间的多维非线性关联,从而在强调仪器在科学发展过程中所起到的重要作用的同时,打破了以往以理论和实验二分为基础的理论优位的科学观。

其三,通过仪器的发展对实验论证过程的影响,伽里森还呈现出一部科学、社会、政治等因素的互动史。

总之,伽里森研究工作中的图像不再仅仅是文字材料的一种补充形式,而是上升为与文字等符号形式相对应的另一个史学研究中新的极具启发性的独特视角。[②] 与此同时,仪器也不再作为发现新现象的器物存在,而是成为与理论和实验同等重要的科学发展进程中的第三个维度,同时,仪器作为连接物质世界与实践、科学与社会等外部因素的桥梁,被赋予了特殊的物质文化含义。

正是通过对图像这一与文字相对的视觉材料的运用以及对仪器文化性的发掘,伽里森将科学史研究与视觉文化、科学哲学、科学社会学等众多学科紧密地结合,拓展了科学史的研究领域与视野,并勾勒出关于科学发展的另一副面孔。

---

① 笔者对伽里森的访谈,2011年2月3日,波士顿。
② 同上。

三 交易区理论提供了与传统科学史研究有所不同的科学观、历史观

从以上的结论中能够看到伽里森研究工作的独创性和特殊性，而之所以其科学史研究工作具有不同于传统科学史家的视域和观点，是由于其在科学史工作背后所持有与传统科学史家相对不同的科学观、历史观。从其核心思想交易区理论中能够清晰地看到这一点。

(一) 科学观——异质性与稳定性并存、建构性与定向性同在

交易区的具体体现形式墙砖模型将仪器作为继理论和实验之后的第三个维度引入科学发展的图景，并用一种互嵌式的交错相邻的微观结构描述了几者之间既相互影响，同时又彼此独立的非线性关联，从而展现了一种多元的、破碎的、动态的科学分立图景。

另外，几个元素之间的互嵌式结构又从一个侧面带来了科学的稳定性。相比于库恩的科学革命所展现的理论的改变带来了整个范式更迭，从而导致科学格式塔式的转换，伽里森则赋予3个亚文化之间平等的地位，强调理论、实验和仪器之间的变迁并不同时发生，也没有哪一个的变化必然导致其他另外两个的断裂。如此，科学的发展便不再由处于基础地位的单一线索的变迁决定，而是不同亚文化之间的交易区中的局部性协调对于亚文化的演进和整个科学的结构起着关键性的作用。正是在这种科学的非统一发展模式中，科学更像由多个亚文化结成的一股绳子，绳子的强度不在于一根纤维穿过整个绳子，而在于众多纤维重叠在一起。因此，每一个亚文化在科学发展的过程中都可以发生断裂，而不对其他亚文化和科学的整体稳定性产生影响。即恰恰是科学的异质性带来了其发展的稳定性。

除此之外，交易区所展示的各亚文化之间的彼此协商和局域性协调之中暗含着几者关系的多元性和不确定性，比如，在其对实验结果的获得过程的研究中，伽里森就声称："规程、设计、解释和接收数据共同铸就了实验的结束，认为实验只要遵循了固定的实验程序就能够得到确定的实验结果，而实验结果不依赖之前的理论和实验的想法是荒谬的。"[1] 这就将人为

---

[1] Galison, P., *How Experiments End*, Chicago: Chicago University Press, 1987, p.258.

的不确定因素引入实验论证过程,从而带来了某种程度的建构①色彩。与此同时,伽里森又认为实验自身具有可靠性,实验过程并非由利益等人为因素决定,据此将其与皮克林等社会建构论者区分开来。

其中,伽里森试图用坐标来描述实验的这种可靠性的增强,横坐标和纵坐标分别为测量直接性的增加和结果稳定性的增强。"直接性主要指实验室的活动使得实验推理向着因果性的阶梯前行"②,"稳定性试图表达的是那些改变了实验条件的某些特征的程序:在实验对象、仪器、秩序或者数据分析方面的改变使得结果能够基本上不改变。这些改变中的每一个使得我们很难去假设一个替代的因果说明能够满足所有的观察"。③ 由此,伽里森通过稳定性赋予了科学以朝向因果链条高阶的整体趋势,从而将科学的图景从库恩的格式塔式转换的非定向性的混乱中"拯救"出来。

(二) 历史观——实践视角下的宏大叙事与微观深描之间的平衡

伽里森对实践的关注使得他的历史观也有着与众不同之处。

从维也纳学派到 20 世纪 70 年代,整个科学哲学领域中,主张存在着科学和科学方法的真实本质,在整个科学史领域中,科学家们则相信存在一种科学积累的普适化模式。伽里森在他的编史理论和实践中都对这种刻板单调的历史观给予了最严厉的批判。不同的科学领域有着不同的研究方法和研究目标,比如说理论物理学家会将理论预测精确到小数点后数十位,而地理学家或形态生物学家则可能更重视说明而非预测。

伽里森注意到近年来科学哲学中对语境、地方性知识的关注,同时也将这些思想应用到他的科学史观上。与走在最前沿的科学哲学家们相契合,伽里森不再预设那些科学先验的美德,诸如客观性、定量化、实验法等,而是通过历史的叙述来寻求这些目标和规则的结构是如何被辨识到的;不再寻找一种普适性管辖着整个科学工作的社会基础的模式,而是转向探索整合知识生产的环境说明和那种知识的本质了。从现代实验的源头,由 19 世纪皇家提供资产和场所,到 20 世纪被伽里森称为"巨兽"的

---

① 对于建构论的理解和定义种类繁多,这里笔者倾向于按照 SSK 的代表人物之一赛蒂纳的说法来定义建构论:"建构论从未主张说,科学活动中不存在任何物质实在;它仅仅是认为,'实在'或'自然'应该被看作是这样一种实体:它们通过科学活动和其他活动不断地被改写。建构论的兴趣所在正是这种改写的过程。"
② Galison, P., *How Experiments End*, Chicago: Chicago University Press, 1987, p.259.
③ Ibid., p.260.

大规模合作性实验，再到人类基因计划，伽里森认为不同的历史阶段，人们对实验有着完全不同的理解和观念，因为每一次科学家的实践都嵌入了不同的社会建制中，而随着科学和技术的发展，也促进了社会建制的变更。

但伽里森本人并不承认他的历史著作属于微观史的范畴。在这一点上，他有自己独到而深刻的看法。实践视角下的微观史与传统编史有一点不同便是，不再具有贴着标签的普适性和典型性的科学家、实验家、工程师，他们自身是某个阶层利益诉求的代表，不是出自他们知识分子的地位，而是出于他们参与科学实践，比如某个项目的直接经历。在这一点上伽里森与微观史有着类似的旨趣。然而，伽里森并没有拘泥于微观史的视角，他从福柯关于奥本海默特征描述出发，将福柯的这种史观类比到科学史研究，并针对科学史编史提出了一种新的理论：专门理论。

人文学科中，大部分学者都会让自己的研究对象进入一种有效的、单一的、界定良好的、举足轻重的解释框架中，所以，对于历史编写，大多数史学家要么采取一种宏大叙事的大科学观念，要么采取另一个琐碎细小的无政府主义，学者挖掘古董般地展示历史。但在伽里森看来，这二者编史中并不矛盾冲突，而是可以很好地结合的。而且，诸多案例研究也不再是通向普遍理论的归纳式阶梯，并不是一成不变，一劳永逸的。伽里森对此的主张是，辨析清楚理论预设与系统哲学。任何特定的案例背后一定联系着理论，但这些理论并构不成某一系统哲学。历史案例与理论的联系并不是类似自然科学的建模一样，将某一模型或公理用到一个特例上，而是以一种更为零碎、逐渐的方式，将观念作为工具来侵入文本、图像和经验中，而后将其投入到历史或者文学实践中。这样的历史其实是被建构起来的，用以展示历史连续性和贯穿始终的因果阐述。但实际发生的事情，远不是如此。在伽里森看来，一个成功的历史案例研究，某些显性或者隐性的理论形式一定会存在于其中特定的情况之中，不仅仅对案例本身发挥重要作用。但不同的是相似的一系列案例总有一些核心的同质的层级结构，或者相似的轴线。

如何在不极端的普适性和概括性的历史以及太过琐碎的微观历史之间寻找一条弥合之路，伽里森在他的著作中给出了出色的解答。

四 在伽里森具体的史学研究工作以及交易区的建立和发展过程中，可以看出，他是一位具有很强科学哲学取向、兼备多学科视野、富于理论创新的科学史家

首先，伽里森是一位科学史家，与此同时，其科学史研究工作中又蕴含了其对科学哲学等领域问题的相关思考，这种思考潜在地影响了其研究的兴趣点、主题以及所采用的研究视角和方法，进而也促使他通过具体的史学研究工作抽象和升华出交易区这一科学发展的新模型。其科学史、科学哲学和研究方法的此种互动关联可以通过以下三个方面进行具体阐释。

（一）交易区理论——基于科学史的科学哲学思考与人类学等理论相结合的产物

从本书的第三章和第四章的论述中可以看到，交易区理论是在伽里森对20世纪的微观物理学实验的案例研究中，对理论、实验和仪器三者微观互动关系的哲学思考之上逐步提炼和抽象出来的初级解释模型。之后，伽里森又将其应用到以仪器为主线的物理学实验发展的历史考察工作，同时引入人类学和语言学的理论成果，提出交易区、亚文化和交流语言这三个核心概念，使之成为日益丰满的科学发展解释模型。这实际上经历了一个从科学史到科学哲学的抽象和升华的过程，继而又应用到科学史中进一步丰富和完善，最终形成一个基于科学史的科学哲学解释框架的互动过程。同时，在这一过程中，伽里森还借鉴了人类学等相关学科的理论成果，将其运用到交易区这一解释框架中。

因此，交易区实际上是科学史的科学哲学思考与人类学理论相结合的产物。

（二）实践视角下对实验室、仪器、图像以及客观性的关注——对科学哲学、视觉文化等热点问题的科学史学考察

"实践"是伽里森科学史工作的一个基本视角和出发点，其主要的研究工作皆回归到历史中具体的科学实践活动层面进行微观考察。例如，在其早期对20世纪粒子物理学史的考察中，伽里森并非只关注论文、发表物等文字史料中所展现的理论与实验结果的互动，而是更为关注实验过程中，实验数据如何得出、实验结果如何确定的论证和争论过程，以及其中仪器、理论和实验等元素间多维度、多角度的交互作用。

科学实践是伽里森所有工作的起点，理论与实践并非敌人，而是理论、

实验和仪器甚至图像等都有其自身的实践。① 其感兴趣的问题是："以实践的视角得以呈现的理论、实验与仪器，形象传统和逻辑传统之间是如何相互关联在一起。而交易区理论就是用来解释这些分立的实践活动是如何发生相互关联，结合在一起的。"②

也正因为"实践"这一基本研究视角，决定了他将目光聚焦于实验室、仪器和图像的研究，而这一研究旨趣恰好与科学哲学等学科的实践转向相应和，同时，其对图像作为与文字相对的视觉表征形式的研究，也与视觉文化的相关研究有着密切的关联。而其对以上相关学科热点问题的科学史研究工作并非偶然，其背后是出于几者对于以理论和实验二分下的众多科学模型所面临的争论和困境、理论与实验关系的过度简化等哲学问题的共同思考和回应。他以历史学家对实践的突出关注，突破了过去科学哲学中诸如逻辑实证主义、历史主义、批判理性主义等他称为"框架主义"研究传统的约束。

（三）研究方法——传统史料考证方法与人类学、文化研究、语言学等理论相结合

不仅在研究成果和关注问题上能够体现伽里森科学史工作的科学哲学意味和学科视域，在具体的研究方法中，伽里森同样体现了这一特质。其主要以传统的史料考证和分析为基础，进一步运用人类学、语言学、年鉴学派、文化研究、艺术史等诸多领域的理论成果，同时，引入微观史学、视觉文化研究的视角。

从以上的论述中，可以看到无论是其思想的核心，还是关注的焦点问题，乃至研究方法都表明伽里森是一位勇于进行哲学思考、善于吸收和借鉴各领域最新研究成果的科学史家，这也成为其科学史工作区别于以往科学史家的一个典型特征。

五 交易区不仅提出了科学发展的新模型，在此基础上，伽里森进一步将其内化为自身特有的研究视角和方法，从而为科学史的研究工作提供了新的编史学纲领

交易区理论是在伽里森对 20 世纪微观物理学史进行史学研究的基础上

---

① 笔者对伽里森的访谈，2011 年 2 月 3 日，波士顿。
② 同上。

提出的科学发展图景,属于立足于科学发展的新形势下的新模型。之后,伽里森进一步发展了交易区理论,使之逐步淡化转而内化为其史学研究中特有的方法和视角,即遵循两条原则:(1)具有不同文化背景的各个群体的实践活动通过交易区连接为一个整体;(2)各个群体的实践活动在交易区内达成局域性而非全局性协调。在这一大前提下,交易区和亚文化的形式和含义都具有极为灵活的多样性。也正因为如此,交易区现在逐渐被各个领域的学者所关注和采纳,成为一个具有广泛普适性的研究方法。

对于交易区等相关理论与观念的运用,贯穿于伽里森科学史研究工作的始终,并使之得出很有新意的结论和成果,这本身标志着一种新的研究方法和视角在科学史实际研究工作中的成功应用。同时,也为其他科学史家提供了一种可供借鉴和使用的新的编史学纲领。

六 伽里森以交易区理论为核心的科学史研究,在科学史之外的诸多领域产生了广泛而深远的影响

交易区理论一经提出,便引起了各个领域广泛的关注,特别是伽里森通过交易区理论的进一步发展和拓展,使得其上升为一种研究的视角和方法,被广泛地应用于认知科学[①]、技术研究[②]、管理学[③]、教育学[④]、科学传

[①] Thagard, P., "Being Interdisciplinary: Trading Zones in Cognitive Science", in Derry, S. J., Gernsbacher, M. A., Schunn, C. D., *Interdisciplinary Collaboration: An Emerging Cognitive Science*, Mahwah N. J.: Lawrence Erlbaum, 2005, pp. 317–339.

[②] Baird, D., Nordmann, A., Schummer, J., "Societal Dimensions of Nanotechnology as a Trading Zone", in Gorman, M. E., Groves, J. F., Shrager, J., *Discovering the Nanoscale*, Amsterdam; Washington D. C.: IOS Press, 2004, pp. 63–73; Jenkins, L. D., "The Evolution of Trading Zone: A Case Study of the Turtle Excluder Device", in Gorman, M. E., *Trading Zones and Interactional Expertise*, Cambridge, Mass: MIT Press, 2010, pp. 157–180; Wardak, A., Gorman, M. E., "Using Trading Zones and Life Cycle Analysis to Understand Nanotechnology Regulation", *Journal of Law, Medicine & Ethics*, 04, 2006, pp. 695–703.

[③] Kellogg, K., Orlikowski, W. J., Yates, J., "Life in the Trading Zone Structuring Coordination Across Boundaries in Postbureaucratic Organizations", *Organization Science*, 01, 2006, pp. 22–44.

[④] Mills, D., Huber, M. T., "Anthropology and the Educational 'Trading Zone' Disciplinarily, Pedagogy and Professionalism", *Arts and Humanities in Higher Education*, 04, 2005, pp. 9–32.

播①、环境政策②等领域，用来解决各个领域中所面临的问题。仅从 GBP 和 World Cat 等主要图书出版信息数据库中可查的涉及"trading zone"的书籍就有 200 余本，文章 300 余篇，从中不难看出伽里森研究工作所产生的影响的广泛性。

在 2006 年召开的以"交易区理论与交互性专家知识"（Trading Zones and Interactional Expertise）为主要论题的研讨会中，探讨了伽里森的交易区理论与柯林斯的交互性专家知识之间进行联合，共同形成一个关于科学与其他领域的实践活动如何关联的新的研究纲领的可能性，并于 2010 年出版了合集《交易区理论与交互性专家知识》③ 一书。这代表了国际上对伽里森交易区理论的充分关注和认可，同时也代表了伽里森交易区理论的进一步成熟。

与此同时，在国内的相关研究工作中，也有学者开始将目光投向伽里森的交易区理论，并关注其应用于实际案例研究的可能性。

---

① Huang, X., "The Trading Zone Communication of Scientific Knowledge an Examination of Jesuit Science in China (1582 – 1773)", *Science in Context*, 03, 2005, pp. 393 – 427.
② Fuller, B., *Trading Zones: Cooperating for Water Resource and Ecosystem Management When Stakeholders Have Apparently Irreconcilable Differences* [Doctor of Philosophy], Cambridge, Mass: Massachusetts Institute of Technology, 2006.
③ Gorman, M. E., Ed., *Trading Zones and Interactional Expertise*, Cambridge, Mass: The MIT Press, 2010.

参考文献

1. Ackermann, R. , "The New Experimentalism", *The British Journal for the Philosophy of Science*, 02, 1989, pp. 185 – 190.
2. Agassi, J. , *Towards an Historiography of Science*, Gravenhage: Mouton, 1963.
3. Allenby, B. , Authenticity, "Earth Systems Engineering and Management, and the Limits of Trading Zones in the Era of the Anturopogenic Earth", in Gorman, M. E. , *Trading Zones and Interactional Expertise*, Cambridge, Mass: MIT Press, 2010, pp. 125 – 156.
4. Alpers, S. , *The Art of Describing: Dutch Art in the Seventeenth*, Chicago: University of Chicago Press, 1983.
5. Bachelard, G. , *The New Scientific Spirit*, Boston: Beacon Press, 1984.
6. Baird, D. , Nordmann, A. , Schummer, J. , "Societal Dimensions of Nanotechnology as a Trading Zone", in Gorman, M. E. , Groves, J. F. , Shrager, J. , *Discovering the Nanoscale*, Amsterdam; Washington D. C. : IOS Press, 2004, pp. 63 – 73.
7. Baldasso, R. , *The Role of Visual Representation in the Scientific Revolution: A Historiographic Inquiry Centaurus*, 48, 2006, pp. 69 – 88.
8. Bloor, D. , "Review of Galison, How Experiments End", *Social Studies of Science*, 01, 1991, pp. 186 – 189.
9. Blunt, W. , *The Art of Botanical Illustration*, London: Collins, 1955.
10. Braudel, F. , *The Mediterranean and the Mediterranean World in the Age of Philip Ii*, Reynolds, S. , Trans. , New York: Harper & Row, 1972.
11. Bray, F. , Dorofeeva – Lichtmann, V. , Métailié G, *Graphics and Text in the Production of Technical Knowledge in China: The Warp and the Weft*, Boston: Brill, 2007.

12. Breidbach, O., "Representation of the Microcosm: The Claim for Objectivity in 19Th Century Scientific Microphotography", *Journal of the History of Biology*, 02, 2002, pp. 221 – 250.
13. Chattopadhyaya, D., *Anthropology and Historiography of Science*, Athens: Ohio University Press, 1990.
14. Collins, H., Evans, R., Gorman, M., "Trading Zones and Interactional Expertise", *Studies in History and Philosophy of Science Part A*, 04, 2007, pp. 657 – 666.
15. Collins, H., Evens, R., Gorman, M. E., "Trading Zones and Interactional Expertise", in Gorman, M. E., *Trading Zones and Interactional Expertise*, Cambridge, Mass: MIT Press, 2010, pp. 7 – 24.
16. Collins, H., "Review of Galison, How Experiments End", *The American Journal of Sociology*, 06, 1989, pp. 1528 – 1529.
17. Cowling, M., "The Artist as Anthropologist in Mid – Victorian England: Firth's Derby Day, the Railway Station and the New Science of Mankind", *Art History*, 04, 1983, pp. 461 – 477.
18. Daston, L., Galison, P., *Objectivity*, Boston: Zone Books, 2007.
19. Daston, L., Galison, P., "Objectivity and its Critics", *Victorian Studies*, 04, 2008, pp. 666 – 677.
20. Daston, L., Galison, P., "The Image of Objectivity", *Representations*, 40, 1992, pp. 81 – 128.
21. De Chadarevian, S., Hopwood, N., Eds., *Models: The Third Dimension of Science*, Stanford; California: Stanford University Press, 2004.
22. De Greiff, A. A., Olarte, M. N., "What we Still Do Not Know About South – North Technoscientific Exchange", in Doel, R. E., *The Historiography of Contemporary Science, Technology, and Medicine: Writing Recent Science*, Abingdon; New York: Routledge, 2006, pp. 239 – 259.
23. Doel, R., Henson, P., "Photographs as Evidence in Writing the History of Modern Science", in Doel, R. E., *The Historiography of Contemporary Science, Technology, and Medicine: Writing Recent Science*, Abingdon; New York: Routledge, 2006, pp. 201 – 236.
24. Doel, R., *The Historiography of Contemporary Science, Technology, and*

Medicine: *Writing Recent Science*, Abingdon; New York: Routledge, 2006.

25. Doyle, J. , "Picturing the Climactic: Greenpeace and the Representational Politics of Climate Change Communication", *Science as Culture*, 16, 2007, pp. 129 – 150.

26. Edge, D. , Mulkay, M. , *Astronomy Transformed: The Emergence of Radio Astronomy in Britain*, New York: Wiey Press, 1976.

27. Ehrenberg, R. , *Mapping the World: An Illustrated History of Cartography*, Washington, D. C. : National Geographic Society, 2006.

28. Eisenstein, E. , *The Printing Press as an Agent of Change: Communications and Cultural Transformations in Earlymodern Europe*, Cambridge: Cambridge University Press, 1979.

29. Elkins, J. , "Logic and Images in Art History", *Perspectives on Science*, 02, 1999, pp. 151 – 180.

30. Fine, G. , Kleinman, S. , "Rethinking Subculture: An Interactionist Analysis", *The American Journal of Sociology*, 01, 1979, pp. 1 – 20.

31. Fitzpatrick, A. , "From Behind the Fence: Trending the Labyrinths of Classified Historical Research", in Doel, R. E. , *The Historiography of Contemporary Science, Technology, and Medicine: Writing Recent Science*, Abingdon; New York: Routledge, 2006, pp. 67 – 80.

32. Flannery, M. , "Images of the Cell in Twentieth – Century Art and Science", *Leonardo*, 03, 1998, pp. 195 – 204.

33. Foley, W. , "Language Birth: The Processes of Pidginization and Creolization", in Newmeyer, F. , *In Language: The Sociocultural Context*, 1988, pp. 162 – 183.

34. Frank, P. , *Einstein His Life and Time*, New York: Knopf, 1947.

35. Franklin, A. , "Reviewed Work: How Experiments End by Peter Galison", *The British Journal for the Philosophy of Science*, 03, 1988, pp. 411 – 414.

36. Fuller, B. , *Trading Zones: Cooperating for Water Resource and Ecosystem Management When Stakeholders Have Apparently Irreconcilable Differences* [Doctor of Philosophy], Cambridge, Mass: Massachusetts Institute of Technology, 2006.

37. Galison, P. , "Author's Response", *Meta – science*, 03, 1999, pp. 393 – 404.

38. Galison, P., "Bubble Chambers and the Experimental Workplace", in Achinstein, P., Hannaway, O., *Observation, Experiment, and Hypothesis in Modern Physical Science*, Cambridge, Mass: Bradford – MIT Press, 1985.
39. Galison, P., "Computer Simulations and the Trading Zone", in Galison, P., Stump, D., *The Disunity Of Science Boundaries, Contexts And Power*, Stanford Calif: Stanford University Press, 1996, pp. 118 – 157.
40. Galison, P., "Descartes's Comparisons: From the Invisible to the Visible", *Isis*, 02, 2006, pp. 311 – 326.
41. Galison, P., "Einstein's Clocks: The Place of Time", *Critical Inquiry*, 02, 2000, pp. 355 – 389.
42. Galison, P., *Einstein's Clocks, Poincarés Maps: Empires of Time*, New York: W. W. Norton, 2003.
43. Galison, P., "Einstein's Compass", *Scientific American*, 03, 2004, pp. 66 – 69.
44. Galison, P., "History, Philosophy, and the Central Metaphor", *Science in Context*, 01, 1988, pp. 197 – 212.
45. Galison, P., *How Experiments End*, Chicago: Chicago University Press, 1987.
46. Galison, P., *Image and Logic: A Material Culture of Microphysics*, Chicago: Chicago University Press, 1997.
47. Galison, P., "Multiple Constraints, Simultaneous Solutions", *Psa: Proceedings of the Biennial Meeting of the Philosophy of Science Association*, 1988, pp. 157 – 163.
48. Galison, P., "Objectivity is Romantic", in Friedman, J., Galison, P., Haack, S., *The Humanities and the Sciences*, Philadelphia: American Council of Learned Societies, 1999, pp. 15 – 43.
49. Galison, P., "Philosophy in the Laboratory", *The Journal of Philosophy*, 10, 1988, pp. 525 – 527.
50. Galison, P., "Review", *Isis*, 1, 1986, pp. 118 – 120.
51. Galison, P., "Tading with the Enemy", in Gorman, M. E., *Trading Zones and Interactional Expertise*, Cambridge, Mass: MIT press, 2010, pp. 25 – 52.

52. Galison, P., "The Collective Author", in Biagioli, M., Galison, P. L., *Scientific Authorship: Credit and Intellectual Property in Science*, Abingdon; New York: Routledge, 2003, pp. 325 – 358.
53. Galison, P., *Three Laboratories*, *Social Research*, 1997, pp. 1127 – 1155.
54. Galison, P., Assmus, A., "Artificial Clouds, Real Particles", in Gooding, D., Pinch, T., Schaffer, S., *The Uses of Experiment: Studies in the Natural Sciences*, Cambridge; New York: Cambridge University Press, 1989, pp. 225 – 274.
55. Galison, P., Burnett, D. G., "Einstein's Clocks, Poincarés Maps: Empires of Time", *Daedalus*, 02, 2003, pp. 41 – 55.
56. Galison, P., Graubard, S. R., Mendelsohn, E., Eds., *Science in Culture*, New Brunswick; London: Transaction Publishers, 2001.
57. Galison, P., Hevly, B. W., Eds., *Big Science: The Growth of Large – Scale Research*, Stanford Calif: Stanford University Press, 1992.
58. Galison, P., Holton, G., Schweber, S., Eds., *Einstein for the 21St Century: His Legacy in Science, Art, and Modern Culture*, Princeton: Princeton University Press, 2008.
59. Galison, P., Hogan, P., *The Ultimate Weapon: The H – bomb Dilemma [videorecording]*, Cambridge, Mass: Harvard University, Department of the History of Science, 2000.
60. Galison, P., Moss, R., *Secrecy [videorecording]*, New York: New Video Group, 2009.
61. Galison, P., Stump, D., Eds., *The Disunity of Science: Boundaries, Contexts, and Power, Stanford*, Calif: Stanford University Press, 1996.
62. Galison, P., Thompson, E., Eds., *The Architecture of Science*, Cambridge, mass: MIT press, 1999.
63. Galison, P., "Einstein's Compass", *Science*, 11, 2004, pp. 40 – 43.
64. Gattegno, C., *Towards a Visual Culture: Educating through Television*, New York: Outerbridge & Dienstfrey, 1969.
65. Gavroglu, K., Christianidis, J., Nicolaidis, E., Eds., *Trends in the Historiography of Science*, Dordrecht; Boston: Kluwer Academic, 1994.
66. Ginzburg, C., *The Cheese and the Worms: The Cosmos of a Sixteenth – Cen-

tury Miller, Tedeschi, J., Tedeschi, A., Trans., Baltimore: The Johns Hopkins University Press, 1980.

67. Golinski, J., *Making Natural Knowledge: Constructivism and the History of Science*, New York: Cambridge University Press, 1998.

68. Gooding, D., Pinch, T., Schaffer, S., Eds., *The Uses of Experiment: Studies in the Natural Sciences*, Cambridge: Cambridge University Press, 1989.

69. Goody, J., *The Domestication of the Savage Mind*, Cambridge; New York: Cambridge University Press, 1977.

70. Goody, J., *The Logic of Writing and the Organization of Society*, Cambridge; New York: Cambridge University Press, 1986.

71. Groman, M. E., "Levels of Expertise and Trading Zones: A Framework for Multidisciplinary Collaboration", *Social Studies of Science*, 5, 2002, pp. 933 – 942.

72. Gorman, M. E., "Trading Zones, Interactional Expertise, and Collaboration", in Gorman, M. E., *Trading Zones and Interactional Expertise*, Cambridge, Mass: MIT Press, 2010, pp. 1 – 4.

73. Gorman, M. E., Ed., *Trading Zones and Interactional Expertise*, Cambridge, Mass: The MIT Press, 2010.

74. Gorman, M. E., Spohrer, J., "Service Science: A New Expertise for Managing Sociothechnical Systems", in Gorman, M. E., *Trading Zones and Interactional Expertise*, Cambridge, Mass: MIT Press, 2010, pp. 75 – 106.

75. Hacking, I., *Representing and Intervening: Introductory Topics in the Philosophy of Natural Science*, Cambridge; New York: Cambridge University Press, 1983.

76. Hacking, I., "Review", *The Journal of Philosophy*, 02, 1990, pp. 103 – 106.

77. Heelan, P., "Experiment and Theory: Constitution and Reality", *Journal of Philosohy*, 1988, pp. 515 – 524.

78. Hoffmann, B., Dukas, H., *Albert Einstein, Creator and Rebel*, New York: Viking, 1972.

79. Holton, G., *Thematic Origins of Scientific Thought, Kepler to Einstein*,

Cambridge, Mass: Harvard University Press, 1973.

80. Huang, X., "The Trading Zone Communication of Scientific Knowledge an Examination of Jesuit Science in China (1582 – 1773)", *Science in Context*, 03, 2005, pp. 393 – 427.

81. Jenkins, L. D., "The Evolution of Trading Zone: A Case Study of the Turtle Excluder Device", in Gorman, M. E., *Trading Zones and Interactional Expertise*, Cambridge, Mass: MIT Press, 2010, pp. 157 – 180.

82. Jones, C. A., Galison, P., Slaton, A. E., Eds., *Picturing Science, Producing Art*, New York: Routledge, 1998.

83. Jussim, E., *Visual Communication and the Graphic Arts: Photographic Technologies in the Nineteenth Century*, New York: R. R. Bowker Co., 1974.

84. Keirns, C., "Seeing Patterns: Models, Visual Evidence and Pictorial Communication in the Work of Barbara Mcclintock", *Journal of the History of Biology*, 01, 1999, pp. 163 – 196.

85. Kellogg, K., Orlikowski, W. J., Yates, J., "Life in the Trading Zone Structuring Coordination Across Boundaries in Postbureaucratic Organizations", *Organization Science*, 01, 2006, pp. 22 – 44.

86. Kemp, M., Wallace, M., *Spectacular Bodies: The Art and Science of the Human Body from Leonardo to Now*, London: Hayward Gallery; Berkeley: University of California Press, 2000.

87. Klein, U., *Tools and Modes of Representation in the Laboratory Sciences*, Dordrecht; Boston: Kluwer Academic Publishers, 2001.

88. Knorr – Cetina, K. D., *The Manufacture of Knowledge: An Essay On the Constructivist and Contextual Nature of Science*, Oxford; New York: Pergamon Press, 1981.

89. Kusch, M., "Objectivity and Historiography", *Isis*, 2009, pp. 127 – 131.

90. Latour, B., *Aram is or the Love of Technology*, Cambridge, Mass: Harvard University Press, 1996.

91. Latour, B., "Give Me a Laboratory and I Will Raise the World", in Knorr – Cetina, K. D., Muilkay, M., *Science Observed*, London: SAGE Pubictions Ltd., 1983, pp. 141 – 170.

92. Latour, B., *Pandora' S Hope*, Cambridge, Mass: Harvard University Press, 1999.
93. Latour, B., *The Pasteurization of France*, Cambridge, Mass: Harvard University Press, 1988.
94. Latour, B., "Visualization and Cognition: Thinking with Eyes and Hands", *Knowledge and Society: Studies in the Sociology of Culture Past and Present*, 06, 1986, pp. 1 – 40.
95. Latour, B., *We Have Never Been Modern*, Porter, C. Trans., New York: Harvester Wheatsheaf, 1993.
96. Lefèvre, W., Renn, J., Schoepflin, U., Eds., *The Power of Images in Early Modern Science*, Boston: Birkhauser Verlag, 2003.
97. Lightman, B., "The Visual Theology of Victorian Popularizers of Science: From Reverent Eye to Chemical Retina", *Isis*, 04, 2000, pp. 651 – 680.
98. Lynch, M. A., *Art and Artifact in Laboratory Science: A Study of Shop Work and Shop Talk in a Research Laboratory*, London; Boston: Routledge & Kegan Paul, 1985.
99. Lynch, M. A., "Discipline and the Material Form of Images: An Analysis of Scientific Visibility", *Social Studies of Science*, 15, 1985, pp. 37 – 66.
100. Mcconnell, A., *Geomagnetic Instruments before 1900: An Illustrated Account of their Construction and Use*, London: Harriet Wynter, 1980.
101. Maddison, F. R., "Early Astronomical and Mathematical Instruments, Brief Survey of Source and Modern Studies", *History of Science*, 02, 1963, pp. 17 – 50.
102. Miller, A. I., "Imagery and Intuition in Creative Scientific Thinking: Albert Einstein's Invention of the Special Theory of Relativity", in Wallace, D. B., Gruber, H. E., *Creative People at Work: Twelve Cognitive Case Studies*, Oxford: Oxford University Press, 1989.
103. Miller, A. I., *Imagery in Scientific Thought: Creating Twentieth Century Physics*, Cambridge, Mass: MIT Press, 1986.
104. Mills, D., Huber, M. T., "Anthropology and the Educational 'Trading Zone' Disciplinarily, Pedagogy and Professionalism", *Arts and Humanities in Higher Education*, 04, 2005, pp. 9 – 32.

105. Mitchell, W. J. T. , *Cloning Terror: The War of Images, 9/11 to the Present*, University of Chicago Press: Chicago, 2011.

106. Mitchell, W. J. T. , *Iconology: Image, Text, Ideology*, Chicago: The University of Chicago Press, 1986.

107. Mitchell, W. J. T. , *Picture Theory: Essays on Verbal and Visual Representation*, Chicago: University of Chicago Press, 1994.

108. Mühlhäusler, P. , *Pidgin and Creole Linguistics*, Oxford: Blackwell, 1986.

109. Nickelsen, K. D. , "Draughtsmen, Botanists and Nature: Constructing Eighteenth – Century Botanical Illustrations", *Studies in History and Philosophy of Biological and Biomedical Sciences*, 01, 2006, pp. 1 – 25.

110. Obrist, B. , "Wind Diagrams and Medieval Cosmology", *Speculum*, 01, 1997, pp. 33 – 84.

111. Pais, A. , *Inward Bound: Of Matter and Forces in the Physical World*, Oxford; Clarendon Press; New York: Oxford University Press, 1986.

112. Pais, A. , *"Subtle is the Lord" —The Science and the Life of Albert Einstein*, Oxford; Clarendon Press; New York: Oxford University Press, 1982.

113. Panofsky, E. , *Meaning in the Visual Arts*, London: Penguin Books, 1993.

114. Pickering, A. , *Constructing Quarks: A Sociological History of Particle Physics*, Chicago; London: The University of Chicago Press, 1984.

115. Pickering, A. , Ed. , *Science as Practice and Culture*, Chicago: University of Chicago Press, 1992.

116. Poincaré, H. H. , "Mathematical Creation", in Poincaré, H. H. , *The Foundations of Science*, The Science Press, 1913, pp. 387 – 388.

117. Poincaré, H. H. , "The Measure of Time", in Poincaré, H. H. , *The Foundations of Science*, The Science Press, 1913, pp. 223 – 234.

118. Pyle, C. M. , "Art as Science: Scientific Illustration, 1490 – 1670 in Drawing, Woodcut and Copper Plate", *Endeavour*, 02, 2000, pp. 69 – 75.

119. Rees, R. , "Historical Links Between Cartography and Art", *Geographical Review*, 01, 1980, pp. 61 – 78.

120. Reiser, A. , Kayser R. , *Albert Einstein, A Biographical Portrait*, New York: A. and C. Boni. , 1930.

121. Ritter, H., *Dictionary of Concepts in History*, New York: Greenwood Press, 1986.
122. Romaine, S., *Pidgin and Creole Languages*, London: Longman, 1988.
123. Rudwick, M. J. S., "The Emergence of a Visual Language for Geological Science, 1760 – 1840", *History of Science*, 14, 1976, pp. 149 – 195.
124. Schatzki, T. R., "Practice Theory", in Schatzki T. R., Knorr – Cetina, K., Von Savigny, E., *The Practice Turn in Contemporary Theory*, London; New York: Routledge, 2001, pp. 1 – 17.
125. Shapin, S., "Pump and Circumstance: Robert Boyle's Literary Technology", *Social Studies of Science*, 1984, pp. 481 – 519.
126. Shapin, S., Schaffer, S., *Leviathan and the Air – Pump: Hobbes, Boyle, and the Experimental Life*, Princeton; New Jersey: Princeton University Press, 1985.
127. Söderqvist, T., Ed., *The Historiography of Contemporary Science and Technology*, Amsterdam: Harwood Academic, 1997.
128. Stafford, B. M., *Voyage Into Substance: Art, Science, Nature, and the Illustrated Travel Account*, 1760 – 1840, Cambridge, Mass: MIT Press, 1984.
129. Thagard, P., "Being Interdisciplinary: Trading Zones in Cognitive Science", in Derry, S. J., Gernsbacher, M. A., Schunn, C. D., *Interdisciplinary Collaboration: An Emerging Cognitive Science*, Mahwah N. J.: Lawrence Erlbaum, 2005, pp. 317 – 339.
130. Todd, L., *Pidgins and Creoles*, London; Boston: Routledge and Kegan Paul, 1974.
131. Tucker, J., "The Historian, the Picture, and the Archive", *Isis*, 2006, pp. 111 – 120.
132. Turner, G. L., *Nineteenth – Century Scientific Instruments*, London; Berkeley; Philip Wilson: University of California Press, 1983.
133. Turner, G. L., *Scientific Instruments, 1500 – 1900: An Introduction*, London; Berkeley; Philip Wilson: University of California Press, 1998.
134. Valdman, A., Highfield, A., *Theoretical Orientations in Creole Studies*, New York: Academic Press, 1980.
135. Van Helden, A., "Galileo and Scheiner on Sunspots: A Case Study in the

Visual Language of Astronomy", *Proceedings of the American Philosophical Society*, 03, 1996, pp. 358 – 396.

136. Van Reybrouck, D., "Imaging and Imagining the Neanderthal: the Role of Technical Drawings in Archaeology", *Antiquity*, 275, 1998, pp. 56 – 64.
137. Von Oetinger, B., "Can Trading Zones and Interactional Expertise Benefit Business Strategy?", in Gorman, M. E., *Trading Zones and Interactional Expertise*, Cambridge, Mass: MIT Press, 2010, pp. 231 – 242.
138. Wardak, A., Gorman, M. E., "Using Trading Zones and Life Cycle Analysis to Understand Nanotechnology Regulation", *Journal of Law, Medicine & Ethics*, 04, 2006, pp. 695 – 703.
139. Winkler, M. G., Van Helden, A., "Representing the Heavens: Galileo and Visual Astronomy", *Isis*, 02, 1992, pp. 195 – 217.
140. 戴森:《太阳、基因组与互联网:科学革命的工具》,生活·读书·新知三联书店2000年版。
141. 迪昂:《物理学理论的目的和结构》,华夏出版社1999年版。
142. 董丽丽、刘兵:《历史与哲学视野中的"实验"》,《自然辩证法研究》2009年第6期。
143. 段炼:《视觉文化研究与当代图像学》,《美术观察》2008年第5期。
144. 法伊尔阿本德:《反对方法:无政府主义知识论纲要》,上海译文出版社1992年版。
145. 范莉:《内史大师柯瓦雷的科学编史学思想研究》,山西大学2007年博士学位论文。
146. 富勒:《社会认识论与科学的社会与文化研究议程》,皮克林:《作为实践与文化的科学》,人民大学出版社2006年版,第401—440页。
147. 古丁:《让力量回归实验》,皮克林:《作为实践与文化的科学》,人民大学出版社2006年版,第69 – 118页。
148. 郭明哲:《行动者网络理论(ANT)——布鲁诺·拉图尔科学哲学研究》,复旦大学2008年博士学位论文。
149. 哈金:《实验室科学的自我辩护》,皮克林:《作为实践与文化的科学》,人民大学出版社2006年版,第31—68页。
150. 郝刘祥:《20世纪的英雄史诗——〈基本粒子物理学史〉》,《自然科学史研究》2003年第3期。

151. 洪进、孙艳、汪凯：《基于"交易区"理论的知识建构和组织沟通——以生物制药产业研发组织为例》，《科学学研究》2011年第3期。
152. 洪进、汪凯：《论盖里森"交易区"理论》，《科学技术与辩证法》2006年第3期。
153. 霍尔顿：《爱因斯坦、历史与其他激情——20世纪末对科学的反判》，南京大学出版社2006年版。
154. 霍金、蒙洛迪：《大设计》，湖南科学技术出版社2011年版。
155. 卡特赖特：《斑杂的世界》，上海科技教育出版社2006年版。
156. 卡特赖特：《物理定律是如何撒谎的》，上海科技教育出版社2007年版。
157. 科恩：《科学中的革命》，商务印书馆1998年版。
158. 柯瓦雷：《从封闭世界到无限宇宙》，北京大学出版社2003年版。
159. 柯瓦雷：《伽利略研究》，北京大学出版社2008年版。
160. 柯瓦雷：《牛顿研究》，北京大学出版社2003年版。
161. 克拉夫：《科学史学导论》，北京大学出版社2005年版。
162. 克拉普：《科学简史：从科学仪器的发展看科学的历史》，中国青年出版社2005年版。
163. 库恩：《科学革命的结构》，北京大学出版社2003年版。
164. 拉图尔：《科学在行动：怎样在社会中跟随科学家和工程师》，东方出版社2005年版。
165. 拉图尔、伍尔加：《实验室生活：科学事实的建构过程》，东方出版社2004年版。
166. 劳斯：《知识与权力》，北京大学出版社2004年版。
167. 李醒民：《创造性科学思维中的意象》，《哲学动态》1988年第2期。
168. 李醒民：《科学编史学的"四维空时"及其"张力"》，《自然辩证法通讯》2002年第3期。
169. 林奇：《扩展维特根斯坦：从认识论到科学社会学的关键发展》，皮克林：《作为实践与文化的科学》，人民大学出版社2006年版，第219—272页。
170. 刘兵：《克丽奥眼中的科学——科学编史学初论》，山东教育出版社1996年版。
171. 刘兵：《科学编史学的身份：近亲的误解与远亲的接纳》，《中国科技史杂志》2007年第4期。

172. 刘闯：《一个几何学隐喻：关于统一科学的可能性》，《自然辩证法通讯》2003 年第 1 期。

173. 刘钝：《另一种科学革命？》，《中华读书报》2002 年 6 月 12 日。

174. 刘钝：《为盛会存留一份记忆——北京国际科学史大会散记》，《中华读书报》2005 年 8 月 10 日。

175. 刘凤朝：《科学编史学的思想源流与现代走向》，《自然辩证法研究》1993 年第 12 期。

176. 刘海霞：《夏平科学编史学思想研究》，山东大学 2007 年博士学位论文。

177. 刘晋晋：《并非图像学的"图像学"——论 W. J. T. 米切尔的一个概念》，《美术观察》2009 年第 11 期。

178. 卢卫红：《科学史研究中人类学进路的编史学考察》，清华大学 2007 年博士学位论文。

179. 卢艳玲：《库恩科学哲学思想及其现实意义》，新疆大学 2010 年硕士学位论文。

180. 罗蒂：《库恩》，牛顿·史密斯，《科学哲学指南》，上海科技教育出版社 2006 年版，第 243—247 页。

181. 孟强：《从表象到介入》，浙江大学 2006 年博士学位论文。

182. 孟强：《科学的非统一性》，《自然辩证法通讯》2006 年第 2 期。

183. 孟强：《科学的权力知识考察》，《自然辩证法研究》2004 年第 4 期。

184. 米勒：《爱因斯坦·毕加索：空间、时间和动人心魄之美》，上海科技教育出版社 2006 年版。

185. 米勒：《科学思维中的意象——创造 20 世纪物理学》，湖北教育出版社 1991 年版。

186. 内格尔：《科学的结构》，上海译文出版社 2005 年版。

187. 诺尔—赛蒂纳：《实验室研究》，希拉·贾撒诺夫：《科学技术论手册》，北京理工大学出版社 2004 年版，第 109—128 页。

188. 派斯：《基本粒子物理学史》，武汉出版社 2002 年版。

189. 派斯：《尼尔斯·玻尔传》，商务印书馆 2001 年版。

190. 派斯：《上帝难以捉摸——爱因斯坦的科学与生活》，广东教育出版社 1998 年版。

191. 派斯：《一个时代的神话——爱因斯坦的一生》，东方出版中心 1997

年版。
192. 皮克林：《实践的冲撞》，南京大学出版社 2004 年版。
193. 皮克林：《作为实践和文化的科学》，中国人民大学出版社 2006 年版。
194. 任军：《科学编史学的科学哲学与历史哲学问题》，《社会科学管理与评论》2006 年第 4 期。
195. 石诚：《科学仪器研究述评》，《自然辩证法研究》2009 年第 5 期。
196. 石丽琴：《科学编史学与认识论解释学》，华南师范大学 2007 年博士学位论文。
197. 宋金榜：《科学的视觉表现与视觉传播》，《视觉文化与科学传播（中国科协生产资料专项资助课题结题报告）》2009 年版。
198. 谭笑：《科学史研究中修辞学进路的编史学考察》，清华大学 2009 年博士学位论文。
199. 特拉维克：《物理与人理：对高能物理学家社区的人类学考察》，上海科技教育出版社 2003 年版。
200. 滕瀚、赵伶俐、汪宏：《心理学视域中的科学意象研究》，《科学学研究》2008 年第 2 期。
201. 王延峰：《皮克林科学建构论研究》，上海交通大学 2005 年博士学位论文。
202. 王哲：《对建构主义视角下科学史研究的一种编史学考察》，清华大学 2009 年博士学位论文。
203. 魏屹东：《科学史研究为什么从内史转向外史》，《自然辩证法研究》1995 年第 11 期。
204. 吴莹：《跟随行动者重组社会——读拉图尔的〈重组社会：行动者网络理论〉》，《社会学研究》2008 年第 2 期。
205. 夏平：《科学革命：批判性的综合》，上海科技教育出版社 2004 年版。
206. 夏平、谢弗：《利维坦与空气泵：霍布斯、玻意耳与实验生活》，上海人民出版社 2008 年版。
207. 邢润川、孔宪毅：《多维度审视自然科学史的研究对象》，《科学技术与辩证法》2004 年第 1 期。
208. 袁江洋：《科学史编史思想的发展线索——兼论科学编史学学术结构》，《自然辩证法研究》1997 年第 12 期。
209. 袁江洋：《科学史的向度》，湖北教育出版社 2003 年版。

210. 张端明、雷雅洁：《百年物理学的恢弘画卷》，《中华读书报》2003 年 7 月 30 日。
211. 章梅芳：《女性主义科学史的编史学研究》，清华大学 2006 年博士学位论文。
212. 赵伶俐：《艺术意象·审美意象·科学意象——创造活动心理图像异同的理论与实证构想》，《自然辩证法研究》2007 年第 7 期。
213. 诸大建：《理论科学史研究的三种传统——科学史理论研究之一》，《同济大学学报》（社会科学版）1991 年第 2 期。

索 引

A

《爱因斯坦的钟与庞加莱的地图》
　1，2，12，16，28，30，44，70，80，82，89，144，145

爱因斯坦　11，12，16，18，28－30，43，58－63，71－81，83，139，140，144－152，156，189，196，197

B

布罗代尔　21，42

C

长项约束　21

D

达斯顿　2，16，30－32，81，88，89，101，124，126，132－134，137

短项约束　21

G

伽里森　1－3，6，9，11－32，35－37，39，40，42－51，53－58，60，61，63－66，68，70－76，78，79，81－85，87－91，93，97，100－103，105，106，109，110，116，118－128，130－135，137，138，140－166，168－171，173－184

H

哈金　6，8，12，14，26，40，57，97，138，153－161，195

互嵌结构　9

火花室　22，24，65，88，116，120，121，157

J

交流语言　2，42，44，50－53，65，66，78，81，170，174，181

交易区　1－3，14－18，22，24，27，

28，30，34-38，42-44，46-51，53，55-57，63-66，70，71，74，76，78-84，87，89，90，101，102，109，110，116，121-123，125，130，132，134，137，143，150，151，160，166，168，170，173-175，178，181-184，195，196

金兹伯格 42，44，57，65

K

卡特赖特 11，12，40，153，154，157，160，196

科学编史学 2，195-198

科学图集 2，16，31-34，45，51，81-83，87，89，100，101，124-126，130，132，133，137，174，176

科学知识社会学 3，6-9，14，35，38，42，84，96，97，101，131，132，138，153，161，162，166，167，170，171，176

克里奥耳语 42，50-53，118，123

《客观性》 1，2，12，16，17，30，34，35，44，81，82，89，100，101，124，132-134，137

T

拉图尔 3，8，14，27，40，96，101，131，138，161，162，166-171，176，195，196，198

理论 1-9，13-28，30，33-48，50，53-66，70，71，73，74，76，77，80-84，89-92，94，96-98，102-106，108-110，116-123，125，130-132，134，137-145，149，150，152-157，159-170，173-175，177-184，195，196，198，199

历史学 1，13，14，27，37，38，41，42，57，95，100，125，138，143，163，173，182

历史主义 4，8，38，39，43，54-56，116，175，182

逻辑 1，2，4，5，7，12，13，16，22-25，30，39，44，48，49，52-57，64-66，68-70，80-84，88，97，101，108-110，112，116，120-124，132-135，137，146，154，156，163，165，174-176，182

逻辑传统 21，24，52，65，68，69，88，106，110，120-123，131，137，158，176，182

I

image 1，2，12，15，16，23-27，31，32，34，45-49，51，52，55，66，68-71，87-89，92，93，97，99，100，111，113-120，123-126，128-130，135，138，144，145，163-165，186-188，192，193

索 引

M

米勒 3, 24, 76, 101, 138, 144 – 152, 197

P

派斯 3, 138 – 144, 171, 197
庞加莱 28 – 30, 71 – 73, 75 – 81, 144 – 151
皮克林 3, 14, 101, 131, 138, 160, 162 – 166, 171, 176, 179, 195 – 198

Q

气泡室 2, 19, 21 – 24, 51, 52, 64 – 70, 88, 101, 113, 114, 119 – 124, 157, 158, 177
墙砖模型 2, 14, 16, 28, 35, 53 – 55, 63, 64, 70, 82, 83, 175, 178

R

人类学 1, 6, 13, 14, 16, 35, 36, 41, 42, 44 – 48, 50, 53, 65, 95, 96, 138, 153, 162, 166, 170, 173, 174, 181, 182, 197, 198

S

赛蒂纳 96, 131, 161, 178, 197

实践 1, 2, 4, 6, 7, 9, 13, 14, 16, 19 – 28, 31, 32, 35, 39 – 46, 49, 52, 53, 56, 58, 64 – 68, 70, 76, 80, 81, 83, 84, 88, 89, 97, 99, 101, 102, 106, 109, 110, 114, 118, 120 – 126, 130 – 134, 137, 138, 141, 152 – 154, 157, 160 – 163, 166, 168 – 171, 173 – 177, 179 – 184, 195 – 198

实验 1 – 9, 13 – 28, 30, 35, 37 – 71, 80, 83, 84, 87, 88, 91, 95 – 97, 99 – 106, 108 – 111, 113, 114, 116 – 124, 131, 132, 134, 137, 138, 141 – 145, 148, 149, 152 – 171, 173 – 182, 195 – 198

实验传统 13, 16, 18, 24, 25, 49, 52, 58, 65, 66, 68, 70, 88, 104, 106, 108, 109, 120 – 122, 131, 132, 157, 174, 176

实验主义 7 – 9, 14, 38, 40, 97, 138, 153, 154

《实验如何结束》 1, 2, 11, 12, 15 – 17, 20, 22 – 25, 30, 42, 44, 53, 56, 57, 61, 63 – 65, 70, 80, 82, 88, 100 – 102, 109, 132, 134, 137, 140 – 142, 153 – 157, 159, 160

实证主义 5, 38, 39, 43, 54, 55, 116, 120, 154, 163, 164, 182

视觉文化 2, 87, 90 – 95, 131, 174, 177, 181, 182, 195, 198

· 203 ·

T

图集 2, 16, 31 – 35, 45, 51, 52, 66, 82, 87, 89, 90, 95, 123 – 132, 134, 176, 177

图像 1, 2, 15 – 17, 22, 24, 30 – 36, 51, 52, 68, 81, 87 – 102, 109, 110, 112, 114, 116 – 132, 134, 135, 137, 161, 173 – 177, 180 – 182, 195, 197, 199

图像与逻辑 132

图像转向 92, 93, 131, 133

W

威尔逊 24, 26, 48, 49, 51, 110, 111, 116, 117, 119, 121, 123

微观史学 36, 44, 65, 182

物理学史 1, 2, 13, 15, 16, 43, 53, 122, 138 – 143, 173, 181, 182, 195, 197

X

形象传统 21, 24, 52, 65, 68, 69, 88, 110, 120 – 123, 131, 132, 137, 158, 176, 182

旋磁率 2, 18, 57 – 61, 63, 156

Y

亚文化 2, 16, 27, 28, 35, 42, 44 – 51, 54 – 57, 64 – 68, 70, 71, 74, 78, 80 – 84, 89, 110, 123, 132, 159, 170, 174, 175, 178, 181, 183

洋泾浜语 42, 50 – 53, 123

仪器 1, 2, 7 – 9, 12 – 30, 35, 37 – 67, 69, 70, 80, 83, 84, 88, 97, 98, 100 – 104, 106, 108 – 110, 114, 116 – 120, 122, 123, 127, 131, 132, 134, 141 – 143, 147, 152, 154 – 162, 165, 166, 168, 169, 171, 173 – 179, 181, 182, 196, 198

艺术史 1, 2, 11, 13 – 15, 90, 91, 93, 94, 96, 131, 135, 138, 173, 182

语言学 1, 13, 16, 35, 36, 42, 50, 138, 173, 174, 181, 182

云室 19 – 24, 31, 48, 49, 51, 52, 65, 66, 69, 88, 100 – 103, 105, 106, 108, 110 – 112, 114, 116 – 121, 123, 132, 134, 157, 177